Anja Schiemann
Der Kriminalfall Woyzeck

Juristische Zeitgeschichte
Abteilung 6, Band 49

Juristische Zeitgeschichte
Hrsg. von Prof. Dr. Dr. Thomas Vormbaum
(FernUniversität in Hagen, Institut für Juristische Zeitgeschichte)

Abteilung 6:
Recht in der Kunst – Kunst im Recht
Mithrsg. Prof. Dr. Gunter Reiß
(Universität Münster)

Band 49

Redaktion: Christoph Hagemann

De Gruyter

Anja Schiemann

Der Kriminalfall Woyzeck

Der historische Fall und Büchners Drama

De Gruyter

ISBN 978-3-11-057004-5
e-ISBN (PDF) 978-3-11-057094-6
e-ISBN (EPUB) 978-3-11-057015-1

Library of Congress Cataloging-in-Publication Data

A CIP catalog record for this book has been applied for at the Library of Congress.

Bibliografische Information der Deutschen Nationalbibliothek

Die Deutsche Nationalbibliothek verzeichnet diese Publikation in der Deutschen Nationalbibliografie; detaillierte bibliografische Daten sind im Internet über http://dnb.dnb.de abrufbar.

Abbildungen auf dem Schutzumschlag: *rechts*: Georg Büchner: Lithographie von A. Hoffmann, *links*: Johann Christian Woyzeck: anonyme Lithographie
Druck und Bindung: Hubert & Co. GmbH & Co. KG, Göttingen
∞ Gedruckt auf säurefreiem Papier

Printed in Germany

www.degruyter.com

Vorwort

Die Idee, ein Buch zum historischen Woyzeck und Büchners Drama zu schreiben, kam mir bereits vor einigen Jahren, als ich die Antrittsvorlesung zu diesem Thema hielt. Da ich mich schon in meiner Dissertation mit einem Thema aus dem großen und vielschichtigen Themengebiet „Literatur und Recht" beschäftigt hatte, wuchs daraus die Begeisterung, historischen Fällen und ihren Reflektionen in literarischen Werken nachzuspüren. Hierzu angeregt wurde ich von meinem Doktorvater Prof. Dr. Klaus Lüderssen, dem ich für die Öffnung dieses Fensters zur spannenden literaturgeschichtlichen und rechtshistorischen Recherche und Auseinandersetzung sehr dankbar bin und dem dieses Buch gewidmet ist.

Mein Dank gilt auch meiner Familie, meinem Mann Tim und meinen beiden Kindern Tim und Emily, die nicht nur diese zeitaufwändige Freizeitbeschäftigung toleriert und unterstützt haben, sondern auch geduldig zuhörten, wenn ich begeistert über meine neuen Entdeckungen zum Fall Woyzeck berichtete. Erleichtert wurde meine Recherche durch die freundliche Zurverfügungstellung der Kopien der Akte der Landesregierung zu Johann Christian Woyzeck und Kopien aus Akten des Ministeriums der Justiz zum Fall. Insoweit danke ich dem Hauptstaatsarchiv Sachsen.

Last but not least bedanke ich mich ganz herzlich bei Prof. Dr. Dr. Thomas Vormbaum für die Möglichkeit, ganz unkompliziert in seiner schönen Buchreihe diesen Band veröffentlichen zu dürfen. Ebenfalls gilt mein Dank seinen Mitarbeitern Anne Gipperich und Christoph Hagemann vom Institut für Juristische Zeitgeschichte für die schnelle und kompetente Bearbeitung und Formatierung des Buches.

Euskirchen, den 4. Juli 2017 *Anja Schiemann*

https://doi.org/10.1515/9783110570946-001

Inhaltsverzeichnis

Erstes Kapitel
Lebensläufe: Büchner und Woyzeck

1. Büchner – Ein kurzes Leben

Über das Leben Büchners ist viel geschrieben worden und es ist nicht Aufgabe dieses Buches, den Biografien eine neue hinzuzufügen.[1] Es geht weder darum, die Kindheit Büchners nachzuzeichnen, noch den politischen, den steckbrieflich gesuchten Büchner, den Liebenden, den Autoren und Wissenschaftler, ob im Exil oder anderswo, in allen Facetten und im gesamten dichterischen Schaffen zu erfassen. Es geht lediglich darum, eine grobe Vorstellung vom kurzen Leben Büchners bis hin zu seinen letzten Monaten zu erhalten, in denen er am Woyzeck arbeitete.

Georg Büchner wurde in wirtschaftlich und politisch schwierigen Zeiten geboren. Der Anfang des 19. Jahrhunderts war geprägt von Massenarbeitslosigkeit und Pauperisierung,[2] d.h. Verarmung und Verelendung breiter Bevölkerungsschichten nicht nur in wirtschaftlicher, sondern auch in intellektueller und psychischer Hinsicht. Karl Georg Büchner kam an einem Sonntag, die Völkerschlacht von Leipzig pausierte gerade, am 17. Oktober 1813 als erstes Kind des Arztes Dr. Ernst Karl Büchner und seiner Frau Caroline, geborene Reuß, im südhessischen Goddelau in der Nähe von Darmstadt zur Welt. Seine Mutter stammte aus einer

---

1 Angaben zu Büchners Leben entnommen: *Hauschild*, Georg Büchner. Verschwörung für die Gleichheit, 2013; *Ders.*, Georg Büchner, 2. Aufl. (2011); *Kurzke*, Georg Büchner. Geschichte eines Genies, 2013; *Borgards / Neumeyer*, Büchner. Handbuch. Leben – Werk – Wirkung, 2009; *Knapp*, Georg Büchner, 3. Aufl. (2000); *Vietor*, Georg Büchner. Politik – Dichtung – Wissenschaft, 1949. Zahlreiche Angaben zu Forschungsliteratur finden sich bei *Hofmann / Kanning*, Georg Büchner, Epoche – Werk – Wirkung, 2013, S. 13 ff., 44 ff., 169 ff., Gesamtbibliographie S. 200 ff.

2 Zur Pauperisierung ausf. *Dedner*, Erläuterungen und Dokumente. Georg Büchner. Woyzeck, 2011, S. 189 ff.

https://doi.org/10.1515/9783110570946-002

gesellschaftlich hoch gestellten Beamtenfamilie, sein Vater hatte als Sohn einer hessischen Ärztefamilie ebenso wie seine vier Brüder eine medizinische Laufbahn eingeschlagen. Als Georg geboren wurde, arbeitete Ernst Büchner als Kreischirurg des Groß-Gerauer Amtes Dornberg. Durch die Heirat mit Caroline Reuß, drittältester Tochter des Hofrats, verstärkte Ernst Büchner die Familienbeziehungen zur bürgerlich-militärischen Beamtenaristokratie des Großherzogtums. Die Erweiterung seiner Promotion im Januar 1815 auf die „innere Heilkunde" ermöglichte ihm den Wechsel von der wundärztlichen in die besser honorierte medizinische Laufbahn. Nach dem Tod seines Schwiegervaters wechselte er nach Darmstadt und wurde dort Stadt- und Amtschirurg. Seit dem Herbst 1816 lebte die Familie in der großherzoglichen Residenz Darmstadt. Im Zeitraum zwischen 1815 und 1827 bekam das Ehepaar Büchner sieben weitere Kinder, von denen zwei früh starben.[3]

Ernst Büchner konnte seine Karriere weiter fortsetzen, wurde Medizinalassessor und außerordentliches Mitglied des Medizinalkollegs. Im Zuge einer allgemeinen Neuordnung des Gesundheitswesens folgte Ende des Jahres 1821 die Ernennung zum zweiten Stadtphysikus der Residenz, die zugleich mit der Funktion des zweiten Arztes des Städtischen Hospitals verbunden war. Im Medizinalkolleg wurde Ernst Büchner nur drei Jahre später zum Medizinalrat ernannt. Später wird er Obermedizinalrat und 1854, lange nach Georg Büchners Tod, Vorsitzender des Großherzoglichen Medizinalkollegiums.[4]

---

3 Zur Familie der Büchners ausf. *Boehncke / Brunner / Sarkowicz*, Die Büchners oder der Wunsch, die Welt zu verändern, 2008.

4 Zum Vater *Franz / Loch*, Arzt aus Tradition und Neigung. Ernst Karl Büchner, in: Georg Büchner, Der Katalog, Ausstellung 1987, S. 66 ff.; *Kurzke*, Georg Büchner. Geschichte eines Genies, 2013, S. 114 ff.; s. auch *Knapp*, Georg Büchner, 3. Aufl. (2000), S. 1; *Hauschild*, Georg Büchner, 2. Aufl. (2011), S. 9 ff.

Ernst Büchner wirkte aber nicht nur als praktischer Arzt, sondern widmete sich auch der wissenschaftlichen Forschung. Er las in seiner Freizeit medizinische Fachliteratur und veröffentlichte in den Jahren 1824 bis 1826 sechs Aufsätze in zwei der wichtigsten medizinischen Fachzeitschriften, in Adolph Henkes Zeitschrift für die Staatsarzneikunde und in von Christian Friedrich Harleß Neuen Jahrbüchern der teutschen Medizin und Chirurgie. Bekannt ist vor allem das 1825 in Henkes Zeitschrift publizierte Gutachten zum Kriegsgerichtsverfahren gegen den Leibgardisten Christoph Jünger, der „entweder in der Schlaftrunkenheit oder in einem Anfall von vorübergehenden Wahnsinn" seinen Vorgesetzten attackiert hat.[5] Das Gutachten Ernst Büchners führte zum Freispruch des Soldaten und zu einer Arreststrafe für den Vorgesetzten, da der Vorgesetzte den Soldaten schlecht behandelt hatte. Im gleichen Jahr erschien in Henkes Zeitschrift das zweite Gutachten des Leipziger Stadtphysikus Dr. Johann Christian August Clarus zur Zurechnungsfähigkeit Woyzecks. Gut möglich, dass nicht nur über die Arbeiten des Vaters, sondern auch über Woyzeck im Kreise der Familie gesprochen wurde, zumal die wissenschaftliche Diskussion um den Fall jahrelang anhielt. Jedenfalls wird Georg Büchner sich später, mit dem medizinischen Hintergrundwissen, das er dann besaß, an den Fall erinnert und seine Recherchen begonnen haben.

Es ist überliefert, dass die Eltern mit den Kindern abends um den großen Esstisch versammelt waren und ausführlich miteinander sprachen. Vermutlich wurde hier auch über den Versuchshund gesprochen, den sich der Vater zugelegt hatte, um in der sog. Nadelgeschichte zu recherchieren. Anlass, 1823 den Aufsatz „Versuchter Selbstmord durch Verschlucken von Stecknadeln" zu

---

5 Neu abgedruckt wurde das im 10. Band in Adolph Henkes Zeitschrift für die Staatsarzneikunde 1825, S. 39 ff. erschienene „Gutachten über den Gemütszustand eines Soldaten" in *Ernst Büchner*, Versuchter Selbstmord mit Stecknadeln, 2013, S. 40 ff.

veröffentlichen,[6] war die Geschichte eines „Frauenzimmers", das ca. 30 Stecknadeln verschluckt hatte, um sich umzubringen. Ernst Büchner schilderte die Behandlung und weitere Fälle, in denen Patienten sich diverse Gegenstände zugeführt hatten, ohne daran zu sterben. Um „über den einen oder anderen Punkt nähere Aufklärung" zu bekommen, beschaffte sich Ernst Büchner „einen Dachshund, der ungewöhnlich groß und völlig gesund war"[7] und gab ihm nach und nach diverse Stecknadeln zu fressen. Schließlich wurde er erschlagen und die Bauchhöhle geöffnet, um nach den Nadeln und deren Wirkung zu schauen.

Experiment und Tötung blieben dem zehnjährigen Georg sicher nicht verborgen, da der Vater gerade seinen ältesten Sohn in seine Arbeiten einbezog, hatte er doch recht früh für seinen Filius eine medizinische Laufbahn vorgesehen. Erinnert wurde der erwachsene Georg an dieses Nadelexperiment durch eine Weihnachtsgabe im Jahr 1836, als sein Vater ihm nicht nur diverse Bände der „Notizen aus dem Gebiet der Natur- und Heilkunde" von Ludwig Friedrich von Froriep schickte, sondern auch zwei Exemplare der Nadelgeschichte mit der brieflichen Aufforderung: „Vielleicht kannst du deinen Schülern gelegentlich eine Erzählung davon machen".[8] So wird Georg Büchner bei den Arbeiten zum Woyzeck noch einmal mit dem Nadelexperiment konfrontiert. Sehr wahrscheinlich ist die exakte Buchführung, die der Vater hinsichtlich der Gabe von Nadeln betrieben hat, Anlass oder zumindest Bestätigung für Büchner, im Woyzeck

---

6 Adolph Henkes Zeitschrift für die Staatsarzneikunde, 6. Band 1823, S. 305 ff., abgedruckt auch in *Ernst Büchner*, Versuchter Selbstmord mit Stecknadeln, 2013, S. 5 ff.

7 *Ernst Büchner*, Versuchter Selbstmord mit Stecknadeln, 2013, S. 5, 25.

8 Brief vom 18.12.1836, abgedruckt in *Poschmann* (Hrsg.), Georg Büchner, Schriften, Briefe, Dokumente, 2006, S. 459 (im Folgenden zitiert: *Poschmann*, Dokumente).

durch die Erbsen-Diät auf absurde Experimentierpraktiken hinzuweisen.[9]

Während der Vater an seiner Karriere arbeitete, ist über den jungen Schüler Georg Büchner zunächst nicht viel bekannt. Bestätigt ist nur, dass er im Herbst 1821 in die gerade erst gegründete „Privat-Erziehungs- und Unterrichts-Anstalt" des Theologen Carl Weitershausen eintrat. Ob er zuvor bereits zwei bis drei Jahre Elementarunterricht in einer Darmstädter Vorschule erhalten hat oder von seiner Mutter unterrichtet wurde, ist nicht zweifelsfrei geklärt.[10] In der Grundschule von Weitershausen blieb Georg bis zum Jahr 1825,[11] besuchte die als fortschrittlich und freigeistig geltende Lehranstalt also von seinem 8. bis zu seinem 12. Lebensjahr.[12] Danach wechselte er auf das Großherzogliche Gymnasium Darmstadt, dem neuhumanistischen „Pädagog", das einen hervorragenden Ruf auch über die Grenzen Darmstadts hinaus genoss. Ungefähr 40% des Unterrichts nahmen Griechisch und Latein in Anspruch. Die Schüler wurden darüber hinaus angehalten, Diktataufsätze und rhetorische Übungen zu schreiben. Eine Vielzahl von Texten Büchners aus seiner gymnasialen Zeit sind noch erhalten.[13] Fast schon legendär ist Büchners Schü-

---

9 Auch wenn es solche Nahrungsmittelexperimente früher tatsächlich gegeben hat. Hierzu später im Dritten Kapitel 3a.

10 Für ersteres spricht sich z.B. *Hauschild*, „Gewisse Aussicht auf ein stürmisches Leben". Georg Büchner 1813–1837, in: Georg Büchner, Der Katalog, 1987, S. 16, 22, wenn auch nur „möglicherweise" aus, für letzteres plädieren z.B. *Johann*, Georg Büchner in Selbstzeugnissen und Bilddokumenten, 1964, S. 20; sowie *Borgards / Neumeyer*, Büchner Handbuch, Leben – Werk – Wirkung, 2009, S. 379.

11 Lediglich *Beise* datiert den Wechsel auf das Jahr 1824, s. *Ders.*, Einführung in das Werk Georg Büchners, 2010, S. 19.

12 Ausführlicher hierzu *Hauschild*, S. 22; *Ders.*, „Gewisse Aussicht auf ein stürmisches Leben". Georg Büchner 1813–1837, in: Georg Büchner, Der Katalog, 1987, S. 16, 22 f.

13 Abgedruckt in *Poschmann* (Hrsg.), Dokumente, S. 18 ff.

lerrede zur Verteidigung des Cato von Utica im September 1830.[14] Ostern 1831 endete die Schulzeit für Büchner, das Abgangszeugnis bescheinigte ihm „vorzügliche“ Fähigkeiten im Deutschen und „bedeutende“ Kenntnisse in Geschichte, ansonsten war Büchner ein eher durchschnittlicher Schüler.[15]

Nach seiner Schulzeit begann er nicht sofort mit einem Studium, sondern bereitete sich mit Sprach- und Fachstudien, Laborarbeit und Anatomieunterricht auf sein Medizinstudium im Wintersemester vor. Die Wahl fiel auf Wunsch des Vaters auf den Studienort Straßburg, hierzu beantragte dieser eine Sondererlaubnis für ein vierjähriges Auslandsstudium seines Sohnes. Straßburg war ein intellektuelles und politisches Zentrum von europäischem Format, so dass das Umfeld den jungen Büchner nicht nur wissenschaftlich, sondern auch politisch prägte.[16] Ende Oktober traf Büchner in Straßburg ein und wurde bei der Erledigung der notwendigen Formalitäten sowie der Suche nach einer Unterkunft von seinem Verwandten Edouard Reuss unterstützt. Quartier fand er bei einem gemeinsamen Verwandten, dem Pfarrer Johann Jakob Jaeglé, ganz in der Nähe der Académie. Am 9. November 1831 schrieb sich Büchner als Student der medizinischen Fakultät der Straßburger Universität ein. Büchner besuchte unter anderem Vorlesungen über Chemie, Physik, Zoologie, Anatomie und Physiologie. Vermutlich hat er nach der damals geltenden Universitätsordnung drei Jahresprüfungen abgelegt.[17] Kaum in

---

14 Z.B. *Fleck*, Eine Schülerrede, in: Georg Büchner, Der Katalog, 1987, S. 74 ff.; *Knapp*, Georg Büchner, 3. Aufl. (2000), S. 10 f.; *Kurzke*, Georg Büchner, 2013, S. 142 ff.

15 Der Exemtionsschein des Großherzoglichen Gymnasiums in Darmstadt vom 30.3.1831 ist abgedruckt bei *Kurzke*, Georg Büchner, 2013, S. 145 f.

16 Auf den politischen, den verfolgten Büchner kann in diesem Buch leider nicht eingegangen werden, s. hierzu *Kurzke*, Georg Büchner, S. 50 ff. Zum hessischen Landboten auch *Keller*, *Mayer* und *Franz* jew. in: Georg Büchner, Der Katalog, 1987, S. 156 ff.

17 *Kurzke*, Georg Büchner. Geschichte eines Genies, 2013, S. 329 f.

Straßburg, nahm Büchner Kontakt zu politischen Kreisen der Straßburger Studentenschaft auf und wurde gut eine Woche nach seiner Immatrikulation in die Studentenverbindung „Eugenia" eingeführt. Bei den Jaeglés wohnte Büchner fast zwei Jahre lang. Der Haushalt des verwitweten Jakob Jaeglé wurde von dessen Tochter Wilhelmine geführt, die drei Jahre älter als Büchner war. Als Büchner im Frühjahr 1832 erkrankte, wurde er von Wilhelmine gepflegt, in dieser Zeit begann auch die Liebesbeziehung zwischen Büchner und Wilhelmine, die sich noch während der Krankheit Büchners heimlich verlobten. Die Familie erfuhr hiervon zunächst nichts.

Neben seinen Studien war Büchner in Straßburg auch politisch aktiv, äußerte „sehr revolutionäre Ansichten" und war Mitglied der Gesellschaft der Menschenrechte zu Straßburg.[18] Büchner selbst erklärte seine zwei Jahre in Straßburg „zu den frohesten" seines Lebens.[19] Dennoch musste er – nachdem er die genehmigten vier Auslandssemester voll ausgeschöpft hatte – nach Deutschland zurückreisen. Im August 1833 verließ er Straßburg und machte Station in Darmstadt. Obwohl Büchner selbst mehr an den Naturwissenschaften interessiert war, schrieb er sich am 31. Oktober 1833 ins Matrikelbuch der Gießener Landesuniversität Ludoviciana als Student der Medizin ein. Welche Lehrveranstaltungen er genau belegt hat, ist unbekannt. Allerdings gilt als wahrscheinlich, dass er neben den klassischen medizinischen Vorlesungen auch gerichtsmedizinische und psychiatrische Lehrveranstaltungen besucht hat.[20] Gut möglich, aber nicht belegt, ist, dass Büchner im Jahr 1834 als Student der Obduktion des Delin-

---

18 *Hauschild*, „Gewisse Aussicht auf ein stürmisches Leben". Georg Büchner 1813–1837, in: Georg Büchner, Der Katalog, 1987, S. 16, 26. Zitat von Adam Koch.

19 Büchner an Edouard Reuss, Brief vom 31.8.1933, in: *Poschmann* (Hrsg.), Dokumente, S. 371, 372.

20 S. die Spekulationen bei *Knapp*, Georg Büchner, S. 18.

quenten Johann Dieß beigewohnt hat. Dessen Leichnam wurde nämlich in die Anatomie der Universität Gießen übergeben. Der Fall Dieß weist Parallelen zum Fall Woyzeck auf. Auch er erstach seine Geliebte und es kamen Zweifel an seiner Zurechnungsfähigkeit auf. Gleichwohl wurde er am 7. Dezember 1831 vom großherzoglichen Hofgericht wegen schuldvoller Tötung zu einer Zuchthausstrafe von 18 Jahren verurteilt. Dieß verstarb am 23. Mai 1834 im Zuchthaus. Einer Vorschrift zufolge erhielt das anatomische Institut Gießen die Leichen aus dieser Strafanstalt. 1836 erschien in Henkes Zeitschrift für die Staatsarzneikunde ein Aufsatz von dem Darmstädter Advokaten Bopp zur Causa Dieß. Da Büchner Leser dieser Zeitschrift war, könnte er sich durch Lektüre des Aufsatzes an den Fall Dieß erinnert haben.[21]

Neben seinen Universitätsstudien beschäftigte sich Büchner von Ende 1833 bis 1834 mit philosophischen Texten und der Geschichte der Revolution.[22] Vermutlich entstand bereits hier die Grundlegung für seine Manuskripte zur Geschichte der griechischen Philosophie, die er später wieder aufgriff. Politisch prangerte er die stetige Verarmung der Landbevölkerung sowie die katastrophalen Lebens- und Arbeitsbedingungen an. Sein Freund August Becker führte Büchner Anfang 1834 bei Friedrich Ludwig Weidig ein, der sich an der Gründung mehrerer deutsch-patriotischen Gesellschaften beteiligte, deren Hauptaufgabe in der Beseitigung der feudalen Zersplitterung und der Herstellung eines deutschen Einheitsstaats bestand. Mit Weidig vereinbarte Büchner die Anfertigung eines Flugschriftenmanuskripts.

---

21 Hierzu später im Zweiten Kapitel 6e. Zum Fall ausführlich in besagtem Aufsatz von *Bopp*, Zurechenbarkeit oder nicht? Actenstücke und Verhandlungen, in: Henke, Zeitschrift für die Staatsarzneikunde, 31. Band, 1836, S. 378 ff.

22 Zu letzterem vgl. Büchners Brief an Wilhelmine Jaeglé Mitte / Ende Januar 1834, in: *Poschmann* (Hrsg.), Dokumente, S. 377.

Mitte März 1834 gründete Büchner die Gießener „Gesellschaft der Menschenrechte", rund einen Monat später folgte die Gründung einer Darmstädter Sektion der „Gesellschaft der Menschenrechte". Im April 1834 wurde auch die Arbeit der Flugschrift, dem Hessischen Landboten,[23] abgeschlossen. Becker fertigte eine Reinschrift des Manuskripts wegen der unleserlichen Handschrift Büchners, Weidig überarbeitete das Manuskript. Derweil hielt sich Büchner in Straßburg bei seiner Verlobten Wilhelmine auf. Er war ohne das Wissen seiner Eltern nach Straßburg gereist und unterrichtete seinen Vater nun nicht nur über seinen Aufenthaltsort, sondern auch von seiner Verlobung mit Wilhelmine. Der Vater war sehr ungehalten über Reise und Verlobung Büchners. Edouard Reuss versuchte durch zwei Briefe an Büchners Vater die Vorurteile gegen die Verlobung auszuräumen. Allerdings kam es zwischen Büchner und seinem Vater erst im Herbst 1834 zur Versöhnung, als Wilhelmine nach Darmstadt reiste und dort im Kreis der Familie Büchner aufgenommen wurde. Zwischenzeitlich war es zur Drucklegung des Hessischen Landboten gekommen. Wegen diverser Änderungen des Manuskripts durch Weidig, kam es zu Auseinandersetzungen zwischen Weidig und Büchner. Weidig hatte die Flugschrift dahingehend bearbeitet, dass die materiellen zugunsten der sozial-ständischen Klassengegensätze abgeschwächt wurden. Büchner war mit diesen inhaltlichen Änderungen nicht einverstanden, dennoch ging die Schrift am 30. Juli 1834 erstmals in Druck. Mit der Verteilung der ca. 1200 bis 1500 Exemplare wurden Karl Minnigerode, Friedrich Schütz und Carl Zeuner betraut. Die Aktion wurde allerdings verraten und Minnigerode bereits am 1. August 1834 am Gießender Stadttor verhaftet. Büchner warnte daraufhin zunächst Zeuner und Weidig, anschließend Schütz und entfernte die restlichen

---

23 Ausf. *Büchner / Weidig*, Der hessische Landbote. Texte, Briefe, Prozessakten, kommentiert von Enzensberger, 1974.

Exemplare des Hessischen Landboten aus der Druckerei. Als Büchner nach Gießen zurückkehrte, wurde sein Zimmer bereits von der Polizei durchsucht und ein erster Steckbrief gegen ihn erlassen.[24] Dennoch gelang es ihm, einer Verhaftung zu entgehen und Mitte September 1834 zu seinen Eltern nach Darmstadt zu reisen. Währenddessen wurde der nicht entdeckte Teil der Landboten-Exemplare verteilt. Die Wirkung auf die Landbevölkerung war so stark, dass im November 1834 eine zweite Auflage in Druck ging.

Derweil ging Büchner in Darmstadt seinem Vater beim anatomischen Unterricht im Stadthospital zur Hand und widmete sich fachwissenschaftlicher Lektüre. Daneben reorganisierte er die Darmstädter Sektion der „Gesellschaft der Menschenrechte", gleichzeitig hatte er stets Angst vor Verhaftung. Trotz dieser enormen Anspannung konnte Büchner zwischen Oktober 1834 und Januar 1835 das Drama „Dantons Tod" schreiben. Neben der Recherche, für die Büchner eine Reihe von Quellentexten aus der Darmstädter Hofbibliothek ausgeliehen hatte, benötigte er für die Niederschrift „höchstens fünf Wochen".[25] Am 21. Februar 1835 schickte Büchner das Manuskript an den Frankfurter Verleger Johann David Sauerländer sowie den Schriftsteller und Literaturredakteur Karl Gutzkow. Letzterer druckte das Drama vom 26. März bis 7. April 1835 in einem im Hinblick auf die Zensur bearbeiteten Vor- und Teilabdruck in Fortsetzung in der Zeitschrift Phönix. Im Juli 1835 erschien die Buchausgabe von Dantons Tod im Verlag von Sauerländer. Zu dieser Zeit befand sich Büchner längst nicht mehr in Deutschland, bereits im März

---

24 Laut Steckbrief maß Büchner 6 Schuh 9 Zoll des neuen hessischen Maßes, das bereits dem Dezimalsystem angepasst war. Danach ergibt sich eine Körpergröße von 172,5 cm. Die Durchschnittsgröße eines Mannes betrug damals 168 cm. Vgl. *Kurzke*, Georg Büchner. Geschichte eines Genies, S. 333.

25 Brief an Karl Gutzkow am 21.2.1835, in: *Poschmann* (Hrsg.), Dokumente, S. 393 f.

floh er mit einem falschen Pass über Friedberg nach Straßburg. Die Verbindung mit Gutzkow[26] erhielt Büchner auch nach seiner Flucht aufrecht, dieser verschaffte ihm einen Übersetzungsauftrag, so dass Büchner seinen Lebensunterhalt im Exil bestreiten konnte. Büchner übersetzte die Dramen Lucrèce Borgia und Marie Tudor von Victor Hugo. Die Übersetzungen erschienen Anfang Oktober 1835. Zwischen die Übersetzungsarbeiten schob Büchner ein eigenes literarisches Projekt, nämlich seine Arbeiten an Lenz. Hierzu beschaffte sich Büchner Materialien über den Aufenthalt des Dichters Lenz beim philanthropischen Pfarrer Oberlin im elsässischen Steintal. Anfangs war Büchner unschlüssig, ob er einen Aufsatz oder eine Novelle schreiben sollte, er entschied sich schließlich für die literarische Form, kam jedoch über einen fragmentarischen Entwurf nicht hinaus. Obwohl Gutzkow Lenz im Löwenthal Verlag publizieren und dann als Zeitschriftenbeitrag für die Deutsche Revue vorgesehen hatte,[27] stockten die literarischen Arbeiten Büchners. Schließlich stellte er sie ganz zurück, um sich seinem wissenschaftlichen Studium zu widmen. Damit entschied sich Büchner ganz bewusst gegen das ungesicherte Dasein des Berufsliteraten und für das des Wissenschaftlers.[28] Im Brief an seine Familie heißt es:

---

26 Vgl. hierzu *Lauster* / *Horrocks*, Büchner und Gutzkow: Affinitäten auf den zweiten Blick, in: Dedner / Gröbel / Vering (Hrsg.), Georg Büchner Jahrbuch 13 (2013–2015), 2016, S. 43 ff.

27 Deutsche Revue sollte als großangelegte literarische Wochenschrift mit einer Startauflage von viertausend Exemplaren erscheinen. Allerdings wurden im November 1835 sämtliche Bücher Gutzkows verboten. Auch die bereits im Druck befindliche erste Nummer der Deutschen Revue konnte so nicht mehr erscheinen.

28 Zu Büchner als Wissenschaftler vgl. *Roth*, Georg Büchners naturwissenschaftliche Schriften. Ein Beitrag zur Geschichte der Wissenschaften vom Lebendigen in der ersten Hälfte des 19. Jahrhunderts, 2004, sowie Reprint von 2013. Vgl. auch *Müller-Sievers*, Desorientierung. Anatomie und Dichtung bei Georg Büchner, 2003, S. 51 ff. Zu den naturwissenschaftli-

„Ich werde das Studium der medicinisch-philosophischen Wissenschaften mit der größten Anstrengung betreiben, und auf dem Felde ist noch Raum genug, um etwas Tüchtiges zu leisten und unsere Zeit ist grade dazu gemacht, dergleichen anzuerkennen.“[29]

Eine Alternative zu den deutschen Universitäten, die Büchner aufgrund seiner politischen Vergangenheit verwehrt waren, bot die erst 1833 eröffnete Hochschule in Zürich. Von dort erhielt er Nachricht, dass er dort promovieren und im Anschluss daran auch dort dozieren dürfte. Die Promotion, die Büchner im Wintersemester 1835/36 in Angriff nahm, hatte eine zoologisch-morphologische Untersuchung über die Nerven der Barbe, einer Karpfenart, zum Thema. Seine Studien führten Büchner zur Entdeckung einer früher nicht gekannten Verbindung unter den Kopfnerven der Barbe. Weder die Zahl noch Ursprung und Verlauf der Schädel- und Rückenmarksnerven der Fische waren zuverlässig erforscht, Büchner leistete hier entscheidende Pionierarbeit und einige seiner deskriptiv-anatomischen Befunde haben ihren wissenschaftlichen Wert bis heute behalten.[30] Im März 1836 waren die Arbeiten an der Dissertation abgeschlossen, die Ergebnisse stellte Büchner im April und Mai auf den Sitzungen der Straßburger „Société du Muséum d'histoire natu-

---

chen Schriften kurz auch *Borgards*, in: Borgards / Neumeyer (Hrsg.), Büchner Handbuch, S. 123 ff. mit weiteren bibliographischen Angaben.

29 Brief vom 9.3.1835 aus Weißenburg nach Darmstadt, abgedruckt in: *Poschmann* (Hrsg.), Dokumente, S. 396, 397. Am 20. April des gleichen Jahres schrieb Büchner an die Familie, dass er das Angebot erhalten hat, Kritiken über französische Werke zu verfassen und vermerkte hierzu „Ich würde mir noch weit mehr verdienen können, wenn ich mehr Zeit darauf verwenden wollte, aber ich bin entschlossen, meinen Studienplan nicht aufzugeben“, a.a.O., S. 402.

30 So *Hauschild*, Georg Büchner, 2. Aufl. (2011), S. 119. Ausführlich zu Büchners Dissertation und den Arbeiten an der Barbe *Doerr*, Georg Büchner als Naturforscher, in: Georg Büchner, Der Katalog, 1987, S. 286 ff. sowie *Geus*, Die Rezeption der vergleichend-anatomischen Arbeiten Georg Büchners über den Bau des Nervensystems der Flußbarbe, a.a.O., S. 292 ff.

rell" vor. Daraufhin beschloss die renommierte Gelehrtenvereinigung, die Arbeit Büchners auf ihre Kosten zum Druck zuzulassen und in ihre Schriftenreihe aufzunehmen.[31]

Im Sommer 1836 überarbeitete Büchner nicht nur sein wissenschaftliches Manuskript für die Drucklegung,[32] sondern schrieb auch das Lustspiel „Leonce und Lena". Dies geschah, weil der Verlag Cotta in der Augsburger Allgemeinen Zeitung erstmals einen Preis von 300 Gulden für das beste ein- oder zweiaktige Lustspiel in Prosa oder Versen ausschrieb. Die Ausschreibung wurde in dem Cottaschen Morgenblatt für gebildete Stände wiederholt, das Wilhelmine Jaeglé regelmäßig las. Da die Frist des Einsendeschlusses auf den 1. Juli 1836 verschoben wurde, blieb Büchner Zeit, sich ans Werk zu machen, da er das Geld gut gebrauchen konnte. In rund vier Wochen schrieb er die Komödie nieder. Allerdings traf Büchners Skript verspätet beim Verlag Cotta ein, so dass es ungeöffnet zurückgesandt wurde. Über ein halbes Jahrhundert sollte es noch dauern, bis das Stück 1895 in München uraufgeführt wurde.

Noch in Straßburg begann Büchner mit den Arbeiten an Woyzeck. Eventuell war der Aufsatz des Advokaten Bopp zum Fall Dieß Anlass, sich in den Fall Woyzeck zu vertiefen, da sich Bopp in einer Fußnote auf den Fall bezog: „Die That erinnert an den Mörder Woyzeck".[33] Zugleich wies Bopp auf einen anderen Fall, den Mordprozess Schmolling hin. Dieser wird als weitere Quelle Büchners erwogen, auch hierzu gibt es eine ausführliche „Vertei-

---

31 Die französischsprachige Dissertation wurde 1994 und 2008 ins Deutsche übertragen, vgl. *Elm*, „Das frische grüne Leben" – Georg Büchner als Naturwissenschaftler, in: Wimmer (Hrsg.), Georg Büchner und die Aufklärung, 2015, S. 119, 120.

32 Die Auflage erschien in 300 Exemplaren aber erst im Frühjahr 1837.

33 *Bopp*, Zurechenbarkeit oder nicht? Actenstücke und Verhandlungen, in: Henke, Zeitschrift für die Staatsarzneikunde, 31. Band, 1836, S. 378, 389.

digungsschrift“ von Hitzig aus dem Jahr 1825 in der Zeitschrift für die Criminal-Rechts-Pflege.[34] Der Fall Woyzeck dürfte Büchner noch aus seiner Darmstädter Schülerzeit vertraut gewesen sein. Da sich Büchner immer akribisch auf seine Stücke vorbereitete, wird er nicht nur die Gutachten zur Zurechnungsfähigkeit Woyzecks gelesen haben, sondern auch die sich mit den Gutachten auseinandersetzenden wissenschaftlichen Fachartikel.

Zur Vorbereitung seiner Vorlesungen in Zürich zum Wintersemester 1836/1837 griff Büchner auch wieder auf seine bereits in Darmstadt begonnenen Studien zur Geschichte der Philosophie zurück. An Gutzkow schrieb er Anfang Juni 1836: „Ich habe nämlich die fixe Idee, im nächsten Semester zu Zürich einen Kurs über die Entwicklung der deutschen Philosophie seit Cartesius zu lesen“.[35] Außerdem reichte Büchner seine Arbeit über die Barbe als Dissertation zur Erlangung des Doktorgrades bei der Philosophischen Fakultät der Universität Zürich ein. Am 3. September 1836 wurde Büchner in einer Sitzung der Philosophischen Fakultät in absentia zum Dr. philosophiae promoviert. Gut drei Wochen später stellte Büchner den Antrag, zur Habilitation zugelassen zu werden. Erst im Oktober reiste Büchner, nachdem seine Einreise in die Schweiz bewilligt worden war, nach Zürich. Am 5. November 1836 fand die Probevorlesung in Zürich zum Thema Schädelnerven statt. Daraufhin wurde Büchner sofort zum Privatdozenten ernannt, am 23. November wurde die Ernennung vom akademischen Senat ratifiziert. Der Gründungsrektor der Universität Oken führte Büchner in die wissenschaftlichen Kreise Zürichs ein. Unterkunft fand Büchner im Haus des liberalen und sozial enga-

---

34 *Hitzig*, Verteidigungsschrift zweiter Instanz für den Tabackspinnergesellen Daniel Schmolling welcher seine Geliebte ohne eine erkennbare Causa facinoris ermordete, in: Zeitschrift für die Criminal-Rechts-Pflege in den preussischen Staaten mit Ausschluss der Rheinprovinz Berlin 1825, Bd. 1, 2. Heft, S. 261 ff.

35 Brief an Gutzkow, Juni 1836, in: *Poschmann* (Hrsg.), Dokumente, S. 439.

gierten Arztes Dr. Hans Ulrich Zehnder, der später Bürgermeister von Zürich wurde. Im Wintersemester 1836/37 hielt Büchner sogleich seine erste und einzige Vorlesung zur vergleichenden Anatomie der Fische und Amphibien. Für seinen Kurs meldeten sich nicht mehr als fünf Teilnehmer, oft war sogar nur ein einziger Zuhörer zugegen, wenn Büchner dreimal wöchentlich von zwei bis drei Uhr sein „Kollegium" abhielt. Diese Veranstaltung hatte Büchner schon zu Straßburger Zeiten vorbereitet, indem er seine Präparate anfertigte, da die junge Universität Zürich noch keine eigene Sammlung besaß. Zu der zweiten geplanten Vorlesung zur deutschen Philosophiegeschichte kam es dagegen nicht.[36]

Im Winter 1836/37 ging in Zürich nach einer Grippewelle ein typhöses Nervenfieber um. Büchner infizierte sich und blieb vom 2. Februar 1837 an mit hohem Fieber ans Bett gefesselt.[37] Sein Zustand verschlechterte sich dramatisch, Wilhelmine Jaeglé reiste am 17. Februar nach Zürich, doch die Ärzte konnten ihr keine Hoffnung machen. Am 19. Februar starb Georg Büchner.

Sein Drama Woyzeck blieb unvollendet, jedoch in einem sehr fortgeschrittenen Stadium. Noch kurz vor seiner Erkrankung

---

36 Allerdings existieren Manuskripte zu Descartes und Spinoza, vgl. kurz zu dem „Studium der Philosophie" und den geplanten Vorlesungen *Hauschild*, Georg Büchner. Verschwörung für die Gleichheit, 2013, S. 224 ff.; ausf. *Röcken*, Philosophische Schriften, in: Borgards / Neumeyer (Hrsg.), Büchner Handbuch, S. 130 ff. m. zahlr. Literaturhinweisen; ausf. auch die Monografie von *Osawa*, Georg Büchners Philosophiekritik. Eine Untersuchung auf der Grundlage seiner Descartes- und Spinoza-Exzerpte, 1999. Abgedruckt sind die Schriften bei *Poschmann* (Hrsg.), Dokumente, S. 173 ff.

37 Noch am 27. Januar 1837 schrieb Büchner der besorgten Wilhelmine Jaeglé aus Zürich: „Mein lieb Kind, Du bist voll zärtlicher Besorgnis und willst krank werden vor Angst; ich glaube gar, Du stirbst – aber ich habe keine Lust zum Sterben und bin gesund wie je". Abgedruckt ist der Brief in: *Poschmann* (Hrsg.), Dokumente, S. 465.

teilte Büchner seiner Verlobten mit, dass er in „längstens acht Tagen“ das Drama erscheinen lassen würde.[38]

2. *Woyzeck*

Johann Christian Woyzeck war bereits 33 Jahre alt, als Büchner geboren wurde und hatte schon ein bewegtes Leben hinter sich. Geboren wurde er am 3. Januar 1780 als Sohn eines Perückenmachers / Friseurs in Leipzig.[39] Der Vater Stephan Majorewsky Woyzeck stammte aus Polen, die Mutter verstarb früh im Alter von 26 Jahren. Woyzeck war zu diesem Zeitpunkt acht Jahre alt. Da das Gewerbe des Vaters zur damaligen Zeit noch florierte, konnte er seinem Sohn und seinen anderen Kindern zunächst einen gesicherten Lebensunterhalt bieten. Er heiratete wieder und schickte Woyzeck in eine Winkelschule. Winkelschulen waren behördlich nicht anerkannte, privat organisierte Schulen, die in Städten und größeren Handelszentren Deutschlands seit dem

---

38 Brief an Wilhelmine Jaeglé 1837, in: *Poschmann* (Hrsg.), Dokumente, S. 461, Büchner spricht von „noch zwei anderen Dramen“ neben Leonce und Lena (angespielt wird neben Woyzeck auf das verschollene Stück über den Renaissance-Schriftsteller Pietro Aretino).

39 Woyzecks Lebenslauf wurde zusammengestellt anhand der Clarus-Gutachten. Das erste Gutachten ist abgedruckt in einer Zeitschrift aus dem Jahr 1826, s. *Clarus*, Früheres Gutachten des Herrn Hofrath Dr. Clarus über den Gemüthszustand des Mörders Joh. Christ. Woyzeck, erstattet am 26. Sept. 1821, in: Adolph Henkes Zeitschrift für die Staatsarzneikunde, Fünftes Ergänzungsheft, 1826, S. 129, 134 ff. Das zweite Gutachten ist als Monografie erschienen: *Clarus*, Die Zurechnungsfähigkeit des Mörders Johann Woyzeck nach Grundsätzen der Staatsarzneikunde aktenmäßig erwiesen, Leipzig, 1824; das zweite Gutachten ist ebenfalls abgedruckt in: Adolph Henkes Zeitschrift für die Staatsarzneikunde, Viertes Ergänzungsheft, 1825, S. 1 ff. Außerdem wird Bezug genommen auf *Müller*, in: Allergnädigst privilegirtes Leipziger Tageblatt, Nr. 56, Mittwoch, den 25. August 1824, Über den Mörder Woyzeck und sein Verbrechen, S. 226 f. sowie *Ders.*, in: Allergnädigst privilegirtes Leipziger Tageblatt, Nr. 57, Donnerstag, den 26. August 1824, Über den Mörder Woyzeck und sein Verbrechen (Fortsetzung), S. 229 ff.

Mittelalter entstanden. Der Besuch war kostenpflichtig und konnte bar oder in Naturalien beglichen werden. Im Anschluss an die Winkelschule besuchte Woyzeck die 1792 neu begründete Raths-Freischule. Diese war die erste städtische, nicht auf private Wohltätigkeit angewiesene, schulgeldfreie Volksschule in Leipzig. Wie lange Woyzeck diese Schule besuchte, ist nicht bekannt. Da Mädchen und Jungen dort im Alter zwischen sieben und dreizehn Jahren unterrichtet wurde, dürfte der bei der Gründung 12jährige Woyzeck aber nur ein gutes Jahr dort unterrichtet worden sein. Bereits mit dreizehneinhalb Jahren ging Woyzeck in die Lehre zum Perückenmacher Stein. Dort hat er aber nach eigenem Bekunden nicht viel lernen können, da er hauptsächlich für häusliche Geschäfte und zum Kinderhüten eingesetzt wurde. Daher wechselte er nach einem Jahr zum Perückenmacher Knobloch. Während seiner Lehrzeit, als Woyzeck 15 Jahre alt war, starb sein Vater mit 44 Jahren. Woyzeck diente bei Knobloch vier Jahre als Lehrling und anderthalb bis zwei Jahre darüber hinaus. Dort lernte er auch das spätere Opfer, die von ihm getötete Woostin kennen. Diese war die Stieftochter seines Lehrherren, mehrere Jahre älter als Woyzeck und zur Zeit seiner Lehre bereits verheiratet. Woyzeck hatte daher in jener Zeit keinen näheren Umgang mit ihr.

Da das Perückenmachergewerbe immer schlechter ging – Perücken waren einfach aus der Mode gekommen – zog der 18jährige Woyzeck in die Fremde, zunächst nach Dessau und Berlin, von da aus durch Hannover und Hessen. Er verdingte sich mal als Friseur, mal als Bediensteter, fand aber nirgendwo lange Arbeit und kehrte nach sechs Jahren nach Leipzig zurück. Dort ging er ein Jahr lang bei dem Perückenmacher Bärwolfinger in Dienst, danach war er wieder ohne Arbeit, schließlich verrichtete er Gelegenheitsarbeiten in Berlin und Breslau. In Wittenberg war er eine Zeit lang Bediensteter eines adligen Studenten, bis er wiederum kurze Station in Leipzig nahm und sich mit dem Illuminieren von Kupferstichen und mit Arbeiten im Magazin Geld verdiente. Schließlich wurde er Bediensteter des Kammerrats Honig in Barneck bei Leipzig. Das Leipziger Tageblatt schrieb 1824 über den „Mörder Woyzeck“, zu dieser Zeit – 1806 – sei Woyzeck von einer „Frauensperson, mit der er in engerem Verständnis gelebt, wegen ihr aus Eifersucht zugefügter Misshandlung, zum erstenmale bei der obrigkeitlichen Behörde denuncirt“ worden „worauf er Leipzig wieder verließ“.[40] Bei dieser Frauensperson handelte es sich den Akten nach um „die Traugottin, damals Schindelin“, mit der Woyzeck beim Wattenmacher Richter zusammengewohnt hatte. Da sich die Schindelin von Woyzeck trennen wollte, hatte er sie mehrfach geschlagen und beschimpft. Eines Abends griff Woyzeck die Schindelin an die Brust, um sie aus der Wohnung nach draußen zu ziehen. Er fügte ihr eine Wunde am Kopf von „der Größe eines Kupferdreiers“[41] zu, wobei umstritten blieb, ob er hierfür einen großen Mauerstein verwendete – so die Aussage der Schindelin – oder seine Faust, in der er einen Schlüssel gehalten hat – so Woyzeck.

Im Herbst 1806 trat er freiwillig dem siebten holländischen Regiment bei und diente während der Napoleonischen Kriege diversen Heeren als Söldner. Zunächst wurde er als Rekrut des holländischen Regiments am 7. April 1807 vor Stralsund von den Schweden gefangen genommen und nach Stockholm transportiert. Dort tat er unter dem Engelbrechtschen Regiment Dienst und nahm an den Feldzügen der Schweden in Finnland gegen die Russen teil. Als das Regiment nach Deutschland übersetzte, wurde es von den Franzosen entwaffnet. Im Jahr 1810 hatte Woyzeck nach eigenen Angaben eine Liebesbeziehung zu einer ledigen

---

40 *Müller*, Leipziger Tageblatt Nr. 56, 25. August 1824, S. 226.

41 Kupfernes Dreipfennigstück.

Frau, der Wienbergin, mit der er ein Kind zeugte.[42] Als Woyzeck den Mecklenburgischen Truppen beitrat und vor Ratzeburg und Hamburg kämpfte, wurde ihm diese Frau untreu.

Schließlich verließ Woyzeck die Mecklenburgischen Truppen und desertierte wieder zu den Schweden. Bei der Abtretung von Schwedisch-Pommern ging sein Regiment an Preußen über. 1818 wurde er auf eigenes Ersuchen aus dem Preußischen Kriegsdienst entlassen. Woyzeck kehrte nach Leipzig zurück, wo er zunächst von der Witwe Woost, der Stieftochter seines zweiten Lehrherrn Knobloch, unterstützt wurde. Nach einiger Zeit fand er Arbeit bei dem Juden Samson Schwabe in Dessau, den er für zwei Monate wegen einer Erkrankung versorgte. Danach kam er nach Leipzig zurück und wohnte bis 1820 bei der Stiefmutter der Woostin. Er verdiente seinen Lebensunterhalt mit Kleiderausbessern, Haarschneiden, Papparbeiten, Illuminieren und der Dienerschaft für diverse Herren. In dieser Zeit war Woyzeck auch mit der Woostin liiert, die aber währenddessen ebenfalls häufigen Umgang mit Soldaten pflegte, so dass Woyzeck oft eifersüchtig wurde. Es soll deswegen nach Bekunden diverser Zeugenaussagen zu wiederholten Misshandlungen durch Woyzeck an der Woostin gekommen sein.

Die Stiefmutter der Woostin kündigte Woyzeck die Wohnung auf, woraufhin er in wechselnden Unterkünften lebte,[43] wegen seiner Trunksucht oder auch wegen rückständigen Mietzahlungen verlor er immer wieder seine Unterkunft. Anfang 1821 kam es zu einem aktenkundigen Vorfall. Woyzeck lauerte eines Abends der Woostin auf und schlug sie, nachdem sie sich weigerte, mit

42 Zu der Beziehung auch in den Akten 10079 Landesregierung, Loc. 31130, S. 58 ff.

43 Die wechselnden Unterkünfte sind genau angegeben im veröffentlichten (zweiten) *Clarus*-Gutachten, Die Zurechnungsfähigkeit des Mörders Johann Christian Woyzeck nach Grundsätzen der Staatsarzneikunde aktenmäßig erwiesen, Leipzig 1824, S. 8 ff. (im Folgenden: *Clarus*-Gutachten).

ihm spazieren zu gehen, mit der Scherbe eines zerbrochenen Topfes. Mehrere Personen kamen der Woostin zu Hilfe und hielten Woyzeck fest. Dieser wurde für die Tat mit achttägigem Arrest bestraft.

Da Woyzeck nicht regelmäßig Arbeit fand, blieb er teilweise ohne Unterkunft und schlief unter freiem Himmel. Trotz dieses unsteten Lebenswandels und auch nach der Körperverletzung an der Woostin hielt Woyzeck Kontakt zu dieser, die ihm hin und wieder auch Einlass in ihre Wohnung gewährte.

Zweites Kapitel
Der historische Fall Woyzeck[1]

1. Der Tag der Tat

Am 2. Juni 1821[2] geschah die Tat. Am Nachmittag hatte Woyzeck einen Griff an eine abgebrochene Degenklinge befestigen lassen und trug daraufhin dieses Messer in seiner Tasche. Ebenfalls am Nachmittag war Woyzeck mit der Woostin auf der Funkenburg verabredet, konnte sich aber im Nachhinein bei seiner Aussage nicht mehr erinnern, ob er tatsächlich zur Verabredung gegangen ist. Vielmehr glaubte er, er habe dies nicht getan, weil er sich ohnehin dachte, dass die Woostin sich lieber mit einem anderen treffen wollte. Dann aber vermutete Woyzeck in seiner Aussage, dass er den Griff an die Klinge wohl in der Absicht habe anfertigen lassen, die Woostin damit zu erstechen. Allerdings, so versi-

1 Dem Sächsischen Staatsarchiv danke ich für die freundliche Unterstützung und die Fertigung der Kopien aus den Akten: 10079 Landesregierung, Loc. 31130: III. Depart, Kriminalsachen. Johann Woyzeck in pto. homicidii, 1822–1824; 11018 Justiz-Ministerium, Nr. 739/13, Bl. 172–258; 11018 Justiz-Ministerium, Nr. 739/14, Bl. 1–28 und 189–195. Eine Zusammenfassung der doch recht schwer lesbaren handschriftlichen Ausführungen in Kurrentschrift findet sich bei *Walter*, Der Fall Woyzeck. Eine Quellen-Dokumentation, in: Georg Büchner Jahrbuch 7 (1988/1989). S. 351 ff. Ausführlich mit zahlreichen Abbildungen auch *Walter*, […] der Vollstreckung der Strafe soll gebührend nachgegangen werden. […] Eine Quellen-Dokumentation zum Prozeß des Johann Christian Woyzeck, in: *Sohl*, Leipzig. Aus Vergangenheit und Gegenwart, Beiträge zur Stadtgeschichte, Bd. 6, 1989, S. 35 ff.

2 Dieses Datum ergibt sich aus einem Aktenstück der Landesregierung, III. Depart, Kriminalsachen, Johann Christian Woyzeck, 1822–1824, Sächsisches Hauptstadtarchiv Dresden 10079, Landesregierung Loc. 31130 und den Entscheidungsgründen in den Akten des Jusitz-Ministeriums Nr. 739/13 (Aug. 1821 bis Aug. 1822), Bl. 208. Die häufig fehlerhafte Datierung auf den 3. Juni 1821 ist auf einen Druckfehler im Gutachten von *Clarus* (S.1) zurückzuführen, das dann wiederum zitiert wurde.

https://doi.org/10.1515/9783110570946-003

cherte er, habe er dies nachher wieder vergessen und nicht mehr daran gedacht, dass sich das Messer in seiner Tasche befand. Am Abend gegen halb zehn Uhr traf er Johanna Woost zufällig auf der Straße. Woyzeck sprach sie daraufhin an, dass sie nicht an ihrem Treffpunkt auf der Funkenburg gewesen sei, woraufhin sie lachte, woraus er schloss, dass sie tatsächlich nicht da war. Darüber ärgerte er sich zwar, begleitete die Woostin allerdings dennoch nach Hause. Laut seiner Aussage hätten sich beide auf dem Weg nicht gezankt und er habe auch nicht daran gedacht, sie zu erstechen. Als sie die Wohnung in der Sandgasse erreicht hätten, habe die Woostin gesagt, er solle nach Hause gehen. Erst da sei ihm wieder der Gedanke gekommen, die Woostin zu erstechen.[3] So fügte Woyzeck im Hausgang der Wohnung der Woostin sieben Stichwunden zu, infolge derer sie nach wenigen Minuten verstarb. Die Obduktion ergab, dass unter den Stichverletzungen eine penetrierende Brustwunde gewesen ist, die die erste Zwischenrippenschlagader zerschnitten, beide Säcke des Brustfells und den niedersteigenden Teil der Aorta durchdrungen hat.[4]

Woyzeck entfernte sich nach der Tat vom Ort des Geschehens, wurde aber von einer Augenzeugin, der Hopfgartin, dabei beobachtet, wie er mit der Woostin zusammen den Hausflur in der Sandgasse betrat. Daraufhin hörte die Hopfgartin den Ausruf „Mörder“ und sah, wie sich Woyzeck wieder entfernte. Sie folgte ihm und veranlasste einen ihr begegnenden Soldaten, Woyzeck aufzuhalten. Auf dem Rolfsplatz wurde er festgenommen, das

3 Vgl. Früheres *Clarus*-Gutachten, Zeitschrift für die Staatsarzneikunde 1826, Bd. 6, 5. Ergänzungsheft, S. 129, 140 f.

4 Das Obduktionsergebnis wird geschildert in der Empfehlung der Landesregierung vom 5. Juni 1822, Sächsisches Staatsarchiv Dresden 10079, Landesregierung Loc. 31130, Bl. 5a, 6b. Ebenfalls abgedruckt bei *Steinberg / Schmideler*, War Woyzeck tatsächlich schizophren oder redete ihm die Verteidigung seine Schizophrenie nur ein?, Jahresheft für forensische Psychiatrie, Bd. 3, 2006, S. 71, 78.

Messer führte er noch bei sich. Als ihm auf seine Frage, ob die Woostin wirklich tot sei, niemand antwortete, sagte er vor Zeugen, Gott gebe, dass sie tot ist, sie hat es um mich verdient.[5] Woyzeck wurde in Gewahrsam genommen und bestätigte, dass er mit dem bei ihm gefundenen Messer die Woostin erstochen hatte.[6]

2. Erste Zweifel an der Zurechnungsfähigkeit Woyzecks und erstes Clarus Gutachten

Bereits einen Tag nach der Tat verständigte ein ehemaliger Hauswirt Woyzecks, Johann Gottlob Haase, den Leipziger Privatgelehrten Dr. Johann Adam Bergk, dass Woyzeck unter Wahnvorstellungen gelitten hätte.[7] Der Staatsrechtler Bergk war liberal eingestellt und als Gegner der Todesstrafe bekannt.[8] Bergk

---

5 Bei der Wiedergabe des Geständnisses Woyzecks im Bericht der Landesregierung an den Geheimen Rat, Dresden vom 5. Juni 1822, Sächsisches Staatsarchiv Dresden 10079, Landesregierung Loc. 31130, Bl. 5, 12b, gibt er auf den Vorhalt „Habt ihr nach eurer Verhaftung in der Militär Hauptwache geäußert 'Gott gebe nur, dass die Woost tot ist, sie hat es um mich verdient'" die Antwort: „Die Worte 'Gott gebe nur, dass sie tot sei' habe ich gesagt, ob ich auch hinzugesetzt habe 'sie hat es um mich verdient', kann ich nicht sagen".

6 Zum Geständnis vgl. den Bericht der Landesregierung an den Geheimen Rat, Dresden vom 5. Juni 1822, Sächsisches Staatsarchiv Dresden 10079, Landesregierung Loc. 31130, Bl. 5, 12a: „Gabt ihr der verwittw. Woostin in dem Hausflur ihres Wohnhauses mehrere Stiche?" Antwort: „Ja". „Gabt ihr derselben diese Stiche mit dem bei der Arretur in euren Händen befindlichen Dolche?" Antwort: „Ja".

7 Später versichert Haase und seine Frau, dass Woyzeck im Sommer 1820, als er bei ihnen gewohnt hat, behauptet habe, in seiner Kammer spuke es und er höre Stimmen, s. 11018 Justiz-Ministerium Nr. 739/14, S. 17, 18 der Entscheidungsgründe des Leipziger Schöppenstuhls vom 4. Oktober 1823, in dem das zweite Todesurteil vom 9. Februar 1822 bestätigt wird. Abgedruckt ist dies auch bei *Steinberg / Schmideler*, Jahresheft für forensische Psychiatrie 2006, Bd. 3, S. 71, 94 ff.

8 *Greiner*, Juridischer und ästhetischer Diskurs am Fall Woyzeck, in: Greiner / Thums / Graf Vitzthum (Hrsg.), Recht und Literatur. Interdisziplinäre Bezüge, 2010, S. 295, 301.

veranlasste, dass in der überregionalen Nürnberger Zeitung „Der Korrespondent von und für Deutschland“ am 9. Juni 1821 eine Nachricht über den Fall unter der Rubrik „Tragische Vorfälle“ erschien. Woyzeck – falsch abgedruckt als „Wossek“ – soll, so der Hinweis in der Zeitung, „während des Sommers stets an Verstandesirrungen leiden“. Der Verteidiger Philipp Heinrich Friedrich Hänsel beantragte wenige Tage, nachdem er seine erste Verteidigungsschrift eingereicht hatte, eine gerichtsärztliche Untersuchung Woyzecks.[9] Hänsel war Handels-Actuar und weniger als Strafrechtler als vielmehr Zivilrechtler ausgewiesen.[10] Am 24. August 1821 erhielt der Hofrat Prof. Dr. Johann Christian Clarus den Auftrag, ein Gutachten über Woyzeck zu erstellen. Er wurde gebeten, „den Gemüthszustand des Inquisiten ärztlich zu untersuchen und ein Gutachten darüber abzugeben“. Bezogen wurde sich auf die Prüfung der Wahrheit des „Gerüchts“, dass Woyzeck verrückt sei.[11] Clarus war seinerzeit ordentlicher Professor der Medizin an der Universität Leipzig und königlich sächsischer Hofrat.[12] Er führte am 26., 28. und 29. August 1821

9 Die erste Verteidigungsschrift, die leider nicht mehr erhalten ist, wurde von Hänsel am 16. August 1821 eingereicht, der Antrag auf gerichtsärztliche Untersuchung datiert auf den 23. August 1821, vgl. *Walter*, Der Fall Woyzeck. Eine Quellen-Dokumentation, in: Georg Büchner Jahrbuch 7 (1988/1989). S. 351, 359. Hieraus stammen auch die weiteren Daten nicht mehr auffindbarer Quellen.

10 Hänsel war seit 1820 Aktuar beim Leipziger Handelsgericht, vgl. *Pabst*, Zwei unbekannte Berichte über die Hinrichtung Johann Christian Woyzecks, in: Georg Büchner Jahrbuch 7 (1988/89), 1991, S. 338, 343. Er verfasste auch Schriften wie z.B.: Über den Beweis durch Handelsbücher im Civilprozeß, 1830 sowie Bemerkungen und Excurse über das in dem königlichen Sachsen gültige Civilrecht, 1833.

11 *Henke*, Vorwort zum Abdruck des früheren Gutachtens des Herrn Hofrath Dr. Clarus, in: Zeitschrift für die Staatsarzneikunde 1826, 5. Ergänzungsheft, S. 129, 131.

12 Ein kurzer Lebenslauf zu Clarus findet sich bei *Dorsch / Hauschild*, Clarus und Woyzeck. Bilder des Hofrats und des Delinquenten, in: Georg Bücher Jahrbuch 4/1984, 1986, S. 317 ff.

sowie am 3. und 14. September 1821 fünf „Unterredungen“ mit Woyzeck, die jeweils zwischen einer Dreiviertelstunde und Stunde andauerten und in der sogenannten „Armensünderstube“ des Rathauses unter Anwesenheit eines Polizeidieners stattfanden. Neben den Aussagen Woyzecks bezog sich Clarus in seinem auf den 16. September 1821 datierten und am 20. September 1821 eingereichten Gutachten auf Beobachtungen, die sich „unmittelbar aus der Untersuchung des körperlichen und geistigen Zustandes desselben, und unabhängig von seinen eigenen Äußerungen, ergaben“.[13] Clarus schilderte in dem Gutachten zunächst die Angaben Woyzecks zu seinem Lebenslauf und seiner Krankengeschichte. Daneben gab Woyzeck an, dass keiner in seiner Familie gemütskrank gewesen sei. Allerdings sei er seit seinem dreißigsten Lebensjahr manchmal sehr ärgerlich und desperat gewesen und öfter in einen Zustand geraten, in dem er gar nichts mehr gedacht habe. Ob er in diesem Zustand „verkehrte Reden geführt“ oder „Handlungen begangen habe, die ihm oder anderen hätten gefährlich werden können“, könne er nicht erinnern. Allerdings habe ihm bei einer solchen Gelegenheit einmal jemand gesagt: „Du bist verrückt und weißt es nicht“. Darüber hinaus befragte Clarus den Stockmeister Richter, der versicherte, dass er von Woyzecks „Anwandlungen“ im Arrest nichts bemerkt habe.

Im Hinblick auf die sonstigen „Beobachtungen“ beschrieb Clarus Statur und Aussehen Woyzecks und führte u.a. aus: „Der Kopf steht in richtigem Verhältnis zu dem übrigen Körper und ist von keiner ungewöhnlichen Form auch ohne Narben und andere Spuren erlittener Gewalttätigkeit.“[14] Hinsichtlich der psychischen Einschätzung hielt Clarus fest, dass Woyzecks Begriffe von

---

13 *Clarus*, Gutachten über den Gemüthszustand des Inquisiten Johann Christian Woyzeck, eingegeben den 20. Sept. 1821, in: Henke, Zeitschrift für die Staatsarzneikunde 1826, 5. Ergänzungsheft, S. 133, 134. Hieraus sind auch die folgenden Ausführungen entnommen.

14 A.a.O., S. 133, 144.

Gegenständen und erfahrenen Begebenheiten seiner Bildung und Erziehung vollkommen angemessen seien und von einer ruhigen, „mit freiem, unbefangenem Sinn angestellter Beobachtung“ zeugen und „ebenso weit entfernt von exaltierter Verkehrtheit (sind) als von stumpfer Verworrenheit“.[15] Daher fände sich auch in Woyzecks Erzählungen und Urteilen nicht die geringste Spur einer unrichtigen oder überspannten Vorstellung von den Gegenständen der sinnlichen oder übersinnlichen Welt oder von den Verhältnissen seiner eigenen physischen und moralischen Persönlichkeit. Weder sei sein Beurteilungsvermögen getrübt noch ließe sich nachweisen, dass das Gemüt Woyzecks durch irgendeine Leidenschaft, Gefühl oder Phantasie beherrscht worden und ihm die wirkliche Welt unter falschen Formen, Verhältnissen und Beziehungen vorgespiegelt worden sei. Auch ergäbe sich „auf keinerlei Art ein hoher Grad von Reizbarkeit des Temperaments, von Ungestüm und körperlicher Aufregung, oder von Störrigkeit, Tücke und Bosheit ... um daraus mit nur einiger Wahrscheinlichkeit den Schluss ziehen zu können, dass er zu denjenigen gehöre, welche, ohne in ihrem Bewusstsein oder in ihren Begriffen gestört zu sein, dennoch in ihren Handlungen einem unwillkürlichen, blinden und wütenden Antriebe folgen, welcher alle Selbstbestimmung aufhebt.“[16] Am Ende seines Gutachtens stellte Clarus allerdings deutliche Kennzeichen von „moralischer Verwilderung, von Abstumpfung gegen natürliche Gefühle und von Gleichgültigkeit in Rücksicht der Gegenwart und Zukunft“[17] bei Woyzeck fest. Im Rückgriff auf die Äußerung Woyzecks zu seinen „Anwandlungen“ führte Clarus aus, dass diese, „sofern sie auf keinem anderen Zeugnisse, als auf den Aussagen des Inquisiten, beruhen, bei der gegenwärtigen Begutachtung seines Ge-

---

15 A.a.O., S. 133, 146.

16 A.a.O., S. 133, 146 f.

17 A.a.O., S. 133, 147.

mützszustandes nicht berücksichtig werden können".[18] Es bliebe abzuwarten, ob sich Woyzecks Vorgaben, er habe sich von Zeit zu Zeit in einem gedankenlosen Zustand befunden, eine weitere Bestätigung fänden. Daher stellte Clarus abschließend fest, dass die „dargestellten Beobachtungen über die gegenwärtige körperliche und geistige Verfassung des Inquisiten kein Merkmal an die Hand geben, welches auf das Dasein eines kranken, die freie Selbstbestimmung und die Zurechnungsfähigkeit aufhebenden, Seelenzustandes zu schließen berechtige".[19]

Zurechnungsfähigkeit und freie Selbstbestimmung waren zur damaligen Zeit die Schlagworte, unter denen man heute die Schuldfähigkeit und Willensfreiheit fassen würde. Allerdings umfasste der Begriff der Zurechnungsfähigkeit weit mehr als der uns im heutigen Strafrecht bekannte Begriff der Schuldfähigkeit.[20] Differenziert wurde zwischen objektiver und subjektiver Zurechnung. Während unter der objektiven Zurechnung alle Voraussetzungen der äußeren Handlung verstanden wurden, also die Feststellungen, die benötigt wurden, um herauszuarbeiten, dass eine Straftat begangen wurde, deren Urheber der Täter war, ging es bei der subjektiven Zurechnung um den persönlichen Vorwurf. Hierzu sollte eine Verknüpfung zwischen der objektiven Straftat und dem Willen des Täters hergestellt werden.[21] Mit der Aufklärung gelangten nicht nur das Prinzip der Willensfreiheit und die Vorgänge in der Psyche des Menschen in den Fokus der Strafrechtswissenschaft, sondern es wurden durch die „Fort-

18 A.a.O., S. 133, 148.

19 A.a.O., S. 133, 148.

20 *Greve*, Die Unzurechnungsfähigkeit in der „Criminalpsychologie" des 19. Jahrhunderts, in: Niehaus / Schmidt-Hannisa (Hrsg.), Unzurechnungsfähigkeiten. Diskursivierungen unfreier Bewusstseinszustände seit dem 18. Jahrhundert, 1998, S. 106, 112.

21 A.a.O., S. 106, 114 m.w.N.

schritte“ in der Medizin auch mehr und mehr neue Krankheitsbilder geschaffen, die zur Unzurechnungsfähigkeit führen konnten.

Neben wirklichem Erkenntnismehrwert war diese Zeit aber auch geprägt von einer „Psychologisierung“ der Straftaten, die dazu führte, mehr und mehr Täter für Unzurechnungsfähig zu erklären. So verzeichnete das Lehrbuch von Metzger, dass nicht nur Epilepsie und Missbrauch narkotischer Gifte, sondern auch Schlafzustände, „allzu öfterer Beischlaf“ oder „übermäßige Anstrengungen der Geisteskräfte“ zu Wahnsinn oder Blödsinn führen könnten.[22] Die neuen Fälle der Unzurechnungsfähigkeit wurden zunächst recht unkritisch in die Lehrbücher des Strafrechts aufgenommen, später jedoch als grundsätzliche Bedrohung des Strafrechts beklagt.[23]

Dagegen war die Justiz schon von Beginn an skeptisch gegenüber den Diagnosen der medizinischen / psychiatrischen Gutachten eingestellt. Denn die Rolle der Gerichtsmedizin als Institution im Strafvollzug steckte zu dieser Zeit noch in den Kinderschuhen, da erst seit Beginn des 19. Jahrhunderts überhaupt gutachterlich zur Frage des „Gemüthszustands“ Stellung genommen wurde, um der Justiz eine Entscheidungsgrundlage für die Beurteilung der Zurechnungsfähigkeit bereitzustellen.[24] Die neue Begutachtungs-

---

22 *Metzger*, Kurzgefaßtes System der gerichtlichen Arzneiwissenschaft, 1805, auf S. 417, „Einige dieser Ursachen machen mehr zum Blödsinn geneigt, andere mehr zum Wahnsinn“. Der Psychiater *Heinroth* fügt dann in seiner Monografie System der psychisch= gerichtlichen Medizin oder theoretisch-praktische Anweisung zur wissenschaftlichen Erkenntniß und gutachterlichen Darstellung der krankhaften persönlichen Zustände, welche vor Gericht in Betracht kommen, 1825, S. 176 z.B. noch die „Willenlosigkeit als Krankheit“ hinzu.

23 Vgl. die zahlreichen Literaturhinweise bei *Greve*, Die Unzurechnungsfähigkeit in der „Criminalpsychologie“ des 19. Jahrhunderts, in: Niehaus / Schmidt-Hannisa (Hrsg.), Unzurechnungsfähigkeiten. Diskursivierungen unfreier Bewusstseinszustände seit dem 18. Jahrhundert, 1998, S. 106, 117.

24 *Reuchlein*, Das Problem der Zurechnungsfähigkeit bei E.T.A. Hoffmann und Georg Büchner. Zum Verhältnis von Literatur, Psychiatrie und Justiz im frühen 19. Jahrhundert, 1985, S. 13 f.

praxis führte nun aber dazu, dass in zweifelhaften Fällen, die Anlass für eine Begutachtung waren, die Feststellung der Zurechnungsunfähigkeit eines Delinquenten zur Regel wurde. Der Psychiater Meckel veröffentlichte im Jahr 1820 eine Statistik, in der in 42 Begutachtungsfällen lediglich zweimal die Zurechnungsfähigkeit festgestellt wurde.[25] Es war das erste Clarus-Gutachten zu Woyzeck, das ein Jahr nach Erscheinen der Meckelschen Statistik die Wende in der bestehenden Gutachterpraxis einleitete[26] und Zurückhaltung in der Bescheinigung der Zurechnungsunfähigkeit übte.

Da es zur damaligen Zeit noch keine Richtlinien gab, wie ärztliche Gutachten zur Zurechnungsfähigkeit zu verfassen sind oder nach welchen Kriterien diese erfolgen sollten, zog Clarus eine Verordnung zu Rate, die die sächsische Kommission des Armen-, Waisen- und Zuchthauswesens für die Aufnahme melancholischer Personen in öffentlichen Anstalten erlassen hatte. Das Reskript gibt ein Begutachtungsprocedere vor, nach dem eine Untersuchung des Gemüts- und körperlichen Zustands des Kranken vorzunehmen und entsprechende Vernehmungen zu führen und Zeugenaussagen miteinzubeziehen sind.[27] Durch diese Vorgaben war eine gewisse Vergleichbarkeit zwischen der Aufnahme melancholischer Personen in öffentlichen Anstalten und einer

---

25 *Meckel*, Beiträge zur gerichtlichen Medizin, 1820, S. 53 ff.

26 So *Kubik*, Krankheit und Medizin im literarischen Werk Georg Büchners, 1991, S. 164. Richtig in Gang kam die Debatte um eine Änderung in der Gutachterpraxis dann aber erst nach Erscheinen des zweiten Clarus-Gutachtens, s. hierzu Zweites Kapitel 5a.

27 *Schmalz*, Die Königl. Sächsischen Medizinal=Gesetze älterer und neuerer Zeit nebst den offiziellen Belehrungen für das Publikum über ansteckende Krankheiten unter Menschen und Vieh, über Nahrungsmittel und Gifte, über Scheintod, Gemüthskranke u.s.w., 1819, S. 437 ff. So auch *S. Campe*, Johann Franz Woyzeck. Der Fall im Drama, in: Niehaus / Schmidt-Hannisa (Hrsg.), Unzurechnungsfähigkeiten. Diskursivierungen unfreier Bewusstseinszustände seit dem 18. Jahrhundert, 1998, S. 209, 216 f.

gerichtspsychiatrischen Begutachtung der Zurechnungsfähigkeit gegeben, die Clarus für eine Übertragung nutzbar machte. Daher berief er sich zu Beginn seines Gutachtens darauf, nach Anleitung des „allergnädigsten Generalis vom 29. Juni 1810“[28] die Untersuchung geführt und insofern in eine Aussagebeurteilung Woyzecks und eine Beobachtung seines körperlichen und geistigen Zustands unterteilt zu haben.

Für Einweisungen in solche Anstalten stand ein Fragenkatalog zur Verfügung, den zunächst der behandelnde und dann ein vereidigter Amtsarzt abzuarbeiten hatte. Neben Fragen zur „Geisteszerrüttung“ wurde nach dem konkreten Krankheitsverlauf gefragt, nach dem „Zusammentreffen innerer Anlagen und äußerer Veranlassungen“, durch die „sich wahrscheinlich die Krankheit erzeugt und entwickelt hat“.[29] Dadurch geriet auch die Herkunft des Befragten in den Fokus, so dass Clarus Woyzeck nach seinen Eltern, seinem Werdegang und sozialen Umfeld befragte. Neben biographischen Angaben wurden von der Verordnung eine Erhebung „angeborener“ Anlagen aber auch die Entwicklung der geistigen und körperlichen Fähigkeiten und Kräfte von der Kindheit bis zum Ausbruch der Krankheit durch äußere Umstände gefordert.[30] Clarus hat demzufolge die Erziehung, Schul- und Berufsausbildung Woyzecks erfragt.[31] Allerdings nicht, um hieraus auf „mildernde Umstände“ zu schließen, sondern um der Frage nachzugehen, ob sich im Lebenslauf Anhaltspunkte für eine Erkrankung finden ließen oder der Lebenslauf lediglich die

28 *Clarus*, Gutachten über den Gemüthszustand des Inquisiten Johann Christian Woyzeck, eingegeben den 20. Sept. 1821, in: Henke, Zeitschrift für die Staatsarzneikunde 1826, 5. Ergänzungsheft, S. 133, 134.

29 *Schmalz*, a.a.O., S. 436 ff.

30 A.a.O., S. 436, 439 f.

31 *Clarus*, Gutachten über den Gemüthszustand des Inquisiten Johann Christian Woyzeck, eingegeben den 20. Sept. 1821, in: Henke, Zeitschrift für die Staatsarzneikunde 1826, 5. Ergänzungsheft, S. 133, 135 ff.

Geschichte einer „moralischen Verwilderung“ widerspiegelte, die krankheitsunabhängig war. Diese Nachzeichnung von Biografie und sozialem Umfeld, das Konstrukt einer Analogie von Krankheits- und Lebensverlauf und die Abhängigkeit der Krankheit von „äußerer Veranlassung“ führten im Fall Woyzeck für Clarus nicht zu einer Annahme der Unzurechnungsfähigkeit. Das grundsätzliche Abstellen auf solche Zusammenhänge macht die grundlegende Problematik des psychosomatischen Diskurses der damaligen Zeit mit seinem dynamischen Krankheitsverständnis in Rückkopplung mit der seelischen Verfassung, Biografie und sozialem Umfeld der damaligen Zeit deutlich.[32]

Daneben stellte eine Frage des Katalogs auf einzelne gefährliche Handlungen ab und ob diese von einer Krankheit unmittelbar begründet wurden – die Hauptfrage bei der Einweisungsbegutachtung in eine öffentliche Anstalt. Clarus beschränkte sich im ersten Gutachten diesbezüglich auf die Tatrekonstruktion, d.h. die Tötung der Woostin.[33] Er hat sich bei der Übertragung auf die gerichtliche Begutachtung der Zurechnungsfähigkeit vor allem an die vierte Frage dieser Verordnung gehalten, in der es um die Feststellung ging, durch welches Zusammentreffen innerer Anlage und äußerer Veranlassungen sich die Krankheit wahrscheinlich erzeugt und entwickelt hat.[34] Hier machte Clarus neben Ausführungen zu bisherigen körperlichen Krankheiten, Anmerkungen zu

---

32 Hierzu ausf. *Schmaus*, Psychosomatik. Literarische, philosophische und medizinische Geschichten zur Entstehung eines Diskurses (1778–1936), 2009, S. 196 f.

33 Erstes *Clarus*-Gutachten, a.a.O., S. 133, 140 ff.

34 *Schmalz*, Die Königl. Sächsischen Medizinal=Gesetze älterer und neuerer Zeit nebst den offiziellen Belehrungen für das Publikum über ansteckende Krankheiten unter Menschen und Vieh, über Nahrungsmittel und Gifte, über Scheintod, Gemüthskranke u.s.w., Dresden 1819, S. 436 ff. So auch S. *Campe*, Johann Franz Woyzeck. Der Fall im Drama, in: Niehaus / Schmidt-Hannisa (Hrsg.), Unzurechnungsfähigkeiten. Diskursivierungen unfreier Bewusstseinszustände seit dem 18. Jahrhundert, 1998, S. 209, 216 f.

Woyzecks „gedankenlosen Zustand".[35] Da er aber außer der Aussage Woyzecks keine anderen Anhaltspunkte hierfür hatte, misst er diesen Behauptungen keine Bedeutung ein und kommt zur Feststellung der Zurechnungsfähigkeit. Auch wenn sich Clarus um eine fundierte und an dem Fragekatalog zur Einweisung melancholischer Personen in öffentliche Anstalten orientierte Begutachtung bemühte und so eine bis dahin nicht geregelte Ausdifferenzierung des Gutachtens deutlich wird, war die Vernehmung Woyzecks durch Clarus in den fünf „Unterredungen" doch dem Verhör eines Untersuchungsrichters sehr ähnlich.[36]

Genauso wenig, wie die Begutachtungsmodalitäten geregelt waren, war die Begutachtung zur damaligen Zeit nur in einer rudimentär festgelegten Weise in den Gang der kriminalrichterlichen Untersuchung eingebunden.[37] In § 280 der Preußische Criminalordnung wurden nur Ausführungen dazu gemacht, wann der Gemütszustand eines Angeschuldigten durch einen Physikus oder Arzt zu begutachten ist:

> „Auf die Beschaffenheit des Gemütszustands eines Angeschuldigten muss der Richter fortwährend ein genaues Augenmerk richten und vorzüglich untersuchen, ob der Verbrecher zur Zeit, als die Tat verübt worden, mit Bewusstsein gehandelt habe. Finden sich Spuren einer Verirrung oder Schwäche des Verstandes, so muss der Richter mit Zuziehung des Physikus oder eines approbierten Arztes den Gemütszustand des Angeschuldigten zu erforschen bemüht sein, und die deshalb angewendeten Mittel mit deren Resultaten zu den Akten verzeichnen; wobei der Sachverständige sein Gutachten über den vermutlichen Grund und über die wahrscheinliche Entstehungszeit des entdeckten Mangels der Seelenkräfte abzugeben hat."[38]

---

35 Erstes *Clarus*-Gutachten, S. 133, 142 ff.

36 *Campe*, a.a.O., S. 209, 217.

37 A.a.O., S. 209, 217.

38 Zitiert nach *Mannkopff*, Preußische Criminalordnung in einer Zusammenstellung mit den ergänzenden, abändernden und erläuternden Verordnungen, 1839, S. 253.

Allerdings unterlagen die Gutachten der Ärzte wiederum der richterlichen Beurteilung, so dass der Richter nicht nur die logische Richtigkeit, sondern auch die materielle Richtigkeit der Prämissen zu prüfen hatte. Des Weiteren sollte der Richter bei Annahme der sog. amentia occulta[39] befugt sein, auf dem ihm alleine zukommenden Gebiete der juristischen und moralischen Zurechnung vom Gutachten abzuweichen.[40]

Interessant ist, dass Clarus in seinem ersten Gutachten auf die Vorläufigkeit seines Ergebnisses hinwies, d.h. bei der Einschätzung der Zurechnungsfähigkeit betonte, dass zum Beleg des von Woyzeck angegebenen „gedankenlosen Zustandes [...] weitere Bestätigung abzuwarten sei".[41] Erstaunlicher Weise spielte die ausdrückliche Vorläufigkeit des ersten Gutachtens für das Gericht keine Rolle. Es sah sich nämlich zunächst nicht veranlasst, noch andere Zeugenaussagen einzuholen, die ggf. über den zweifelhaften „Gemütszustand" von Woyzeck Auskunft geben konnten. In den Entscheidungsgründen wurde daher auch die Vorläufigkeit des Gutachtens sowie die darin enthaltene Anregung zur weiteren Zeugenbefragung gar nicht erwähnt, sondern vielmehr die „moralische Verwilderung" aufgegriffen und darauf abgestellt, dass „der Physikus keinen krankhaften Zustand an ihm wahrgenommen" habe.[42]

3. Das weitere Verfahren

Der Leipziger Schöppenstuhl verkündete in seinem ersten Urteil vom 11. Oktober 1821 das Todesurteil („Strafe durchs Schwerdt")

39 Zur Debatte um den sog. „heimlichen Wahnsinn" später Zweites Kapitel 3.

40 *Mannkopff*, a.a.O., S. 254.

41 Erstes *Clarus*-Gutachten, a.a.O., S. 133, 148.

42 Loc. 10085, Schöppenstuhl zu Leipzig, Nr. 253/192 ohne Seitenzahlen, ausf. besprochen von *Schmideler / Steinberg*, Der „Fall Woyzeck". Historische Quellen, zeitgenössische Diskurse, in: Conter (Hrsg.), Literatur und Recht im Vormärz, Jahrbuch 2009, 2010, S. 41, 45 ff.

gegen Woyzeck. Während in der Forschung lange Zeit nur die Abschriften der Entscheidungsgründe des ersten und zweiten Todesurteils des Leipziger Schöppenstuhls bekannt waren,[43] wiesen Schmideler / Steinberg auf die Urfassungen der beiden Todesurteile hin, die zum Verbleib im Schöppenstuhl bestimmt und daher dort abgelegt waren.[44] Erstellt wurde das erste Urteil vom zweiten Beisitzer Johann Ludwig Wilhelm Beck.[45] Der Schuldspruch wurde damit begründet, dass Woyzeck schon vor der Tat mehrmals in Konflikt mit der Woostin geraten war und sich vor der Tat keine ernsthaften Anzeichen einer geistigen oder sonstigen gesundheitlichen Störung gezeigt hätten. Als Motiv der Tat gab das Gericht Eifersucht an, da die Woostin Woyzeck mit einem Stadtsoldaten betrogen hatte.[46]

Am 3. Dezember 1821 legte die Verteidigung Einspruch gegen das erste Todesurteil ein. Entsprechend der sächsischen Gesetze musste daraufhin die Juristische Fakultät um ein Gutachten gebeten werden.[47] Das Gutachten der Rechtsgelehrten der Universität

43 Die Entscheidungsgründe des ersten Urteils finden sich abschriftlich in 11018 Justiz-Ministerium Nr. 739/13, S. 208 ff.; die des zweiten Urteils in 11018 Justiz-Ministerium Nr. 739/14, S. 17 ff.

44 *Schmideler / Steinberg*, in: Conter (Hrsg.), S. 41, 44 f. Sächsisches Hauptstaatsarchiv Dresden, Loc. 10085 Schöppenstuhl zu Leipzig, Nr. 253, Nr. 192; Criminalgericht zu Leipzig und Loc. 10085 Schöppenstuhl zu Leipzig, Nr. 265. Allerdings bezieht sich das „2. Todesurteil" auf das Urteil vom 4.10.1823.

45 Vgl. die kurze Biografie in dem Professorenkatalog der Universität Leipzig / Catalogus Professorum Lipsiensium, Herausgegeben vom Lehrstuhl für Neuere und Neueste Geschichte, Historisches Seminar der Universität Leipzig. Link: http://www.uni-leipzig.de/unigeschichte/professorenkatalog/leipzig/Beck_1201 zuletzt abgerufen am 20.1.2017.

46 Loc. 10085, Schöppenstuhl zu Leipzig, Nr. 253/192; 11018 Justiz-Ministerium Nr. 739/13, S. 208 ff.

47 *Stübel*, Das Criminalverfahren in den deutschen Gerichten mit besonderer Rücksicht auf das Königreich Sachsen, 1811, Bd. 5, S. 195, 208, 218.

Leipzig bestätigte einen Mord aus Eifersuchtsgründen.[48] Deshalb erging am 29. Februar 1822 das zweite Todesurteil des Leipziger Schöppenstuhls.[49] Daraufhin bat Woyzeck durch seinen zweiten Verteidiger Dr. Kupfer im April 1822 in einem Gnadengesuch den sächsischen König Friedrich August I. darum, die Todesstrafe in Zuchthausstrafe umzuwandeln. Die Gründe für diese Umwandlung suchte Dr. Kupfer nochmals darin, dass Woyzeck seine Tat nicht mit vollem Bewusstsein ausgeführt habe. Woyzecks Seelenzustand gehöre nicht zum periodischen Wahnsinn, sondern zu den Krankheiten der Manie.[50] Um die Entscheidung des Königs vorzubereiten, forderte die Landesregierung vom vereinigten Kriminalamt der Stadt Leipzig einen Bericht an. Hierin schilderte der Kriminalrichter Gehler den Fall und teilte mit, dass ein medizinisches Gutachten bescheinigt habe, dass Woyzecks Zurechnungsfähigkeit nicht beeinträchtigt sei.[51] Daraufhin berichtete die Landesregierung an den Geheimen Rat, der aus einem vom Souverän berufenen Zirkel der höchsten Staats- und Ministerialbürokratie bestand, ausführlich über den Fall Woyzeck.[52] Neben einer kurzen Darstellung des Lebenslaufs findet sich darin die Wiedergabe des nach den Verfahrensregeln wiederholten Geständnis des Mörders in der Form von Fragen und Antworten. Des Weiteren wurde ausführlich auf die Stellungnahme Dr. Kupfers eingegan-

---

48 *Steinberg / Schmideler*, in: Jahresheft für forensische Psychiatrie 2006, Bd. 3, S. 71, 76.

49 Abschrift in 11018 Justiz-Ministerium Nr. 739/14, S. 17 ff.

50 Die bei der Landesregierung eingereichten „Supplicate um Verwandlung der erkannten Todesstrafe in Zuchthausstrafe" sind zwar nicht mehr vorhanden, ihre Existenz ergibt sich aber aus dem Bericht der Landesregierung an den Geheimen Rat vom 5. Juni 1822, Sächsisches Staatsarchiv Dresden, Loc. 31130, S. 17a. Vgl. auch *Walter*, Der Fall Woyzeck. Eine Quellen-Dokumentation, in: Georg Büchner Jahrbuch 7 (1988/1989). S. 351, 360. Hier auch alle weiteren Daten.

51 Sächsisches Staatsarchiv Dresden, Loc. 31130, S. 1–4.

52 A.a.O., S. 5–19.

gen, der zwar durchaus eingestand, dass die Manie Woyzecks ihren Grund auch zum Teil in seinen Leidenschaften hätte, die Urteilsverfasser aber zu weit gingen, wenn sie deshalb die Tat umso strafwürdiger fänden.

> „Je verwahrloseter die Erziehung eines Menschen sey, desto weniger sey er im Stande, jede Leidenschaft in ihrem Keime zu ersticken. Dem Staate bleibe er in einem solchen Zustande gefährlich, allein die Gefahr lasse sich abwenden, ohne das Leben des in Frage befangenen Subjects zu opfern. Der Defensor bittet daher am Schlusse seiner Supplik, den Inquisiten Woyzeck zu begnadigen und die ihm zuerkannte Strafe des Schwerdts in Zuchthausstrafe zu verwandeln.“[53]

Dieser Einschätzung vermochte sich die Landesregierung nicht anzuschließen, sondern ging davon aus, dass die Resultate der ganzen Untersuchung den Straftatbestand der vorsätzlichen Tötung erfüllten. Zweifel an der Zurechnungsfähigkeit hatten sie mit Hinweis auf das Clarus-Gutachten nicht, da dieser „den Inquisiten [...] für frey von jeder Art von Gemüthskrankheit erklärt“ hat.[54] Leidenschaft und Jähzorn aber könnten zur Entschuldigung nicht herangezogen werden:

> „Der aus den Acten allenthalben hervorgehende Umstand aber, daß Leidenschaft und Jähzorn die Triebfedern gewesen seyn dürften, aus denen der Inquisit handelte, kann ihm zu einiger Entschuldigung um so weniger gereichen, da die Sächs. Rechte einen Unterschied zwischen einem im Jähzorne und einem prämeditirten[55] Todschlage nicht machen, im vorliegenden Fall aber vielmehr letzterer stattgefunden haben dürfte. Bey diesen Voraussetzungen findet die Landesregierung keine Bedenken, ihr ohnzielsetzliches Erachten in Hinsicht vorliegender Untersuchung dahin auszusprechen, dass dem Inquisiten Woyzeck weder den Rechten noch der

53 A.a.O., S. 17b.

54 A.a.O., S. 18a.

55 Im Voraus geplant.

Billigkeit nach etwas gegen die ihm zuerkannte Todesstrafe zustatten komme […].“[56]

Wohl erstmalig im Gutachten der Juristischen Fakultät, das leider nicht erhalten ist, wurde die rechtliche Differenzierung zwischen Vorsatztat und Tat im Jähzorn erörtert und herausgearbeitet, dass es nach sächsischen Recht und sächsischer Rechtsprechung keine Rolle spielt, ob jemand nach klar gefasstem Tatvorsatz handelte oder im Jähzorn.[57]

Trotz dieser Einschätzung der Landesregierung gab Prinz Friedrich August, der spätere König Friedrich August II., im Juli 1822 ein Sondervotum ab, in dem er Zweifel an der Zurechnungsfähigkeit Woyzecks erhob.[58] Der studierte Jurist plädierte für eine Begnadigung Woyzecks und Umwandlung der Todesstrafe in eine lebenslange Zuchthausstrafe. Der Kronprinz setzte sich in seinem Sondervotum ausführlich mit der Frage auseinander, ob der psychische Zustand Woyzecks, den er aus dem Clarus-Gutachten und den Aussagen des Delinquenten herauslas, als Geisteskrankheit die Zurechnungsfähigkeit aufhebt oder nicht. Insoweit unterscheidet sich dieses Sondervotum in seiner Differenziertheit von dem Bericht der Landesregierung, die mehr auf den Vorsatz abstellte und eine „Gemüthskrankheit“ unter Hinweis auf die Untersuchung von Clarus ohne weitere Kommentierung verneinte. Prinz Friedrich August subsumierte zunächst schul-

---

56 A.a.O., S. 18b.

57 Hierzu *Steinberg / Schmideler*, in: Jahresheft für forensische Psychiatrie 2006, Bd. 3, S. 71, 91.

58 Überarbeitete Ausfertigung in Staatsarchiv Dresden, Justiz-Ministerium 739/13, S. 220 ff. *Walter* weist zudem auf einen eigenhändigen Entwurf vor Juli 1822 hin, der sich im Nachlass König Friedrich August II., Nr. 50 befindet, vgl. *Walter*, Der Fall Woyzeck. Eine Quellen-Dokumentation, in: Georg Büchner Jahrbuch 7 (1988/1989). S. 351, 362.

buchmäßig den Fall unter den objektiven und subjektiven Tatbestand und sah an der „faktischen Zurechnung“ keinen Zweifel.[59]

Im weiteren Verlauf seiner Betrachtungen zum „Gemüthszustand“ Woyzecks argumentierte er unter zu Hilfenahme damaliger forensisch-psychiatrischer Fachliteratur und ging ausführlich auf die psychologischen Aspekte des Falls ein. Er nahm an, dass Woyzeck an einer „periodischen Manie“ gelitten habe, so dass ihm seine Tat nicht zugerechnet werden könne. Der Kronprinz bezog sich hierzu auf Hoffbauers gerichtspsychiatrisches Lehrbuch aus dem Jahre 1808.[60] Nach Hoffbauer war die Manie ein Zustand, in dem die Vernunft zu schwach war, Ausbrüche eines gewalttätigen Zorns zu verhindern, so dass der Kranke die Handlung wider seines Willens fortsetzen würde. Die partielle Form der Manie war nach Hoffbauer oft nur gegen einen einzelnen Gegenstand gerichtet, während der Mensch ansonsten im Besitze seiner Vernunft urteile und richtig handele. Käme aber dieser eine Gegenstand ins Spiel, so würden die erregten Affekte die Vernunft überwältigen und vorübergehend ausschalten. Diese Beschreibung Hoffbauers war es, die den Kronprinzen Ähnlichkeiten mit dem aktenkundigen Verhalten Woyzecks feststellen ließen. Friedrich August vertrat die Auffassung, dass Woyzeck einzig in seinen Beziehungen zum Opfer und seinen Nebenbuhlern einen Eifersuchtswahn entwickelt habe und hier seine Zurechnungsfähigkeit aufgehoben sei, während ansonsten keine manifeste krankhafte Veränderung seiner Psyche feststellbar war.

---

59 Überarbeitete Ausfertigung in Staatsarchiv Dresden, Justiz-Ministerium 739/13, S. 220, 221 f.

60 *Hoffbauer* war promovierter Jurist und Philosoph und lehrte seit 1799 an der Universität Halle als ordentlicher Professor der Philosophie. Sein Lehrbuch trug den Titel „Die Psychologie in ihren Hauptanwendungen auf die Rechtspflege nach den allgemeinen Gesichtspuncten der Gesetzgebung“. Vgl. hierzu und zum Bezug zum Sondervotum *Schmideler / Steinberg*, in: Conter (Hrsg.), S. 41, 51.

Obwohl der Kronprinz der Auffassung war, Woyzeck als ein wegen Eifersucht Verzweifelter oder Gedankenloser litte an einer die Zurechnungsfähigkeit tangierenden Geisteskrankheit, befürwortete er nur die Umwandlung der Todesstrafe in eine lebenslange Zuchthausstrafe. Dies war nicht konsequent, hätte doch bei der Feststellung der Unzurechnungsfähigkeit eine Freilassung des Schuldunfähigen erfolgen müssen, zumal Friedrich August annahm, Woyzeck sei nicht gefährlich, weil er die Woostin als Quelle seiner Eifersucht ja bereits getötet habe.[61]

Trotz des Sondervotums des Prinzen Friedrich August fielen der Bericht und die Stellungnahme des Geheimen Rats an König Friedrich August I. negativ aus. Zunächst findet sich in den Akten eine ablehnende Stellungnahme des Geheimen Rats vom 10. Juli 1822, nach der die Begnadigung Woyzecks nicht befürwortet wird.[62] Eine weitere Stellungnahme des Geheimen Rats vom 20. Juli 1822 bezog sich vorsichtig ablehnend auf die Ausführungen des Kronprinzen.[63]

König Friedrich August I. folgte im August 1822 den Empfehlungen des Geheimen Rats und lehnte das Gnadengesuch Woyzecks sowie den Aufschub der Vollstreckung des Todesurteils ab.[64] Dies teilte die Landesregierung dem vereinigten Kriminalamt Leipzig mit.[65] Das Todesurteil war somit beschlossen und man erwartete aus Leipzig den Bericht seines Vollzuges. Im September 1822 bat allerdings in einem Bericht des vereinigten Kriminalamtes Leipzig an die Landesregierung der Vicecriminalrichter

61 Auf diesen Widerspruch weisen auch *Schmideler / Steinberg*, a.a.O., S. 41, 53 hin.

62 Staatsarchiv Dresden, Justiz-Ministerium Nr. 739/13, S. 172 ff.

63 A.a.O., S. 216 f.

64 A.a.O., S. 256; beglaubigte Abschrift im Staatsarchiv Dresden, Loc. 31130, S. 20.

65 Staatsarchiv Dresden, Loc. 31130, S. 21.

Hermann darum, dass Woyzeck noch einmal über seinen ersten Verteidiger Hänsel Einspruch erheben darf.[66] Zwar wurde dem Gesuch zunächst seitens der Landesregierung zugestimmt, wenige Tage später wurde das Begnadigungsgesuch Hänsels aber wieder zurückgeschickt, da der König bei seinem Dekret vom August bleiben wollte.[67] Im Oktober fragte der Vicecriminalrichter Hermann dann noch einmal bei der Landesregierung an, ob Clarus alleine oder gemeinsam mit Heinroth[68] oder einem anderen Arzt eine weitere Untersuchung Woyzecks vornehmen und ob der Fall zur weiteren Begutachtung an die medizinische Fakultät Leipzig übergeben werden solle. Diese Anfrage wurde negativ beschieden und ausdrücklich festgestellt, dass sich der König weder bemüßigt fühle, seine Meinung zu ändern noch damit einverstanden sei, dass von der medizinischen Fakultät ein Gutachten eingeholt werde.[69] Vielmehr sollte an dem auf den 13. November 1822 datierten Hinrichtungstermin Woyzecks festgehalten werden.[70] Der Termin wurde jedoch verschoben, nachdem das vereinigte Kriminalamt Leipzig durch den Criminalrichter Dr. Deutrich am 6. November 1822 an die Landesregierung einen ausführlichen Bericht über einen Brief von Dr. Bergk an Woyzecks Verteidiger Hänsel verfasste. Dr. Bergk, der ja schon kurz nach der Tat Zweifel an der Zurechnungsfähigkeit Woyzecks äußerte, stellte Woyzecks Zurechnungsfähigkeit mit Hinweis auf Aussagen des Zeitungsträgers Johann Gottlob Haase ihm gegenüber erneut in Frage.[71] Auch im zweiten Clarus-Gutachten wird darauf hingewiesen, dass Bergk „nachdem schon der Tag der

66 A.a.O., S. 22.

67 A.a.O., S. 22 ff.; Justiz-Ministerium Nr. 739/13, S. 258.

68 Johann Christian August Heinroth, ordentlicher Professor der Medizin an der Universität Leipzig, der sich später auch in die Debatte einbrachte.

69 Staatsarchiv Dresden, Loc. 31130, S. 28 ff. und S. 32.

70 A.a.O., S. 213.

71 Staatsarchiv Dresden, Loc. 31130, S. 34 ff.

Hinrichtung bestimmt gewesen, dem Vertheidiger in nähere Kenntnis von Haasens Erzählung“ gesetzt habe,

> „namentlich, daß sich Woyzeck in der Stube herumgewälzt, sich für verloren erklärt und Handlungen, welche Verstandesverwirrung verrathen, vorgenommen habe.“[72]

Daher benannte der Verteidiger Hänsel das Ehepaar Haase als Zeugen, dass Woyzeck an Verstandesverwirrungen gelitten habe. Außerdem gab der Beichtvater Woyzecks, der Bruder des Verteidigers Heinrich Hänsel, an, Woyzeck habe ihm erzählt, dass er seit Jahren vor der Tat fremde Stimmen und Erscheinungen vernommen habe.[73] Daraufhin veranlasste die Landesregierung mit Schreiben an das vereinigte Kriminalamt Leipzig die nochmalige Zeugenvernehmung sowie die Vorlage dieser Ergebnisse an den Physikus Clarus sowie nochmalige Beurteilung durch diesen.[74] Damit war die Vollstreckung des Todesurteils ausgesetzt und das Verfahren wurde neu eröffnet. Die weiteren Ermittlungen und Zeugenvernehmungen sind leider nicht erhalten geblieben, allerdings erschließen sie sich aus der ausführlichen Wiedergabe im zweiten Clarus-Gutachten. Obwohl die Verteidigung forderte, mit der zweiten Untersuchung einen anderen Gutachter zu betrauen oder die Medizinische Fakultät der Universität Leipzig mit einzubeziehen, hielt man sich erneut an den juristisch-verwaltungstechnisch für den in städtischer Haft Einsitzenden zuständigen Stadtphysikus Johann Christian Clarus. Auch Clarus

---

72 *Clarus*-Gutachten, Die Zurechnungsfähigkeit des Mörders Johann Christian Woyzeck nach Grundsätzen der Staatsarzneikunde aktenmäßig erwiesen, Leipzig 1824, S. 11 f. Dieses zunächst noch vor der Hinrichtung Woyzecks erschienene Gutachten wurde später noch einmal abgedruckt in: *Henke*, Zeitschrift für die Staatsarzneikunde, 4. Ergänzungsheft, 1825, S. 1 ff. (im Folgenden, wenn nicht anders vermerkt, zitiert nach der Erstausgabe als *Clarus*-Gutachten).

73 Hierzu *Steinberg* / *Schmideler*, in: Jahresheft für forensische Psychiatrie 2006, Bd. 3, S. 71, 92.

74 Staatsarchiv Dresden, Loc. 31130, S. 38.

selbst hatte die Hinzuziehung eines zweiten Sachverständigen begrüßt.[75] Der Geheime Rat lehnte dies aber unter Verweis auf die entsprechende verwaltungsrechtliche Kodifizierung ab. Dabei hätte man in Leipzig mit dem seit 1811 an der Universität lehrenden ersten akademisch bestellten Psychiater der abendländischen Welt Prof. Dr. Johann Christian August Heinroth einen besonders prädestiniert erscheinenden Sachverständigen vor Ort gehabt;[76] und tatsächlich mischte Heinroth sich ja später in die weitere Debatte ein.[77]

Im zweiten Gutachten vom 28. Februar 1823 bestätigte Clarus die Ergebnisse seines ersten Gutachtens. Wiederum führte Clarus mit Woyzeck fünf Unterredungen durch (und zwar am 12., 26., 29., 31. Januar und 24. Februar 1823), um „die wichtigsten Resultate der früheren Unterredungen einer nochmaligen Prüfung zu unterwerfen, jedes Mal anderthalb bis zwei Stunden lang, aufs genaueste exploriert“.[78] Nach einer kurzen Darstellung der Prozessgeschichte fasste Clarus unter der Überschrift „Bei Durchsicht der Akten“ seine aus dem Aktenstudium gewonnenen Erkenntnisse zusammen, in denen er die in der Zwischenzeit vorgenommenen Zeugenbefragungen sowie nochmalige Befragungen des Inquisiten wiedergab. Es folgten längere Passagen zur „Untersuchung des Inquisiten“[79] sowie daran anschließend die gutachterliche Stellungnahme, die sich in die medizinisch-

75 Noch am Ende seines zweiten Gutachtens heißt es mit Hinweis auf die Rechtslage, er könne nicht umhin, seine „Meinung vorläufig dahin zu äußern, daß es im Allgemeinen gewiß nicht wohlgethan seyn würde, den Gerichten und Spruchcollegien durch allzubestimmte Vorschriften die Hände zu binden […]“. *Clarus*-Gutachten, a.a.O., S. 58.

76 So auch *Steinberg / Schmideler*, in: Jahresheft für forensische Psychiatrie 2006, Bd. 3, S. 71, 93.

77 Vgl. unten Zweites Kapitel 5a.

78 *Clarus*-Gutachten, a.a.O., S. 5.

79 A.a.O., S. 17 ff.

psychologische Entwicklung „der theils aus den Acten geschöpften, theils selbst beobachteten Thatsachen"[80] und „Folgerungen, die aus vorstehenden Thatsachen für die Zurechnungsfähigkeit des Inquisiten gezogen werden können"[81] zusammensetzt. Aus der von Clarus gesichteten Aktenlage ergaben sich nun neue relevante Aussagen Woyzecks und diverser Zeugen. So wurden der Stiefbruder Woyzecks, ehemalige Arbeitskollegen und Arbeitgeber, Wirtsleute und Geliebte über die letzte Zeit in Leipzig sowie ein Feldwebel und seine Kameraden über die Militärzeit vernommen, die zu wichtigen biographischen Details über Woyzecks Leben Auskunft gaben, so dass dieses zweite Gutachten auch zur wichtigen Strukturquelle Büchners wurde.[82] Schmideler / Steinberg resümieren, dass außer dem Ehepaar Haase, das die Wahnvorstellungen Woyzecks beglaubigte,[83] das aber Woyzeck „vermutlich" freundschaftlich gesonnen war, alle anderen von der Verteidigung benannten Zeugen der Beweisabsicht widersprachen oder den Eindruck erweckten, der Verteidigung nach dem Mund zu reden, um den Vollzug der Todesstrafe abzuwenden.[84] Hier machen sich die Autoren die Sichtweise des späteren Gerichtsurteils, welches das Todesurteil bestätigte, zu eigen, ohne auf die dezidiert im zweiten Clarus-Gutachten wiedergegebenen Zeugenaussagen genauer einzugehen. Dabei bemerkt Schmaus in ihrer Monografie zu Recht, dass Clarus zwar viele Aussagen nachzeichnete, die Zweifel an der Zurechnungsfähigkeit begründen konnten, diese aber mit der Wendung, es fände sich „keine

---

80 A.a.O., S. 34 ff.

81 A.a.O., S. 42 ff.

82 Zu dieser Schlussfolgerung *Schmaus*, Psychosomatik. Literarische, philosophische und medizinische Geschichten zur Entstehung eines Diskurses (1778–1936), 2009, S. 199.

83 Zu den neuerlichen Aussagen der Haases vgl. ausf. *Clarus*-Gutachten, a.a.O., S. 11 f.

84 *Schmideler / Steinberg*, in: Conter (Hrsg.), Literatur und Recht im Vormärz, Jahrbuch 2009, 2010, S. 41, 49.

Spur von Tiefsinn oder Verstandesverrücktheit“, pauschal hinweggefegte, obwohl es in den Zeugenaussagen durchaus Anhaltspunkte für die Behauptung der Verteidigung gab.[85] Ob dies dann darin begründet lag, dass die Zeugen, wie Schmideler / Steinberg meinen, allein aus Sympathie mit Woyzeck und um seine Hinrichtung zu verhindern, die Aussagen trafen, sind reine Mutmaßungen. Recht zu geben ist den Autoren allerdings darin, dass sich die Zeugenaussagen hauptsächlich auf die Wiedergabe von Äußerungen Woyzecks beschränkten und keine eigenen Wahrnehmungen betrafen.

Allerdings muss man in der Tat konstatieren, dass sich auch gegen eine Geistesverwirrtheit sprechende Zeugenaussagen fanden, wie z.B. die des Herrn Schwabe aus Dessau, den Woyzeck eine Zeit lang gepflegt hatte. Dessen Äußerung „Kerl, du bist verrückt und weißt es nicht“ rückte Schwabe in ein anderes Licht, als er in seiner Vernehmung deutlich machte, dass sich die „bloß auf seinen trunkenen Zustand, keineswegs auf eigentliche Verstandeszerrüttung“ bezogen hätten.[86]

Woyzeck dagegen hatte durch zahlreiche weitere Angaben mehrere Anhaltspunkte dafür gesetzt, seinen „Gemüthszustand“ neu bewerten zu lassen – wobei sich dann wiederum einschränkend feststellen lässt, diese Angaben seien nicht durch weitere Aussagen belegt. Woyzeck selbst gab an, im Jahre 1810 ein Kind mit einer „ledigen Weibsperson“ gehabt zu haben. Diese habe sich mit anderen Männern abgegeben, so dass er durch diesen Umstand eine „Veränderung in seinem Gemüthszustande bemerkt“ habe.[87] Zu seiner „Gedankenlosigkeit“ sei später ein Groll gegen einzelne Menschen und schließlich eine „Erbitterung gegen alle

85 *Schmaus*, Psychosomatik. Literarische, philosophische und medizinische Geschichten zur Entstehung eines Diskurses (1778–1936), 2009, S. 199.

86 *Clarus*-Gutachten, a.a.O., S. 9.

87 A.a.O., S. 8.

Menschen“ getreten, so dass er sich zurückgezogen hätte. Außerdem berichtete Woyzeck von beunruhigenden Träumen über Freimaurer,[88] eine Einlassung, die sich später auch in Büchners Drama wiederfindet.[89]

Woyzeck gab ferner an, er habe Stimmen gehört und es sei ihm gewesen „als ob sein Herz mit einer Nadel berührt würde“.[90] Auch erklärte er, er hätte angenommen, es spuke in seiner Kammer und „es zupfe am Deckbette und rufe ihn“.[91] Schließlich hätten ihm Stimmen zugerufen „Stich die Frau Woostin todt“.[92] Auch vermerkte Clarus am Ende seines Kapitels zum Aktenstudium, Woyzeck habe, da er auf seine Frage, ob die Woostin tot sei, keine Antwort erhalten habe, gesagt: „Gott gebe nur, daß sie todt ist, sie hat es um mich verdient!“[93] Das sind alles Aussagen, die nicht nur von Büchner später verwendet wurden, sondern die auch Clarus zu Nachfragen in seiner Exploration veranlassten.

„Bei der Untersuchung des Inquisiten“ stellte er allerdings zum Verstand Woyzecks keine Auffälligkeiten fest, insbesondere fand Clarus keine „Verworrenheit der Gedanken und Vorstellungen“.[94] Auch im Hinblick auf das „Gemüth“ des Inquisiten fand Clarus laut Gutachten keinen Hinweis auf einen „krankhaften“ Zustand, „auf Wahnsinn, Tollheit oder Melancholie und deren verschiedenen Formen, Grade und Complicationen“.[95] Clarus vermerkte zudem, dass Woyzeck in dieser zweiten Exploration bereit war, über seinen „Gemüthszustand“ zu reden, während er noch in den

88 A.a.O., S. 8 und 26.

89 Vgl. unten Drittes Kapitel 3b.

90 *Clarus*-Gutachten, a.a.O., S. 11.

91 A.a.O., S. 12.

92 A.a.O., S. 15.

93 A.a.O., S. 17.

94 A.a.O., S. 19.

95 A.a.O., S. 20.

Untersuchungen anlässlich des ersten Gutachtens geschwiegen habe. Woyzeck berichtete nun gegenüber dem Gutachter über diverse Beschwerden nicht nur körperlicher Art wie Herzklopfen und Zittern, sondern auch über „Beängstigungen am Herzen", „Benommenheit des Kopfes" und dass er im Zorn „seiner nicht mehr mächtig gewesen" sei. Dieser Zorn sei während der Mordtat so überwältigend gewesen, „dass er darauf losgestochen habe, ohne zu wissen, was er thue".[96] Woyzeck berichtete auf Nachfragen von Clarus auch über seine Träume, über die Freimaurer und ihre heimlichen Künste, Menschen zu töten.[97] Clarus befragte Woyzeck auch zu den Geräuschen und Stimmen, die er vernommen zu haben glaubte. Woyzeck gab u.a. an, ein Rumoren und Knistern von Geistern in der Kammer gehört zu haben.[98]

Nach dieser ausführlichen Befragung und Wiedergabe der Einlassungen Woyzecks kam Clarus zur medizinisch-psychologischen Würdigung. Clarus führte die „körperlichen Zufälle" auf eine krankhafte Anlage zurück, die durch die „unordentliche Lebensweise und besonders durch den Mißbrauch starker Getränke vermehrt" wurde. „Keinesweges aber" handele es sich um eine „schon wirklich ausgebildete Krankheit des Herzens und der Gefäße, oder irgend eine andere Krankheit".[99] Später wurde kritisiert, dass Clarus die Symptome zu einem rein organischen Störungsbild zusammenfasse, ohne eine psychische Verursachung zu diskutieren. Unhinterfragt werde jeglicher Zusammenhang mit einem psychischen Krankheitsbild von vornherein ausgeschlossen. Demzufolge konstatiert Schmitt eine einseitig

96 A.a.O., S. 23 f.

97 A.a.O., S. 25 ff., ausführlich besprochen auch bei *Schmitt*, Psychiatrische Anmerkungen zum „Fall Woyzeck", in: Lammel / Felber / Sutarski / Lau (Hrsg.), Die forensische Relevanz ‘abnormer Gewohnheiten’, 2008, S. 131, 138 f.

98 *Clarus*-Gutachten, a.a.O., S. 29 ff.

99 *Clarus*-Gutachten, a.a.O., S. 34 ff.

somatische und voreingenommene Sichtweise des Gutachters, die keineswegs dem psychiatrischen Kenntnis- und Diagnostikstand der damaligen Zeit entsprach.[100] Gegen Schmitt ist aber einzuwenden, dass Clarus kein Somatiker, sondern Psychiker war. Die Argumentation im Gutachten ähnelt dennoch phasenweise denen der Somatiker, da auch Clarus nach körperlichen Erkrankungen sucht. Dies liegt darin begründet, dass Psychiker und Somatiker nicht per se unterschiedlich begutachteten, sondern nur andere Schwerpunkte setzten und Rückschlüsse zogen.[101]

Kubik merkt zudem an, dass Clarus „nicht zu den im damaligen Sinne fortschrittlichen und liberalen Kräften innerhalb der Psychiatrie gehörte".[102] Allerdings ist Clarus nicht vorzuwerfen, dass er sich nicht ausführlich mit Woyzecks Einlassungen auseinandergesetzt hat. Er kam eben nur nicht zu dem Ergebnis, dass nach der Gutachtenpraxis der damaligen Zeit im Sinne einer exkulpationsfreudigen Bewertung nahegelegen hätte. Vielmehr referierte er Woyzecks Aussagen, um festzustellen, dass „Personen, welche sich in dieser Anlage befinden, im Stande sind, allen ihren bürgerlichen und moralischen Pflichten zu genügen." Auch Woyzeck habe gesagt, „dass ihn alles dieses nicht gehindert habe, seine Geschäfte ordentlich zu besorgen, und mehrere Aeußerungen von ihm, z.B. daß er absichtlich wenig gesprochen habe, um seinen Zustand nicht merken zu lassen […] geben zu erkennen, daß bei ihm die Freiheit des Willens in diesem Zustande keinesweges aufgehoben gewesen sey".[103] Das Aufdrängen einer Einschränkung der Willensfreiheit, wie es Schmaus betont,[104] ist hier mei-

---

100 *Schmitt*, a.a.O., S. 131, 139.

101 Später zur Debatte ausf. im Zweiten Kapitel 5b.

102 *Kubik*, Krankheit und Medizin im literarischen Werk Georg Büchners, 1991, S. 165.

103 *Clarus*-Gutachten, a.a.O., S. 36 f.

104 *Schmaus*, Psychosomatik. Literarische, philosophische und medizinische Geschichten zur Entstehung eines Diskurses (1778–1936), 2009, S. 202.

nes Erachtens nicht erkennbar, ganz im Gegenteil leitete Clarus dezidiert aus den durchaus selbstbestimmten Einflussnahmen Woyzecks das Vorhandensein seiner Willensfreiheit ab.

Die von Woyzeck angegebenen Stimmen und Geräusche interpretierte Clarus als „Täuschung des Gehörsinnes“ und „Sinnestäuschung“,[105] unterstellte also Einbildungen, nahm an, Woyzecks „Geisterfurcht“ habe ihm „einen Streich“ gespielt.[106] Auch führte er das Hören fremde Stimmen auf normalpsychologische Reaktionen zurück, die seines „Erachtens ganz unumstößlicher Beweis für den unmittelbaren Zusammenhang seiner Blutwallungen“ waren.[107]

Insgesamt zog Clarus folgende Schlüsse für die „Zurechnungsfähigkeit des Inquisiten“: „Die Anlage zu einer Krankheit“ sei „etwas ganz anderes“, „als die Krankheit selbst“ und sei an sich noch keine „Gemüthskrankheit“. Woyzecks bloße „Symptome der Hypochondrie“ würden „den freien Gebrauch des Verstandes nicht im mindesten beschränken oder gar aufheben“.[108] Clarus bekannte sich nach Schmitt zu einem rational-somatischen Krankheitsbegriff unter Verweigerung einer psychopathologischen Sichtweise.[109] Dies ist meiner Meinung nach zu kurz gegriffen und wird der Auffassung Clarus als Gutachter im „Lager“ der Psychiker nicht voll umfänglich gerecht. Es zeigt vielmehr, dass die Grenzen der Begutachtung sich bei Somatikern und Psychikern vermischen. So schauen beide auf die physische Krankheit. Die Würdigung ist nur eine ganz andere, weil auch die

105 *Clarus*-Gutachten, a.a.O., S. 39 f.

106 A.a.O., S. 40.

107 A.a.O., S. 41.

108 A.a.O., S. 43.

109 Vgl. *Schmitt*, Psychiatrische Anmerkungen zum „Fall Woyzeck“, in: Lammel / Felber / Sutarski / Lau (Hrsg.), Die forensische Relevanz ‘abnormer Gewohnheiten’, 2008, S. 131, 140.

physische Krankheit für den Psychiker Clarus niemals für sich gesehen ausreichen würde, um auf eine psychische Störung zu schließen. Zudem lag ein weiterer Schwerpunkt beim Psychiker Clarus in der moralischen Bewertung der Tat und Woyzecks Leben. Clarus steckte zu Beginn der Würdigung ganz klar die Grenze zwischen „bloß" moralischer und legaler Schuld. Temperamentsfehler hielt er für beherrschbar, jedenfalls der Begutachtung durch einen Arzt entzogen und nur der Richter könne entscheiden, ob diese die Schuld vermindern würden. Insoweit positionierte sich Clarus im Streit um die Frage, inwieweit die Zurechnungsfähigkeit vermindert sein könne, klar und verwies die medizinische Begutachtung hinter die Grenze der verminderten Zurechnungsfähigkeit. Nur die Zurechnungsunfähigkeit hielt er für nachweisbar:

> „Sollte gegen diese Ansicht der Einwurf erhoben werden, daß eine solche reizbare Gemüthsstimmung, wenigstens in so fern die Schuld eines in diesem Zustande begangenen Verbrechens vermindere, als es einem Menschen, der sich in demselben befindet, schwerer werden muß, gegebenen Anreizungen zu widerstehen; so müßte ich es allerdings richterlichem Ermessen anheim stellen, zu entscheiden, ob Temperamentsfehler, wie dieser, nicht bloß die moralische, sondern auch die legale Schuld eines Vergehens vermindern, weil über die Schuld überhaupt, so wie über das Mehr oder Weniger derselben, und insbesondere der moralischen, dem gerichtlichen Arzte kein Urtheil zustehet, am wenigsten wenn er nicht ausdrücklich darum gefragt wird, zugleich aber vom gerichtlich-medicinischen Standpunkt aus erinnern, daß hier nicht von der Leichtigkeit oder Schwierigkeit, sondern von der Möglichkeit oder Unmöglichkeit leidenschaftlicher Antrieben zu widerstehen, die Rede sey. Erst da, wo diese Möglichkeit aufhört, ist die Gränze der Zurechnungsfähigkeit, welche die gerichtliche Medicin festhalten muß, wenn sie sich nicht in endlose Verwirrungen verlieren und zum Deckmantel aller und jeder Verbrechen herabgewürdigt werden soll. Um aber annehmen zu können, daß ein Mensch, bei Begehung eines Verbrechens, jenseits dieser Gränze gestanden habe, muß erwiesen werden, entweder, daß sich vor, bei oder nach der That in dem Erkenntniß und Urtheilsvermögen, in den Reden und

> Handlungen desselben, Abweichungen vom gefunden Seelenzstande überhaupt offenbart haben, oder daß derselbe, ohne durch die gewöhnlichen, leidenschaftlichen Motive angereizt worden zu seyn, nach einem ungewöhnlichen, blinden und instinktartigen Antriebe gehandelt habe. Daß weder das Eine noch das Andere bei Woyzeck der Fall gewesen sey, wird sich aus dem Folgenden näher ergeben, und ich bemerke daher hier blos vorläufig, um der Vermuthung zu begegnen, als ob diese körperliche Anlage und reizbare Gemüthsstimmung dennoch vielleicht gerade in diesem individuellen Falle die Möglichkeit, mit Willensfreiheit zu handeln, aufgehoben haben könne, daß es dem Inquisiten mit derselben Willensfreiheit, mit der er wenige Augenblicke nach der That den Selbstmord unterließ, weil zu viele Leute in der Nähe waren, auch möglich gewesen seyn würde, die That selbst zu unterlassen."[110]

Zudem diskutierte Clarus die Willensfreiheit nicht als Setzung, sondern als empirisch erfahrbar und benannte als Beispiel die freie Entscheidung Woyzecks, den Selbstmord zu unterlassen und sich quasi gegen einen solchen Drang zu stellen und schloss hieraus auf dessen Fähigkeit, ebenfalls die Mordtat unterlassen zu können.

Danach betrieb Clarus in seinem Gutachten einigen Begründungsaufwand, um Sinnestäuschungen, Irrtümer, Vorurteile und Einbildungen gegenüber wahrhaft kranken Störungen abzugrenzen.[111] Im Fall Woyzeck sprach er sich für ersteres aus, um die krankhafte Störung zu verneinen.

Nachdem Clarus eine „wirklich ausgebildete Seelenstörung" verneint hatte, ging er gutachterlich noch der Frage nach, ob nicht „ein außerordentlicher, blinder und unwillkürlicher Antrieb zu der von ihm begangenen Mordthat verborgen gelegen haben könne, und mithin dieser Zustand als stille Wuth (amentia occulta) betrachtet werden müsse". Die amentia occulta, neben stiller Wut in Deutschland auch verdeckter oder partieller Wahnsinn genannt, war die zum Beginn des 19. Jahrhunderts am meisten

110 *Clarus*-Gutachten, a.a.O., S. 43 f.

111 *Clarus*-Gutachten, a.a.O., S. 45 ff.

diskutierte und umstrittenste Form des Wahnsinns. Während Wahnsinn im 18. Jahrhundert verbunden war mit Delirium und offenkundigen Verstandesstörungen, konstatierte der Mediziner und Philosoph Prof. Dr. Ernst Platner 1797 mit seiner in lateinischer Sprache verfassten Schrift „De amentia occulta" eine eigene Gattung des versteckten Wahnsinns, der durch äußere Anzeichen nicht erkennbar war. Der versteckte Wahnsinn war laut Platner „dadurch gekennzeichnet, dass er tief im Verstand eingeschlossen, unvermutet und plötzlich ausbrechend [...] durch äußere Anzeichen, weil Ursache und Wirkung der Krankheit tiefer versteckt sind, weder vorausgesehen, noch, wenn er gegenwärtig ist, erkannt werden kann".[112] Philippe Pinel griff die Form des nicht offenkundigen Wahnsinns mit der Schrift „Traité médico-philosophique sur l'aliénation mentale ou la manie" aus dem Jahr 1801 unter der Überschrift des „periodischen oder intermittirenden Wahnsinn" auf.[113] So schrieb er, dass er „mehrere Wahnsinnige sahe, welche nie die mindeste Verletzung des Verstandes zeigten, und die dennoch von einem Instinkt der Raserey beherrscht wurden, als wenn gleichsam nur die Willensvermögen verletzt wären".[114] Die Intention von Clarus, gutachterlich zur Frage einer amentia occulta bei Woyzeck Stellung zu beziehen, lag sicher darin begründet, sich nicht dem Vorwurf der Unvollständigkeit der Begutachtung auszusetzen. Gleichwohl machte er schon zu Beginn seiner Stellungnahme klar, dass er diese Form des Wahnsinns an sich in Zweifel zog:

---

112 So die Übersetzung aus dem Lateinischen von *Haack / Steinberg / Herpertz / Kumbler*, „Vom versteckten Wahnsinn". Ernst Platners Schrift „De amentia occulta" im Spannungsfeld von Medizin und Jurisprudenz im frühen 19. Jahrhundert, PsychiatPrax 2008, S. 84, 85. Im Original befindet sich die lateinische Entsprechung auf S. 5.

113 So die Überschrift in der ebenfalls 1801 deutschen Übersetzung von Wagner, *Pinel*, Philosophisch-medizinische Abhandlung über Geistesverwirrungen oder Manie, 1801, S. 7.

114 A.a.O., S. 160 f.

> „Ehe ich auf Verantwortung dieser Gründe eingehe, fühle ich mich gedrungen im Allgemeinen zu bemerken, dass (man) [...] trotz aller neuern Verhandlungen über diesen Gegenstand noch keineswegs im Reinen ist, sondern in hohem Grade einer strengen Revision bedarf, und daß, [...] wenn man fortfahren sollte, wie man bereits angefangen hat, einen Mordtrieb, eine Feuerlust, eine Raublust, einen Stehltrieb und am Ende für jedes Verbrechen einen besonderen Trieb oder einen instinktartigen Zwang, eine Nothwendigkeit des Handelns, anzunehmen, hierdurch aber die Wirkung der Gesetze zu lähmen und die gerichtliche Medicin um ihr wohlverdientes Ansehen zu bringen."[115]

Wenn Clarus aber der amentia occulta prinzipiell skeptisch gegenübersteht, so muss die Frage gestattet sein, inwieweit man gutachterlich zu einer psychischen Störung Stellung beziehen kann, deren Existenz man per se anzweifelt. Allerdings machte es sich Clarus ganz so einfach nicht, sondern versuchte sich in einer Eingrenzung des amentia occulta Phänomens:

> „Es darf nämlich, nach meiner Ueberzeugung, ein blinder Antrieb zu verbrecherischen Handlungen nur in den Fällen angenommen und zu deren Entschuldigung benutzt werden, wenn
>
> 1. entweder das Alter des Individuum einen vollständigen Gebrauch des Verstandes noch nicht zuläßt;
> 2. oder Entwicklungsperioden, z.B. die der Mannbarkeit und andere körperliche Ereignisse im Spiele sind, die, ihrer Natur und der Erfahrung nach, öfters mit unklaren Vorstellungen, Verworrenheit des Bewußtseyns und instinktartigen Handlungen verbunden zu seyn pflegen, z.B. unmittelbar vorhergegangene Niederkunft;
> 3. oder bei erweislicher Uebermacht ungewöhnlicher und individueller, körperlicher oder geistiger Anreizungen die gewöhnlichen egoistischen Motive zu einer Handlung fehlen, z.B. wenn ein Hypochondrist oder ein Schwärmer einen Mord begeht, um hingerichtet zu werden und desto seliger zu sterben."[116]

115 *Clarus*-Gutachten, a.a.O., S. 48 f.

116 A.a.O., S. 49 f.

Der Psychiker Clarus versuchte hier, auch bei der amentia occulta äußerlich begründbare Anzeichen zu implementieren, um so einer reinen Psychologisierung zu entgehen und „belastbare“ Indizien zu Rate zu ziehen. Selbst Platner bekannte in seiner Schrift, dass es bei dieser Form des Wahnsinns Schwierigkeiten bereiten muss, versteckten Wahnsinn von offener Bösartigkeit zu unterscheiden.[117] Einzig der dritte Punkt in der Aufzählung von Clarus Eingrenzungsmerkmalen ging über belastbare äußere Umstände wie Alter oder Entwicklungsperioden hinaus und benannte „geistige Anreizungen“. In der späteren Debatte wurde Clarus für dieses einengende Verständnis der amentia occulta kritisiert. Allerdings fanden sich durchaus auch viele andere kritische Stimmen, die den partiellen Wahnsinn als „unwissenschaftliche“ Bezeichnung ansahen.[118]

Nachdem Clarus die amentia occulta entsprechend eingegrenzt hatte, widmete er sich nochmals den Zeugenaussagen und Aussagen Woyzecks.[119] Enttäuschend ist insoweit, dass er mehr oder weniger das referierte, was er schon zuvor festgestellt hatte, ohne in eine direkte Auseinandersetzung der Symptome Woyzecks mit der amentia occulta zu treten. Auch an dieser Stelle des Gutachtens betonte Clarus, dass weder die Stimmen, noch der Mangel an Reue etwas an seiner Einschätzung bezüglich Woyzecks Zurechnungsfähigkeit ändern würden. Ganz im Gegenteil stellte er fest:

> Der „Mangel an Reue […] würde […] eher dazu dienen, die Strafbarkeit der Handlung zu vermehren, als sie zu vermindern, da ein Verbrecher für umso gefährlicher gehalten werden muss, je mehr er gegen Folgen des Unrechts gleichgültig geworden ist, und je weniger er durch Strafen von Begehung ähnlichen Unrechts abge-

117 *Platner*, De amentia occulta, 1797, S. 6: „Non dubito, quin aliquis dicat, hanc non occultam insaniam, sed apertam malitiam, esse“.

118 So später *Casper*, Practisches Handbuch der gerichtlichen Medicin, 1858, S. 486.

119 *Clarus*-Gutachten, a.a.O., S. 50 ff.

schreckt, d.h. in gesetzlichen und moralischen Schranken gehalten werden kann."[120]

Dieser Auszug macht deutlich, dass Clarus die Frage nach der Zurechnungsfähigkeit nicht strikt von präventiven Gesichtspunkten trennte und das Bestrafungsbedürfnis argumentativ an die Stelle einer gutachterlichen Auseinandersetzung tritt. Moralische Erwägungen haben aber bei einer medizinischen Begutachtung keine Rolle zu spielen. Clarus verpasste hier die Chance, durch eine dezidierte Prüfung der Symptome Woyzecks eine amentia occulta auszuschließen. Dies wäre sicher gut vertretbar gewesen und hätte nicht zu dem Vorwurf der Voreingenommenheit gegenüber dieser neuen Art des Wahnsinns geführt, wie er dann die spätere Debatte anfachte.

Insgesamt sah Clarus die Vorfälle und „Nebenumstände" als Beleg dafür, dass diese „nicht als Symptom einer Seelenstörung überhaupt und, bei dem gänzlichen Mangel aller anderen Beweise, nicht als ein Beleg für das Daseyn eines blinden, instinktartigen Antriebs zu morden, angesehen werden" kann.[121] Diese Subsumtion lässt aber im Vorfeld eine psychologische Auseinandersetzung vermissen, pauschal wird hier auf „psychologische Erfahrung" abgestellt, ohne diese durch Beispiele zu belegen. Zudem tat Clarus die „Periode, wo Woyzeck am meisten von Blutwallungen und fremden Stimmen beunruhigt worden zu seyn vorgibt" als „längst vorüber" ab. Inkonsequent ist dann die weitere Feststellung, dass „in dem Gemüthszustande des Inquisiten vor der That weder überhaupt eine Spur von Geistesstörung [...], noch insbesondere die Wirkung eines instinktartigen, individuellen [...] Antriebes" zu sehen sei, dass der Zustand vielmehr „aus den ganz gewöhnlichen Wirkungen" einer „Eifersucht" erklärbar

---

120 A.a.O., S. 52 f.

121 *Clarus*-Gutachten, a.a.O., S. 53.

sei.[122] Wenn Clarus schon – wie in damaliger Zeit üblich – die Zurechnungsfähigkeit vor, bei oder nach der Tat[123] begutachtete, ist die Schlussfolgerung für die Phase vor der Tat zu vorschnell gezogen. In seinen Ausführungen zum Zeitpunkt bei der Tat nahm Clarus zu dem Umstand Stellung, dass Woyzeck bei der Begleitung der Woostin seines Mordinstruments „nicht gedacht haben will".[124] Dieser Umstand sei aber gerade „ein Beweis, daß ein solcher Antrieb" im Sinne einer amentia occulta „nicht statt gefunden habe". Vielmehr sei Woyzecks Verhalten „nach allgemein bekannten psychologischen Erfahrungen sehr begreiflich". Resümierend hielt Clarus fest: „Es ist daher nach allen Umständen der That selbst anzunehmen, daß das Uebergewicht der Leidenschaft über die Vernunft die einzige Triebfeder derselben gewesen sey".[125] Clarus verneinte ebenfalls den „Beweis für die Existenz eines krankhaften Gemüthszustandes" aus dem Benehmen Woyzecks nach der Tat. Insgesamt positionierte sich Clarus eindeutig nicht nur im Sinne seiner Sichtweise als Psychiker, sondern auch gegen Aufweichungen psychiatrischer Grundsätze durch zweifelhafte Krankheitsbilder wie die amentia occulta. Er verpasste dabei die Chance – von dem Versuch einer Eingrenzung und „Sichtbarmachung" der verdeckten Geisteskrankheit einmal abgesehen – am Beispiel Woyzecks in den wissenschaftlichen Diskurs über dieses „Krankheitsbild" zu gehen.

Nachdem Clarus das Gutachten verfasst hatte, reichte der anwaltliche Beistand Woyzecks am 7. Juni 1823 eine Verteidigungsschrift ein, um neben einem nochmaligen Gnadengesuch gegen

---

122 A.a.O., S. 55.

123 So a.a.O., S. 42.

124 A.a.O., S. 55.

125 A.a.O., S. 56.

die Todesstrafe noch einmal die gutachterliche Bestätigung der medizinischen Fakultät einzufordern.[126]

Am 4. Oktober 1823 wurde dann vom Leipziger Schöppenstuhl das zweite Todesurteil vom 29. Februar 1822 bestätigt.[127] Nach einer Wiedergabe des Prozessgangs und der Aussagen Woyzecks sowie der vernommenen Zeugen, wurde auf die letzte Schutzschrift der Verteidigung Bezug genommen, die die ungewöhnlichen Wahrnehmungen Woyzecks als Folgen eines wirklichen Wahnsinns anführten. Die Entscheidungsgründe führten aus, dass „selbst wenn man dem Vertheidiger zugeben wollte, daß die Einbildung dieser Erscheinungen Zeichen einer momentanen Geistesverwirrung gewesen, doch auf keinen Fall um deswillen eine die Imputation aufhebende Seelenstörung und eine Unfreyheit des Willens in Hinsicht auf das von dem Inquisiten verübten Verbrechen anzunehmen seyn würde“.[128]

Diese Begründung fegte mit einem Satz die Auseinandersetzung über die Frage, ob die Einbildungen überhaupt eine „Gemüthskrankheit“ nahelegen, vom Tisch. Jedenfalls positionierte sich der Schöppenstuhl hier ganz klar dahingehend, dass ein partieller Wahnsinn – sollte es ihn geben – keinesfalls die Schuld aufhebt und den Willen nicht unfrei macht. Hier wird deutlich, was schon an anderer Stelle hervorgehoben wurde, nämlich, dass die Justiz die Entscheidungshoheit darüber hatte, ob sie einen Delinquenten für zurechnungsfähig erachtete oder nicht.[129]

---

126 Datum und Inhalt der Verteidigungsschrift ergeben sich aus den Ergänzungen Clarus, die er nach Abdruck seines 2. Gutachtens in der Monografie anführt, vgl. *Clarus*-Gutachten, a.a.O., S. 58 f.

127 Eine Abschrift findet sich im Staatsarchiv Dresden, Justiz-Ministerium Nr. 739/, S. 17 ff., außerdem die Originalquelle ebenda 10085 Schöppenstuhl zu Leipzig Nr. 265. Ein Abdruck des Originals bei *Steinberg / Schmideler*, in: Jahresheft für forensische Psychiatrie, Bd. 3, 2006, S. 71, 94 ff.

128 A.a.O., S. 100.

129 Vgl. oben Zweites Kapitel 2 und 3.

Nach der gerichtlichen Setzung der Zurechnungsfähigkeit Woyzecks folgte eine weitere Wiedergabe der diversen Zeugenaussagen und Aussagen des Delinquenten, hinter der vermerkt wurde, dass selbst der Verteidiger bei der ersten Verteidigungsschrift nicht in Abrede gestellt habe, dass „Woyzecks That als eine mit Freyheit begangene der Zurechnung fähige Handlung zu betrachten sey“. Nachgeschoben wurde die Ansicht des Physikus Clarus, dass es keinen Grund für die Annahme gäbe, Woyzeck hätte sich unmittelbar vor, bei und nach der Mordtat „im Zustande einer Seelenstörung befunden“. Im Anschluss daran wurde sich mit dem Einwand der Verteidigung auseinandergesetzt, dass die Exploration des Gemützustands des Inquisiten „mangelhaft“ war. Verwiesen wurde insofern auf die gesetzlichen Vorschriften Generale aus dem Jahr 1750, 1783 und 1797, wonach der Physikus als Sachverständiger zu bestimmen ist. Weder sei „im allgemeinen vorgeschrieben, daß zu der Prüfung des Gemüthszustandes eines Verbrechers mehrere Aerzte zugezogen werden sollen, noch ist der auf eine solche Zuziehung gerichtete Antrag des Vertheidigers [...] durch höchsten Befehl [...] gebilligt, vielmehr [...] die Vorlegung der Acten an den Physicus allein anbefohlen worden“.[130]

Das Gericht stellte sich hier auf einen formaljuristischen Standpunkt und lehnte ein weiteres Gutachten – unter Hinweis einer ebensolchen Entscheidung des Königs[131] – ab. Interessant ist, dass der Schöppenstuhl jenseits des eigentlich abzuurteilenden Falls zu der um sich greifenden Exculpationsfreudigkeit anderer Gerichte Stellung bezog und eine solche Vorgehensweise kategorisch ablehnte. Insofern mag man sich des Verdachts nicht verwehren, das Gericht wolle an Woyzeck ein Exempel statuieren:

130 A.a.O., S. 103.

131 Bericht der Landesregierung an das vereinigte Kriminalamt Leipzig, Staatsarchiv Dresden, Loc. 31130, S. 32.

„Und wenn der Vertheidiger […] noch anführt, daß in sehr vielen Criminaluntersuchungen bey den Verbrechern entweder entschiedene Gemüthskrankheit oder doch zweifelhafter Seelenzustand aus Gründen angenommen worden, die weder an sich betrachtet, noch in ihrer Verbindung zu einander von solcher Wichtigkeit erschienen, als die in der gegenwärtigen Untersuchung in Betracht kommenden, und deshalb mehrere Beyspiele aufgestellt hat: Es können diese Beyspiele doch nur beweisen, wie weit zuweilen das weder in rechtlicher, noch wegen des unverkennbar höchst nachtheiligen Einflußes auf die öffentliche Meinung in politischer Hinsicht zu billigende Bestreben gegangen ist, die Verbrecher durch unstatthafte Suppositionen und unhaltbare Hypothesen der gesetzlich erwirkten Strafe zu entziehen.“[132]

Was nach diesem eindeutigen Bekenntnis einer sehr restriktiven Handhabung der Verneinung der Zurechnungsfähigkeit folgte, war eine moralisierende Bewertung der Person Woyzecks. Insoweit ist die Entscheidung des Schöppenstuhls ein Rückschritt im Hinblick auf die strafrechtsdogmatischen Grundsätze, die seinerzeit – endlich – im Hinblick auf die Zurechnungsthematik herausgearbeitet wurden. Es wurde zwischen rechtlicher und moralischer Zurechnung unterschieden und man diskutierte, ob der Richter auch zu beurteilen hat, ob und inwieweit die begangene Tat sittlich verwerflich gewesen ist. Die Mehrheit der Juristen sprach sich für eine strikte Ausklammerung der moralischen Bewertung der Tat aus, da die moralische Zurechnung nicht den Verstoß gegen ein Strafgesetz, sondern den gegen ein Sitten- oder Tugendgesetz beträfe. Dies sei der Bewertung des Richters entzogen und nur Sache des Gewissens eines Menschen.[133]

---

132 Zitiert nach dem Abdruck bei *Steinberg / Schmideler*, in: Jahresheft für forensische Psychiatrie, Bd. 3, 2006, S. 71, 104.

133 Hierzu unter ausf. Benennung der einschlägigen juristischen Literatur der damaligen Zeit *Greve*, Die Unzurechnungsfähigkeit in der „Criminalpsychologie“ des 19. Jahrhunderts, in: Niehaus / Schmidt-Hannisa (Hrsg.), Unzurechnungsfähigkeiten. Diskursivierungen unfreier Bewusstseinszustände seit dem 18. Jahrhundert, 1998, S. 107, 113.

Der Leipziger Schöppenstuhl dagegen bewertete moralisierend den Werdegang Woyzecks, sprach über ein „wüstes […] Leben", von Verwilderung und einer „durch häufigen Genuß starker Getränke reizbar gewordenen Gemühtsstimmung".[134] Der Hinweis auf den hohen Alkoholkonsum Woyzecks veranlasste erstaunlicher Weise weder die Verteidigung, noch Clarus oder das Gericht dazu, über eine aus der Sucht resultierende Zurechnungsunfähigkeit nachzudenken. Allerdings rissen Marc und Grohmann in der späteren Debatte den Gesichtspunkt übermäßigen Alkoholkonsums Woyzecks an, allerdings ohne daraus explizit auf eine Zurechnungsunfähigkeit zu schließen.[135] Im neueren Schrifttum sind Steinberg / Schmideler erstmals der Frage nachgegangen, ob Woyzeck unter einer Alkoholhalluzinose gelitten haben könnte.[136]

Der Schöppenstuhl wies schließlich aus formaljuristischen Gründen den Antrag von Clarus zurück, über seine gutachterliche Stellungnahme noch das „Responsum einer medicinischen Facultät einzuholen":

> „Eine allgemeine Vorschrift, über die Urtheile der verpflichteten Aerzte Gutachten der medicinischen Behörden einzuholen, existirt ebenso wenig, Hommel obs. 270. als der Richter an dergleichen Gutachten schlechterdings gebunden ist; Stübels Criminalverfahren, § 2564. und das höchste Rescript vom 8. April 1797. schreibt die Einholung des Gutachtens einer medicinischen Fakultät nur in dem Falle vor, wenn über die Gewißheit der von dem Verbrechen oder dessen Vertheidiger vorgeschützten Verstandesschwäche oder Zerrüttung Zweifel entstehen: weshalb auch der auf dieses Rescipt gegründete Antrag des Vertheidigers Fol. 57. zurückgewiesen, und die Einholung eines solchen Gutachtens sec. Fol. 69. keineswegs anbefohlen worden. Im vorliegenden Falle kann jedoch nach allen aus

---

134 Zitiert nach dem Abdruck bei *Steinberg / Schmideler*, in: Jahresheft für forensische Psychiatrie, Bd. 3, 2006, S. 71, 104.

135 Vgl. später im Zweiten Kapitel 5b.

136 *Steinberg / Schmideler*, in: Jahresheft für forensische Psychiatrie, Bd. 3, 2006, S. 71, 109.

den Acten sich ergebenden Thatsachen über die vollkommene Zurechnungsfähigkeit des Inquisiten so wenig ein gegründeter Zweifel vorhanden seyn, daß es nicht einmal des Gutachtens des verpflichteten Arztes bedurft hätte, um zu der Bestätigung der bereits gesprochenen Erkenntnisse zu gelangen."[137]

Durch diesen Passus machte das Gericht im Grunde genommen im Nachhinein die ganze Begutachtung Clarus überflüssig. Hinausgelesen werden kann, dass sich der Schöppenstuhl hier eine eigene Bewertung des „Gemüthszustands" Woyzecks zutraute und damit ganz klar die Position vertrat, dass den Juristen eine Beurteilung der Zurechnungsfähigkeit obliegt.

Gut einen Monat nach Verkündung des Urteils reichte der Verteidiger am 10. November 1823 ein Bittgesuch ein. Er verlangte erneut ein Gutachten der medizinischen Fakultät und explizit eine Überprüfung von Woyzecks Militärzeit, die ebenfalls für eine Beurteilung seines Geisteszustandes eine Rolle spiele. Daneben sprach sich die Verteidigung erneut gegen die Todesstrafe aus und wiederholte das Gnadengesuch.[138] Am 25. November votierte die Landesregierung gegenüber dem Geheimen Rat gegen eine Begnadigung.[139] Der Geheime Rat schloss sich diesem Votum in seinem Bericht an den König an, während Prinz Friedrich August erneut seine abweichende Ansicht bekräftigte. Der Geheime Rat von Globig führte formal an, dass entgegen Art. 149 der Peinlichen Halsgerichts-Ordnung „bey der letzten Exploration dem D. Clarus nicht noch ein zweyter Arzt [...] zugegeben worden" sei.[140]

---

137 A.a.O., S. 105.

138 Hierüber der Bericht des vereinigten Kriminalamtes Leipzig an die Landesregierung mit Unterschrift des Criminalrichters Dr. Deutrich, vgl. Staatsarchiv Dresden, Loc. 31130, S. 41 ff.

139 Staatsarchiv Dresden, Loc. 31130, S. 48 ff.

140 Staatsarchiv Dresden, Justiz-Ministerium Nr. 739/14, S. 1 ff. Der Hinweis auf Art. 149 findet sich auf S. 3b.

Wahrscheinlich ist es diesem Passus zu verdanken, dass König Friedrich August I. am 10. Januar 1824 ein Dekret an den Geheimen Rat schickte, doch ein fachliches Gutachten der medizinischen Fakultät Leipzig hinzuzuziehen.[141] Daraufhin erfolgte am 23. Januar ein Bericht der Landesregierung an das vereinigte Kriminalamt Leipzig, dass die medizinischen Untersuchungen im Fall Woyzeck weitergeführt werden sollten.[142] Demzufolge bestellte das Leipziger Kriminalamt im Auftrag der Landesregierung bei der Medizinischen Fakultät der Universität Leipzig ein Gutachten. Das Gutachten galt lange Zeit als verschollen, bis Steinberg eine Abschrift in den Beständen des Universitätsarchivs Leipzig entdeckte.[143] Dadurch wird deutlich, dass sich der Gutachtenauftrag darauf beschränkte, nur über die sachliche Richtigkeit des zweiten Clarus-Gutachtens und über die hierzu ergangenen Einwendungen der Verteidigung zu urteilen. Ausdrücklich ausgenommen war eine eigene Begutachtung des Gemütszustands Woyzecks. Der amtierende Dekan der Medizinischen Fakultät Karl Gottlieb Kühn stellte daher in seinem Schreiben an die Mitglieder der Fakultät klar, es sei nur „über das […] Gutachten des hiesigen Stadtphysicus ein Responsium zu ertheilen".[144]

---

141 Staatsarchiv Dresden, Justiz-Ministerium Nr. 739/14, S. 27 f.

142 Staatsarchiv Dresden, Loc. 31130, S. 56.

143 *Steinberg / Schmideler*, Eine wiederentdeckte Quelle zu Büchners Vorlage zum „Woyzeck": Das Gutachten der Medizinischen Fakultät der Universität Leipzig, in: Zeitschrift für Geschichtswissenschaft 2006, S. 339, 340. Auf S. 351 ff. findet sich dann ein vollständiger Abdruck des Gutachtens aus dem Universitätsarchiv Leipzig, Medizinische Fakultät, A I 19, 1821–1825, S. 180a. Zum wiederentdeckten Gutachten bereits *Dies.*, Das Gutachten der Medizinischen Fakultät der Universität Leipzig zum Fall Woyzeck. Nach 180 Jahren wieder entdeckt, in: Der Nervenarzt 2005, S. 626.

144 Universitätsarchiv Leipzig, Medizinische Fakultät, A I 19, 1821–1825, S. 179. Bei *Steinberg / Schmideler*, Eine wiederentdeckte Quelle zu Büchners Vorlage zum „Woyzeck": Das Gutachten der Medizinischen

Hierzu wurden von der Kriminalbehörde die Akten übersandt und nacheinander allen am Gutachterverfahren beteiligten Mitgliedern zur Durchsicht übergeben. Beteiligt waren der Ordinarius für Chemie Christian Gotthold Eschenbach, der auch Vorlesungen zur Pharmakologie und Arzneimittellehre hielt sowie der Botaniker und Naturgeschichtler Christian Friedrich Schägrichen. Ferner beteiligt waren der bis heute als einer der Väter der Psychophysiologie bekannte Wilhelm Wundts und der Mediziner Johann Karl Friedrich Leune, der Pathologie, Physiologie und Augenheilkunde lehrte.[145] Wer als Mitglied fehlte, aber dennoch seit 1811 Lehrstuhlinhaber für Psychische Therapie und damit erster akademischer Psychiater Europas und ab 1819 zusätzlich Ordinarius für Medizin war, war Johann Christian August Heinroth.[146] Heinroth konnte aus formalen Gründen nicht zur Erstellung des Gutachtens hinzugezogen werden. Er war zwar 1824 ordentlicher Professor der Medizin und außerordentlicher Professor der Psychischen Therapie, aber noch nicht Mitglied der Fakultät der Universität Leipzig. Erst 1830 musste Heinroth anlässlich einer allgemeinen Universitätsreform zwangsweise eintreten.[147] Da nur Mitglieder der Fakultät in den Gutachterprozess eingebunden werden konnten, war Heinroth eine Teilnahme daran verwehrt. Nach der Hinrichtung Woyzecks ließ es sich Heinroth allerdings nicht nehmen, sich an der Debatte zu beteiligen.[148]

Fakultät der Universität Leipzig, in: Zeitschrift für Geschichtswissenschaft 2006, S. 339, 349.

145 Die Aufzählung findet sich bei *Steinberg / Schmideler*, Das Gutachten der Medizinischen Fakultät der Universität Leipzig zum Fall Woyzeck. Nach 180 Jahren wieder entdeckt, in: Der Nervenarzt 2005, S. 626, 629.

146 Ausf. zu Heinroth *Steinberg*, Die Errichtung des ersten psychiatrischen Lehrstuhls: Johann Christian August Heinroth in Leipzig, Der Nervenarzt 2004, S. 303.

147 *Steinberg / Schmideler*, in: Der Nervenarzt 2005, S. 626, 629.

148 *Heinroth*, Ueber die gegen das Gutachten des Herrn Hofrath D. Clarus von Herrn C.M. Marc in Bamberg abgefaßte Schrift. War der am 27ten

Am 29. März 1824 trat die Fakultät zu ihrer Sitzung zusammen, um über Woyzecks Fall erstmals gemeinsam zu beraten. Das diesbezügliche Protokoll hielt knapp fest, dass die Auffassung von Clarus, Woyzecks angebliche Erscheinungen seinen nicht Ausdruck einer Geisteskrankheit, von der Fakultät gebilligt wird. Auf der erneuten Tagung der Fakultät am 10. April wurde der von Kühn erstellte Entwurf verlesen und das Responsum einhellig gebilligt.[149] Am 11. April erfolgte die Abschrift und der Versand an das Vereinigte Criminalamt der Stadt Leipzig. Auf acht eng beschriebenen Seiten[150] wandten sich die Mitglieder der Fakultät fünf Fragenkomplexen zu, die sich vermutlich an den Einwendungen des Verteidiger Woyzecks orientierten.[151] Zunächst brachte der Verteidiger vor, noch einen zweiten Sachverständigen zur Untersuchung des Gemüthszustandes von Woyzeck hinzuzuziehen. Das war insoweit ein wichtiges Vorbringen, als es dann tatsächlich noch einmal um eine eigenständige Exploration gegangen wäre und nicht lediglich – wie nun durch die Fakultät – um eine Überprüfung des Gutachtens von Clarus. Die erste Einlassung der Fakultät zu diesem ersten Punkt erstaunt in ihrer Ehrlichkeit, hob sie doch hervor, dass „die Erfahrung nur zu oft gelehrt hat […], daß zwey Männer, welche einen u(nd) den nämlichen Gegenstand untersuchen, über denselben ganz verschiede-

---

August 1824 zu Leipzig hingerichtete Mörder J.C. Woyzeck zurechnungsfähig?, 1825.

149 Universitätsarchiv Leipzig, Medizinische Fakultät, A I 80, S. 41a, b; hierzu auch *Steinberg / Schmideler*, Eine wiederentdeckte Quelle zu Büchners Vorlage zum „Woyzeck“: Das Gutachten der Medizinischen Fakultät der Universität Leipzig, in: Zeitschrift für Geschichtswissenschaft 2006, S. 339, 342.

150 Universitätsarchiv Leipzig, Medizinische Fakultät, A I 19, 1821–1825, 178 b ff. sowie der Abdruck bei *Steinberg / Schmideler*, a.a.O., S. 351 ff.

151 Die Verteidigungsschrift ist leider nicht überliefert, vgl. zur Mutmaßung *Steinberg / Schmideler*, Das Gutachten der Medizinischen Fakultät der Universität Leipzig zum Fall Woyzeck. Nach 180 Jahren wieder entdeckt, in: Der Nervenarzt 2005, S. 626, 630.

ne Ansichten haben können“, so dass die „Untersuchung vor Sachverständigen“, statt ein „richtiges Hülfsmittel“ für die Entscheidung zu sein „nur zu oft, in einer ruhigen Ansicht des vorliegenden Falles gestört werden muß“.[152] Die Fakultät versuchte hier zunächst nicht, formaljuristisch zu argumentieren, sondern darauf hinzuweisen, dass zwei Gutachter auch zwei verschiedene Meinungen haben könnten, was für die Entscheidung nicht sehr hilfreich wäre.

In der Tat ist die unterschiedliche Begutachtungspraxis bis in die heutige Zeit ein Problem und auch heute sind zwei Gutachten die absolute Ausnahme. Jedoch aus der Wahrscheinlichkeit zweier gegenteiliger Gutachten diese per se abzulehnen, legt den Verdacht nahe, den Mitgliedern der Fakultät sei weniger an einer richtigen Begutachtung gelegen, als vielmehr an einer eindeutigen, die Entscheidungsgrundlage für das Gericht sein konnte. Die Konsequenz, bei zwei divergierenden Gutachten ein drittes in Auftrag zu geben, um sich so einer richtigen Einschätzung zumindest zu nähern, zog die Fakultät nicht. Aus dieser Einstellung ganz zu Beginn der Stellungnahme zu den Verteidigereinlassungen kann man meines Erachtens schon die Tendenz herauslesen, dass die Fakultät von Anfang an und noch vor Studium der Akten einer Bestätigung des Gutachtens zuneigte – denn ein zweites unterschiedliches Gutachten würde ja wiederum dazu führen, dass der Schöppenstuhl keine Entscheidungshilfe hätte, weil eine Pattsituation auftreten würde. Dies ist natürlich reine Mutmaßung und zugeben eine Unterstellung. Dennoch ist es, wie ich finde, merkwürdig, sich so eindeutig und nur ergebnisorientiert gegen zwei unabhängige Gutachter auszusprechen.

---

152 Universitätsarchiv Leipzig, Medizinische Fakultät, A I 19, 1821–1825, S. 180 b sowie der Abdruck bei *Steinberg / Schmideler*, Eine wiederentdeckte Quelle zu Büchners Vorlage zum „Woyzeck“: Das Gutachten der Medizinischen Fakultät der Universität Leipzig, in: Zeitschrift für Geschichtswissenschaft 2006, S. 339, 353.

Allerdings hob das Gutachten dann auch noch ein formaljuristisches Kriterium hervor, da „keine ausdrück(liche), gesetz(liche) Verordnung in Deutschland das Zuziehen mehrerer Sachverständiger bey Untersuchungen zweifelhafter psychischer Zustände [...] befiehlt". Dies sei ein deutlicher „Beweis, daß die einsichtsvollsten Criminalisten der neuesten Zeit ein solches Zeugniß eines einzelnen verpflichteten Sachverständigen für völlig ausreichend zur festen Begründung des Thatbestandes erkennen". Versöhnlich wurde dann aber noch hinzugefügt, dass der Forderung des Verteidigers „durch gegenwärtiges Responsum völlig Genüge geleistet" werde.[153]

Im zweiten Vorbringen der Verteidigung wurden Zweifel daran geäußert, „ob es bey einer psychischen Krankheit [...] vielleicht nicht gar unmögl(ich) sey, die Grenzen zwischen einer bloßen Anlage dazu, u(nd) der wirkl(ichen) ausgebildeten Seelenkrankheit zu bestimmen".[154] Dies war in der Tat ein ganz gewichtiger Einwand, stellte Clarus doch in seinem Gutachten immer darauf ab, dass die Anlage zur Krankheit noch nicht diese selbst und damit noch keine Gemütskrankheit sei, die die Zurechnungsfähigkeit aufheben könnte.[155] Die Mitglieder der Medizinischen Fakultät nahmen zunächst zu diesbezügliche Schwierigkeiten der Grenzziehung Stellung, indem sie ausführten: „gesetzt, aber nicht zugegeben, daß es nicht leicht, vielleicht gar unmög(lich) sey im Allgemeinen die Grenze zwischen einer ausgebildeten Seelenkrankheit u(nd) einer bloßen Anlage dazu zu bestimmen", so sei doch „in dem vorliegenden Fall [...] der Unterschied beyder Zustände so deut(lich) [...] daß jeder [...] nicht im Geringsten

---

153 A.a.O., S. 181a.

154 A.a.O., S. 180a.

155 *Clarus*-Gutachten, a.a.O., S. 43.

darüber in Ungewißheit schweben kann".[156] Bezeichnend ist, dass die Fakultät die Schwierigkeiten, ja „vielleicht gar" die Unmöglichkeit einer Grenzziehung durchaus zugestand, dann aber den Fall Woyzeck als so eindeutig ansah, dass hier eine Seelenstörung zu verneinen war. Wie die Mitglieder das bei Woyzeck zu leisten vermochten, was sie doch als unmöglich einschätzten, wird nicht näher erläutert. Es ist aber auch nicht erforderlich, da ihr Gutachtenauftrag auf die Bewertung von Clarus Gutachten beschränkt war, das sich diesbezüglich eindeutig positionierte. Allerdings wurde die Chance vertan, hier ausführlicher zu den Gewichtungen der Anlagen Woyzecks im Gutachten und der Grenzziehung zur Seelenstörung allgemein und im besonderen Stellung zu beziehen.

Der dritte Vorwurf der Verteidigung ging dahingehend, dass auch wenn keine allgemeine Verrücktheit bei Woyzeck und bei der Tat kein unwiderstehlicher Trieb vorhanden war, „doch ein in der Mitte liegender Zustand" vorlag, der „nur einige geistige Verrichtungen afficirt".[157] Diesen Einwand unterzog die Fakultät einer eingehenden Überprüfung. Sie führte aus, dass die Zustände bei Woyzeck, die der Verteidiger „als Beweise der bey dem Inquisiten vorhandenen Seelenkrankheiten einnimmt, bey unzähligen Menschen, welche alle Welt für vollkommen vernünftig hält, als ganz natür(liche) Folge ihrer nervösen Constitution vorkommen".[158] Die Mitglieder der Fakultät ordneten die aufgeführten Reizbarkeiten und Einbildungen Woyzecks dem Bereich des Normalen zu. Explizit gingen sie auch noch einmal auf das Vorbringen Woyzecks ein, er habe Stimmen gehört, die befohlen hätten: Stich die Frau Woostin tot. Hier mutmaßt die Fakultät, die

156 Universitätsarchiv Leipzig, Medizinische Fakultät, A I 19, 1821–1825, S. 181b.

157 A.a.O., S. 180a.

158 A.a.O., S. 182a.

„Ausführung des Gebots dieser Stimmen“ sei „ein flüchtiger Gedanke“ geblieben.[159] Worin diese Mutmaßungen begründet liegen, wird aber leider nicht ausgeführt. Dann kamen die Gutachter der Fakultät auf den eigentlichen Einwand der Verteidigung, es könnte ich um eine Affekttat handeln zu sprechen. Ein solchen Affekt Woyzecks wurde mit dem Hinweis auf die Einlassungen Woyzecks abgelehnt. Berücksichtigung könne ein solcher nur finden, wenn Woyzecks Seelenzustand „von der Vernunft gar nicht mehr geregelt“ hätte werden können. Dies verneinten die Gutachter.[160]

Der vierte Einwand der Verteidigung bezog sich auf die Zeugenaussagen. Sofern diese eine Seelenstörung bei Woyzeck nicht wahrgenommen hätten, sei dies nicht aussagekräftig. Vielmehr hätte es einer sehr langen, am besten lebenslangen Beobachtung Woyzecks bedurft.[161] Hier wiesen die Mitglieder der Fakultät zu Recht darauf hin, dass die von der Verteidigung verlangten Zeugnisse „von einer solchen Beschaffenheit sind, daß sie im Leben niemals zugegen seyn können“.[162]

Als fünften und letzten Einwand warf der Verteidiger Clarus vor, seine Beweisführung darauf zu beschränken, „für das Daseyn einer Seelenkrankheit angegebene Merkmale einzeln zu betrachten“.[163] Auch bei diesem letzten Punkt stellten sich die Mitglieder der Fakultät vollumfänglich hinter Clarus. Sie führten aus, dass „ein Eingehen in die einzelnen Merkmale einer Seelenstörung nothwendig ein gründlicheres Resultat geben muß, als eine Betrachtung u(nd) Untersuchung dieser Merkmale im Allgemeinen; ersteres aber vom Physicus in seinem Gutachten geschehen ist“.

---

159 A.a.O., S. 182a.

160 A.a.O., S. 182a.

161 A.a.O., S. 180b.

162 A.a.O., S. 182b.

163 A.a.O., S. 180b.

Es wurde also deutlich gemacht, dass es geradezu notwendig ist, vom Einzelnen auf das Besondere zu schließen und eine allgemeine Betrachtung fehlerhaft gewesen wäre. Im weiteren Verlauf des Gutachtens fassten die Mitglieder der Fakultät noch einmal die Ergebnisse der Exploration zusammen, um dann festzustellen, dass Clarus alle relevanten Umstände „mit einer solchen Genauigkeit u(nd) Gründlichkeit bestimmt" habe, „daß die hierbey befolgten Grundsätze jedem gerichtlichen Arzte bey Untersuchung u(nd) Beurteilung ähnlicher Fälle als Norm dienen können – ledigl(ich) auf anerkannt wahre Grundsätze der rationellen Heilkunde, u(nd) auf die gründlichste Kenntnisse der Psychologie gebaut, u(nd) mit größter Ruhe u(nd) ohne vorgefaßte Meinung ausgesprochen worden ist".[164]

Die Mitglieder der Medizinischen Fakultät bestätigten also nicht nur das Gutachten Clarus, sie erhoben es auch zu einem Mustergutachten, das anderen „als Norm" dienen kann. Diese Einschätzung ist keineswegs so fernliegend, haben wir doch zuvor festgestellt, dass Clarus sich bemühte, durch Heranziehung der Verordnung der sächsischen Kommission des Armen-, Waisen- und Zuchthauswesens für die Aufnahme melancholischer Personen in öffentlichen Anstalten eine Art Begutachtungsleitfaden auch für die Beurteilung der Zurechnungsfähigkeit zu konzipieren. Dies war einmalig und sicher ein Verdienst Clarus, hier Standards festzuschreiben, wie ein Gutachten zur Zurechnungsfähigkeit aufgebaut sein sollte. Dieses Verdienst geriet in der späteren Debatte um die Frage der Zurechnungsfähigkeit Woyzecks vollkommen aus dem Blick.

Die Mitglieder der Medizinischen Fakultät schlossen sich dann am Ende ihres Gutachtens der Einschätzung Clarus an und besiegelten so die Hinrichtung Woyzecks:

---

164 A.a.O., S. 183a, 183b.

„So können Wir keinen Anstand nehmen, das Gutachten des Physikus, nach welchem ein Grund, um anzunehmen, daß Woyceck zu irgendeiner Zeit seines Lebens, u(nd) namentl(ich) unmittelbar vor, bey u(nd) nach der von ihm verübten Mordthat sich im Zustande einer Seelenstörung befunden, oder dabey nach einem nothwendigen blinden u(nd) instinktartigen Antriebe, u(nd) überhaupt anders, als nach gewöhn(lichen) leidenschaftl(ichen) Anreizungen gehandelt habe, nicht vorhanden ist, zu billigen u(nd) zu bestätigen.“[165]

Aus einem Bericht des vereinigten Kriminalamtes Leipzig an die Landesregierung vom 27. April 1824 geht hervor, dass neben dem Gutachtenauftrag auch noch einmal sechs Zeugen aus Stralsund befragt wurden, mit denen Woyzeck in Verbindung gestanden hatte. Diese Zeugen, so führte das Kriminalamt aus, hätten keine „Verstandesverrückung“ wahrgenommen, sie hätten aber ausgesagt, Woyzeck habe viel getrunken. Auch auf das Gutachten der medizinischen Fakultät Leipzig wurde im Bericht hingewiesen und nochmals betont, dass sich Woyzeck vor, bei und nach dem Mord nicht „im Zustand einer Seelenstörung“ befunden habe.[166] Demzufolge erging am 25. Mail 1824 ein Bericht der Landesregierung an den Geheimen Rat, der die Ergebnisse des Berichts des Kriminalamts zusammenfasste und noch einmal betonte, das Gutachten der Leipziger medizinischen Fakultät habe „die Zurechnungsfähigkeit des Inquisiten nicht nur nicht in neue Zweifel sondern vielmehr in noch helleres Licht gestellt“.[167] Der Geheime Rat berichtete am 12. Juni wiederum an König Friedrich August I. und bestätigte seine früheren Stellungnahmen zum Todesurteil gegen Woyzeck.[168] Daraufhin erging das Dekret des Königs an den Geheimen Rat, dass es beim Todesurteil bleibt und die Landesregierung das weitere anzuordnen

165 A.a.O., S. 183b, 184a.

166 Staatsarchiv Dresden, Loc. 31130, S. 57 ff.

167 A.a.O., S. 61 f., sowie die Ausfertigung in Justiz-Ministerium Nr. 739/14, S. 191 ff.

168 Justiz-Ministerium Nr. 739/14, S. 189.

habe.[169] Die Landesregierung schrieb demzufolge an das vereinigte Kriminalamt Leipzig, dass „der dem Woyzeck zuerkannten Strafe […] gebührend nachgegangen werden" sollte.[170] Anfang August wies das vereinigte Kriminalamt Leipzig die Landesregierung auf einen erneuten Einspruch des Verteidigers hin.[171] Dieser wurde jedoch von der Landesregierung abschlägig beschieden.[172]

4. Die Hinrichtung

Der Kriminalrichter Dr. Deutrich schlug dem Stadt-Magistrat zu Leipzig daraufhin am 16. August 1824 einen Hinrichtungstermin noch im August, nämlich am 27. vor.[173] Ebenfalls vom 16. August 1824 datiert das Vorwort zu dem zweiten Gutachten, das Clarus noch vor der Hinrichtung als 60 seitige Monografie veröffentlichte. Wegen des großen öffentlichen Interesses an dem Fall ging man davon aus, dass viele Menschen den Akt der Hinrichtung verfolgen wollten. Daher fand sich am 19. August auch der Aktenvermerk, „daß die Ausgabe der Billets an die Zuschauer durch die Rathsstube verfügt und besorgt worden" sei.[174] Am 21. August erschien im Leipziger Tageblatt die Anzeige, dass das Gutachten von Clarus „so eben […] fertig geworden und bei Unterzeichnetem zu haben" ist.[175] Am 23. August 1824 wurde auf einem zweiseitigen Druckblatt des Leipziger Stadtmagistrats

---

169 A.a.O., S. 195.

170 Staatsarchiv Dresden, Landesregierung Loc. 31130, S. 64.

171 A.a.O., S. 65 f.

172 A.a.O., S. 67.

173 Dieses Zitat findet sich in der „Acta", Bl. 236. Leider habe ich diese Quelle nicht im Original, so dass das Zitat nach *Walter*, Der Fall Woyzeck. Eine Quellen-Dokumentation, in: Georg Büchner Jahrbuch 7 (1988/1989), S. 351, 370.

174 Dieses Zitat ist ebenfalls aus der „Acta", Bl. 239. Zitiert nach *Walter*, a.a.O., S. 371.

175 Leipziger Tageblatt, Nr. 52, 21. August 1824, S. 210.

folgendes zur öffentlichen Sicherheit während der Hinrichtung Woyzecks bekannt gegeben:

> „Nächst bevorstehendem Freytag den Sieben und Zwanzigsten des Monats August, wird auf diesem Markte, der zum Tode verurtheilte Delinquent, Johann Christian Woyzeck hingerichtet werden. Wir dürfen nun zwar voraussetzen, daß sämmtliche Bürger und Einwohner der Stadt Leipzig, von selbst geneigt seyn werden, ihrer Seits sich so zu benehmen, daß die gewohnte Ruhe und Ordnung, auch bey der Eingangs erwähnten Execution, in irgend einer Art nicht gestöhrt werde, und ist es daher nur eine Erinnerung an die Mittel zur Erhaltung der Ruhe und Ordnung, wenn wir die gesammte hiesge Einwohnerschaft auffordern, sich selbst still zu bezeigen, und alle Ungelegenheit zu vermeiden, auch die Ihrigen, insbesondere Lehrpursche und Gesinde, möglichst zu Hause zu halten, ferner daß diejenigen, welche auf dem Markt, wo die Execution erfolgen soll, sich begeben und Letztere mit ansehen wollen, sich allen ungestümen Drängens schlechterdings enthalten.
>
> Sollte aber wider Erwarten, irgend Jemand dem entgegen handeln, so würde er die daraus entstehenden Unannehmlichkeiten und unausbleibliche Strafe, sich selbst beymessen müssen.
>
> Zur Sicherung des Publikum ist die Anordnung getroffen worden, daß am 27. August von früh sieben Uhr an bis nach beendigter Execution, die sämmtlichen innern Stadt=Thore für Wagen gesperrt werden, auch Wagen den Marktplatz und die dahin führenden Straßen und Gassen schlechterdings nicht befahren dürfen, so wie, wegen der Lebensgefahr, die für die Untenstehenden aus dem Herabfallen der Ziegel und sonst erwachsen könnte, hiermit auf das gemessenste, und bey Vermeidung von Zehn Thalern Strafe untersagt wird, in den Häusern um den Marktplatz herum und in dessen Nähe, die Dächer aufzudecken, oder gar Gerüste anzubringen, auch dürfen, während der Hinrichtung, auf dem ganzen Marktplatze und in den Straßen und Gassen in dessen Nähe, Wagen, Fässer und dergleichen für Zuschauer, schlechterdings nicht aufgestellt werden.“[176]

---

176 Das zweiseitige Druckblatt befindet sich in Weimar, Nationale Forschungs- und Gedenkstätten der klassischen deutschen Literatur, Goethe- und Schiller-Archiv. Abgedruckt ist die Verordnung des Stadtmagistrats

Am 25. August und 26. August kurz vor der Hinrichtung erschien im Leipziger Tageblatt ein Bericht zu Woyzecks Tat und seinem Leben vom Redakteur Ernst Müller.[177] Am Tag der Hinrichtung wurden dann in den Akten nochmals strengste Sicherheitsmaßnahmen angeordnet. Außerdem wurde verfügt: „Frauenzimmer sollen gar nicht auf das Rathhaus gelassen werden, auch in die Expeditionen nicht“.[178] Bereits um 4 Uhr morgens am Hinrichtungstag versammelten sich die Verantwortlichen auf der Polizeiwache.[179] Als Woyzeck zum Marktplatz geführt wurde, umringten etwa 5000 Zuschauer das Schafott. Der Magistrat hatte zuvor extra Tribünen errichten lassen.[180] Dokumentiert wurde der Hinrichtungstag in den „Nachrichten, die Hegung des hochnothpeinlichen Halsgerichts und darauf erfolgende Execution betrf.“. Das handschriftliche Protokoll über die Hinrichtung wird vom Museum für Geschichte der Stadt Leipzig verwahrt.[181] Darin wurde vermerkt:

> „Den 27. August 1824 wurde Johann Christian Woydoeck[182], mit dem Schwerdte vom Leben zum Todte gebrach(t) und auf erfolgte Requisition E. Wohllöbl. CriminalAmts hat der Gerichtsfrohn Nachstehendes dabey zu verrichten gehabt.

---

zu Leipzig bei *Glück*, Der historische Woyzeck, in: Georg Büchner. Der Katalog, 1987, S. 314, 320.

177 Leipziger Tageblatt, Nr. 56, S. 225 f. und Nr. 57, S. 229 ff.

178 Dieses Zitat findet sich wiederum in der „Acta“, Bl. 245 f. und wird daher zitiert nach *Walter*, Der Fall Woyzeck. Eine Quellen-Dokumentation, in: Georg Büchner Jahrbuch 7 (1988/1989), S. 351, 371.

179 Acta, Bl. 256 f., zitiert nach *Walter*, a.a.O., S. 372.

180 *Glück*, Der historische Woyzeck, in: Georg Büchner. Der Katalog, 1987, S. 314, 322.

181 Eine Ablichtung der ersten Seite findet sich bei *Glück*, a.a.O., S. 314, 323.

182 Der Name wurde in den diversen Dokumenten sehr unterschiedliche geschrieben. Im ersten Zeitungsartikel der Nürnberger Zeitung „Der Korrespondent von und für Deutschland“ vom 9. Juni 1821 stand „Wossek“. Ansonsten wird noch auch die Schreibweisen „Woyetz, Woizeck, Woicek und Woydocok“ verwiesen, vgl. *Walter*, a.a.O., S. 351, 374.

> Des Morgens gegen 8 ½ Uhr begaben sich der Herr CriminalRichter aus dem CriminalAmt über den Naschmarkt aufs Rathhaus in die Rathsstube, wobey der Gerichtsfrohn mit entblößten Schwerdte in der rechten und dem weißen Stäbchen in der linken Hand, dem Zuge vorangieng.
>
> Um 9 Uhr verfügten sich der Herr CriminalRichter, die Herrn Schöppen und sämmtliche Herrn Assesores, zu Heegung des peinlichen Halsgerichts aus der Rathsstube auf die auf dem großen Rathhaussaale errichtet Erhöhung, wobey der Gerichtsfrohn ebenfalls mit dem entblößten Schwerdte und dem weißen Stäbchen den Zug eröffnete, beydes auf den Tisch des Herrn CriminalRichters legte, und sich alsdann auf die zwote Stufe der Erhöhung, mit dem Gesicht nach der großen Rathhausthüre gewendet, stellte.
>
> Auf die Worte des Herrn CriminalRichters:
>
> 'Gerichtsfrohn, rufet aus, daß das peinliche Halsgericht geheget werden soll nach peinlicher Art, wie es sich eignet und gebühret'
>
> ging der Gerichtsfrohn an den Tisch des Herrn CriminalRichters, ergriff das Schwerdt, begab sich wieder an die Stufen und rufte nach der großen Rathaustreppe gewendet aus:
>
> 'Auf Befehl des Herrn CriminalRichters der Stadt Leipzig, Dr. Christian Adolph Deutrich. Es soll das peinliche Halsgericht gehegt werden wie Recht ist und Gebrauch nach peinlicher Art, wie es sich eignet und gebühret. Der ist verfallen harter Strafe, wer es wagt das Gericht zu stören'."[183]

Im weiteren Verlauf des Berichts wurde wiedergegeben, dass der Inquisit vorgeführt und dann der Scharfrichter gerufen wurde. Der Gerichtsfrohn rief laut Protokoll sodann:

> „'Johann Christian Woydoeck soll dem Urtheil und Höchsten Befehl zu Folge mit dem Schwerdte vom Leben zum Tode gebracht werden. Auf Befehl des Herrn CriminalRichters der Stadt Leipzig, D. Christian Adolph Deutrich rufe ich dem Scharfrichter ein siche-

---

183 Abgedruckt bei *Mayer*, Ein unbekanntes Dokument zur Hinrichtung Johann Christian Woyzecks, in: Georg Büchner Jahrbuch 5/1985, 1986, S. 347 f.

res Geleit aus. Der ist verfallen des Gerichts Strafe, wer es wagt an ihn sich zu vergreifen'."[184]

Im Anschluss wurde berichtet, dass der Inquisit zur Hinrichtung abgeführt wurde und sich der Criminalrichter auf den am Rathause befindlichen Altan begab. Ein Zeitzeuge schrieb zur Hinrichtung Woyzecks in sein Tagebuch, dass das Schafott mitten auf dem Markt aufgebaut war. Der Delinquent kam gegen halb 11 Uhr aus dem Rathaus, begleitet von Hänsel und Goldhorn.[185] Ratsdiener gingen voran sowie rechts und links. Woyzeck ging mit viel Ruhe allein auf das Schafott, kniete nieder und betete, band sich selbst das Halstuch ab und setzte sich auf den Stuhl. Mit großer Geschicklichkeit, so der Tagebucheintrag, hieb ihm der Scharfrichter den Kopf ab.[186]

Das Richtschwert, mit dem Woyzeck angeblich enthauptet wurde und das sich im Museum für Geschichte der Stadt Leipzig befindet, gehörte dem Leipziger Scharfrichter Friedrich Gebhard. Allerdings wurde Woyzeck nachweislich des Kurzprotokolls zur Hinrichtung von Johann Körzinger enthauptet.[187] Einen Tag nach

184 A.a.O., S. 348.

185 Neben dem Verteidiger Hänsel begleitete der Theologe Johann David Goldhorn Woyzeck auf seinem Weg zum Schafott.

186 Tagebuch des Leipziger Bürgerschullehrers, Musikers und Gelegenheitsdichters Ernst Anschütz vom gleichen Tag, wiedergegeben in *Glück*, Der historische Woyzeck, in: Georg Büchner. Der Katalog, 1987, S. 314, 321. Auf S. 322 a.a.O. finden sich die letzten Worte Woyzecks. Weitere Zeitdokumente zur Hinrichtung bei *Pabst*, Zwei unbekannte Berichte über die Hinrichtung Johann Christian Woyzecks, in: Georg Büchner Jahrbuch 7 (1988/1989), S. 338 ff.

187 Vgl. „Acta", Bl. 275, zitiert nach *Walter*, Der Fall Woyzeck. Eine Quellen-Dokumentation, in: Georg Büchner Jahrbuch 7 (1988/1989), S. 351, 374. Vgl. auch *Walter*, […] der Vollstreckung der Strafe soll gebührend nachgegangen werden. […] Eine Quellen-Dokumentation zum Prozeß des Johann Christian Woyzeck, in: Sohl (Hrsg.), Leipzig. Aus Vergangenheit und Gegenwart, Bd. 6, 1989, S. 35, 63. Auch aus der Danksagung des Scharfrichters Körzinger im Allergnädigst privilegirtes Leipziger Tageblatt vom 31.8.1824, S. 256, ergibt sich dies.

der Hinrichtung berichtete das vereinigte Kriminalamt Leipzig an die Landesregierung, dass das Urteil vollstreckt worden ist:

> „Ew: Königl. Majestät zeigen wir hierdurch unterthänigst an, daß gestrigen Tages der Inquisit, Johann Christian Woyzeck, auf dem Markte enthauptet worden ist und daß hierbey sich durchaus kein Unglücksfall zugetragen hat, noch irgend eine Störung der öffentlichen Sicherheit vorgefallen ist."[188]

Nach der Hinrichtung brachte das Allergnädigst privilegirte Leipziger Tageblatt einen Bericht über die Exekution und ein kurze Todesmeldung zu Woyzeck.[189] Zwei Tage nach der Hinrichtung hielt M. Gustav Krüger eine Nachmittagspredigt an der Universitätskirche zu Leipzig.[190]

Aus einem Brief von dem Jurastudenten aus Leipzig Alexander Karl Hermann Braun an seinen Vater ergibt sich, dass Woyzecks Körper der Anatomie überführt und seziert wurde. Braun schrieb u.a.:

> „Doch kam der Körper auf die Anatomie, wurde hier secirt, und es ergab sich, was jener[191] behauptet hatte, nämlich daß der Delinquent in allen Theilen des Körpers vollkommen gesund gewesen war. Ich habe ihn auch auf der Anatomie gesehn, nicht lange nach der Hinrichtung. Es war in Leipzig seit 34 Jahren keiner hingerichtet worden."[192]

---

188 Staatsarchiv Dresden, Landesreg. Loc. 31130 Bl. 71.

189 Allergnädigst privilegirtes Leipziger Tageblatt, Nr. 59 v. 28.8.1824, S. 1 sowie Nr. 60 v. 29.8.1824, S. 247.

190 Predigt am elften Sonntage nach Trinitatis zwei Tage nach der Hinrichtung des Mörders Woyzeck gehalten von M. Gustav Krüger. Nachmittagsprediger an der Universitäts=Kirche in Leipzig, Leipzig 1824, Museum für Geschichte der Stadt Leipzig. Ein Auszug aus der Predigt findet sich bei *Mayer*, Georg Büchner. Woyzeck. Dichtung und Wirklichkeit, 1963, S. 142 f.

191 Bezogen auf Clarus.

192 Leipzig, den 1.9.1824, Universitätsbibliothek Leipzig, zitiert nach *Walter*, Der Fall Woyzeck. Eine Quellen-Dokumentation, in: Georg Büchner Jahrbuch 7 (1988/1989), S. 351, 378.

Nicht nur Clarus trug durch Veröffentlichung seines zweiten Gutachtens als Monografie kurz vor der Hinrichtung Woyzecks zur Popularität des Falles und schließlich zum psychiatrischen und strafrechtlichen Diskurs bei. Da seit 1790 in Leipzig auf Hinrichtungen generell verzichtet worden war, hätte die öffentliche Enthauptung Woyzecks zugleich Zündstoff in der Debatte über die Sinnhaftigkeit der Todesstrafe sein können. Dass sie dies nicht war, ist dem Umstand geschuldet, dass schon früh durch Veröffentlichung des zweiten Clarus-Gutachtens der Fokus auf der Zurechnungsfähigkeit lag.[193]

Neben der wissenschaftlichen Auseinandersetzung gleich auf mehreren inhaltlichen Ebenen wurde noch im Jahr 1824 in Commission von P. Fr. Vogel ein 21 seitiges Büchlein mit dem Titel „Curiöse Gespräche zwischen Prohaska, Jonas und dem Friseur Woyzeck“ für einen Groschen verkauft, in dem in Form eines Gesprächs das Leben, die Tat, eine kurze Beschreibung des Verfahrens sowie Woyzecks Abschied nachgezeichnet werden.[194]

5. Die Debatten

a) Der Streit zwischen Befürwortern und Gegnern der Todesstrafe

Bereits kurz nach der Verhaftung Woyzecks hatte sich ein namhafter Gegner der Todesstrafe, der Leipziger Staatsrechtler Johann Adam Bergk, in das Verfahren eingeschaltet – allerdings nicht, um eine grundsätzliche Debatte über die Todesstrafe zu

---

193 Hierzu gleich im Zweiten Kapitel 5a.

194 Das Büchlein befindet sich im Museum für Geschichte der Stadt Leipzig, eine Abbildung findet sich bei *Glück*, Der historische Woyzeck, in: Georg Büchner. Der Katalog, 1987, S. 314, 324. Ein Auszug ist abgedruckt bei *Mayer*, Georg Büchner. Woyzeck. Dichtung und Wirklichkeit, 1963, S. 144 ff. Der Untertitel des Heftes lautet: „Nebst Woyzecks vollständiger Lebensbeschreibung und dessen lehrreichen Abschiedsworten von seinen Freunden und Bekannten“.

führen, sondern um auf Wahnvorstellungen des Delinquenten aufmerksam zu machen.[195] Zur Todesstrafe hatte Bergk bereits Ende des 18. Jahrhunderts Stellung bezogen, allerdings konstatiert, dass die Verteidiger der Todesstrafe erheblich zahlreicher seien, als ihrer Gegner.[196] Er wies in dieser Schrift darauf hin, dass die Argumente für und wider die Todesstrafe weniger deren rechtliche Legitimität betrafen, als vielmehr Notwendigkeit, Nützlichkeit oder moralische Zulässigkeit derselben.[197] Am Ende, so formulierte es Feder schon Jahre vorher, stehe nicht die Rechtmäßigkeit der Todesstrafe, sondern nur die Frage, inwieweit sie notwendig oder entbehrlich ist.[198] Während des Verfahrens gegen Woyzeck sprach sich Prinz Friedrich August gegen die Todesstrafe und für eine Umwandlung in eine Zuchthausstrafe aus.[199] In Leipzig wurde seit 1790 kein Delinquent mehr hingerichtet, auch deswegen drängten sich auf dem Marktplatz ca. 5000 Zuschauer.[200] Clarus nutzte sein Vorwort zum 2. Gutachten, dass vor der Hinrichtung käuflich erworben werden konnte, um sich ganz klar für die Todesstrafe auszusprechen. Neben

---

195 *Greiner*, Juridischer und ästhetischer Diskurs am Fall 'Woyzeck', in: Greiner / Thums / Graf Vitzthum (Hrsg.), Recht und Literatur. Interdisziplinäre Bezüge, 2010, S. 295, 301.

196 *Bergk*, Des Marchese Beccaria's Abhandlung über Verbrechen und Strafen: Von neuem aus dem Italiänischen übersetzt. Mit Anmerkungen von Diderot, mit Noten und Abhandlungen vom Uebersetzer, mit den Meinungen der berühmtesten Schriftsteller über die Todesstrafe nebst einer Kritik derselben, und mit einem Anhange über die Nothwendigkeit des Geschwornengerichts und über die Beschaffenheit und die Vortheile desselben in England, Nordamerika und Frankreich, 1798, S. 207.

197 *Bergk*, a.a.O., S. 196 ff., 206 ff.

198 So bereits der in Göttingen lehrende Philosophieprofessor *Feder*, Ueber die Todesstrafe. Anmerkungen zur Erläuterung des Streits und zur näheren Bestimmung des Ziels der Untersuchung, 1777, S. 40.

199 Vgl. oben Zweites Kapitel 3.

200 *Glück*, Der historische Woyzeck, in: Georg Büchner. Der Katalog, 1987, S. 314, 322.

dem Hinweis auf das Gesetz und „zur Ordnung des Ganzen“,[201] spielte Clarus auf die Abschreckung des Aktes der Hinrichtung an:

> „Möge die heranwachsende Jugend bei dem Anblicke des blutenden Verbrechers, oder bei dem Gedanken an ihn, sich tief die Wahrheit einprägen, daß Arbeitsscheu, Spiel, Trunkenheit, ungesetzmäßige Befriedigung der Geschlechtslust, und schlechte Gesellschaft, ungeahnet und allmählich zu Verbrechen und zum Blutgerüste führen können. – Mögen endlich alle, mit dem festen Entschlusse, von dieser schauerlichen Handlung, zurückkehren: Besser zu seyn, damit es besser werde.“[202]

Während nach dem Tod Woyzecks zwar eine hitzige Debatte um die Frage der Zurechnungsfähigkeit entbrannte, spielte die Frage nach Sinn und Zweck der Todesstrafe nur eine untergeordnete Rolle. Dies ist umso erstaunlicher, als dass in vergleichbaren Fällen preußische Gerichte zwar ein Todesurteil verhängten, dies aber jeweils vom König auf Empfehlung seines Justizministers in lebenslängliche Zuchthausstrafe umgewandelt wurde.[203] Im Fall Woyzeck nun verweigerte der König eine Umwandlung der Todesstrafe, die die sächsischen Gerichte wiederholend verhängt hatten. Mehrfach lehnte er Gnadengesuche der Verteidigung ab.

Campe äußert meiner Meinung nach zutreffend die Vermutung, dass durch Veröffentlichung des zweiten Clarus-Gutachten noch vor der Hinrichtung zum einen der Magistrat eine Rechtfertigung der Todesstrafe präsentierte zum anderen das befürchtete „Mitleid“ der „Gebildeten und Fühlenden“[204] in die Schranken verwiesen werden sollte,[205] um sozusagen die Empörung über die

---

201 *Clarus*-Gutachten, a.a.O., S. VII.

202 *Clarus*-Gutachten, a.a.O., S. VIII.

203 Z.B. bei *Schmolling*, s. Zweites Kapitel 6c.

204 So das *Clarus*-Gutachten bereits im Vorwort auf S. III.

205 *Campe*, Johann Franz Woyzeck. Der Fall im Drama, in: Niehaus / Schmidt-Hannisa (Hrsg.), Zurechnungsfähigkeiten. Diskursivierungen unfreier Bewusstseinszustände seit dem 18. Jahrhundert, 1998, S. 209, 215 f.

Todesstrafe an sich gar nicht erst aufkommen zu lassen. Durch die frühe Repräsentation des Gutachtens fokussierte sich die Debatte auf die Zurechnungsfähigkeit. Auch Büchners Drama setzt sich inhaltlich nicht mit der Todesstrafe auseinander.

b) Die Zurechnungsfähigkeit

Das Thema der Zurechnungsfähigkeit war in den Jahren nach der Jahrhundertwende das zentrale Diskussionsthema nicht nur in den Fachkreisen der Jurisprudenz und Medizin, sondern auch in einer breiteren Öffentlichkeit.[206] Dabei spielte die Frage der Zurechnungsfähigkeit natürlich schon früher eine Rolle bei der Beurteilung eines strafrechtlichen Sachverhalts. Bereits im Mittelalter wirkte sich in diversen Landfrieden die psychische Konstitution des Täters auf die Bewertung strafbaren Verhaltens aus. Der Sachsenspiegel schloss die strafrechtliche Verantwortlichkeit bei psychischer Unreife des Täters und bei psychisch Kranken aus.[207] Auch in der Constitutio Criminalis Carolina spielte die Frage der Zurechnungsfähigkeit eine Rolle, in Fällen der fehlenden oder verminderten Zurechnungsfähigkeit verwies sie an den Rat der Rechtsverständigen.[208] Allerdings – und das macht der Verweis auf die „Rechtsverständigen" deutlich – war die Beurteilung fest in juristischer Hand. Eine Zuziehung ärztlicher Sachverständiger zur Beurteilung abnormer psychischer Verfassungen war bis ins

---

206 *Reuchlein*, Das Problem der Zurechnungsfähigkeit bei E.T.A. Hoffmann und Georg Büchner. Zum Verhältnis von Literatur, Psychiatrie und Justiz im frühen 19. Jahrhundert, 1985, S. 10.

207 Allerdings war für den Geisteskranken oder Besinnungslosen der jeweilige Vormund zum Schadensausgleich verpflichtet (Sachsenspiegel III, Art. 3), vgl. *Eckhardt*, Germanenrechte: Texte und Übersetzungen, Neue Folge, 1955, S. 195.

208 *Schaffsteiner*, Die Carolina in ihrer Bedeutung für die strafrechtliche Begriffsbildung, in: Ders., Abhandlungen zur Strafrechtsgeschichte, 1986, S. 65, 68.

ausgehende 18. Jahrhundert nicht selbstverständlich.[209] Zudem waren die Gründe der Unzurechnungsfähigkeit eng begrenzt auf die Kindheit und auf offenkundige Geisteskrankheiten.[210] Dies änderte sich, als durch die Aufklärung und Naturrecht nicht nur die Systematisierung des deutschen Strafrechts vorangetrieben wurde,[211] sondern auch das Prinzip der Willensfreiheit im Rahmen der Zurechnungsproblematik in den Fokus der Diskussion rückte. Im 18. Jahrhundert fanden allgemeine philosophische Erwägungen Einzug in das „Experimentierfeld“ Strafrecht,[212] die Elementarbegriffe des Strafrechts beeinflussten. Daher wurde die Frage nach der Verantwortlichkeit eines Täters für seine Tat immer stärker mit der philosophischen Debatte um Determinismus oder Indeterminismus verknüpft.[213] Während unter den Philosophen die Frage nach der Willensfreiheit des Menschen höchst umstritten war, übernahm die Strafrechtswissenschaft „naiv“[214] den indeterministischen Standpunkt. Der Begriff der Willensfreiheit im Zusammenhang mit Strafe und Verantwortung war in der juristischen Strafrechtswelt communis opinio.[215] Im

209 *Reuchlein*, a.a.O., S. 13.

210 *Greve*, Die Unzurechnungsfähigkeit in der „Criminalpsychologie des 19. Jahrhunderts, in: Niehaus / Schmidt-Hannisa (Hrsg.), Unzurechnungsfähigkeiten. Diskursivierungen unfreier Bewusstseinszustände seit dem 18. Jahrhundert, 1998, S. 106, 116.

211 *Eb. Schmidt*, Einführung in die Geschichte der deutschen Strafrechtspflege, 1951, S. 151 f.

212 So *Stübinger*, Schuld, Strafrecht und Geschichte. Die Entstehung der Schuldzurechnung in der deutschen Strafrechtstheorie, 2000, S. 59.

213 *Schiemann*, Unbestimmte Schuldfähigkeitsfeststellungen. Verstoß der §§ 20, 21 StGB gegen den Bestimmtheitsgrundsatz nach Art. 103 II GG, 2012, S. 109.

214 So *Holzhauer*, Willensfreiheit und Strafe. Das Problem der Willensfreiheit in der Strafrechtslehre des 19. Jahrhunderts und seine Bedeutung für den Schulenstreit, 1970, S. 59.

215 *Schiemann*, a.a.O., S. 111.

Allgemeinen Landrecht für die Preußischen Staaten von 1794 wurde daher festgelegt:

> „Wer frey zu handeln unvermögend ist, bei dem findet kein Verbrechen, also auch keine Strafe statt.“[216]

Der Preis dieser Neuausrichtung war, dass die zuvor klar umrissenen, engen Kriterien, die eine Unzurechnungsfähigkeit begründeten, einer sehr weiten Auslegung weichen mussten. Die Auslegung dessen, wer frei handelte, wurde dadurch erschwert, dass der strafrechtliche Begriff der Willensfreiheit rechtlich zunächst vollkommen undefiniert war.[217] Dies führte dazu, dass nicht nur klar umrissene Krankheitsbilder zum Ausschluss der Zurechnungsfähigkeit führten, sondern zuvor allgemeine Überlegungen zur Willensfreiheit angestellt wurden, die leicht in moralische Beurteilungen abgleiten konnten. Dies wurde auch im Fall Woyzeck deutlich, als Clarus in seinem ersten Gutachten von einer „moralischen Verwilderung“ sprach.[218] Das Prinzip der Willensfreiheit bewirkte aber auch, dass Vorgänge in der Psyche des Menschen immer stärker in den Vordergrund der Strafrechtswissenschaft rückten. Zudem führte die sich gerade entwickelnde Disziplin der Psychologie und Psychiatrie sowie neue Erkenntnisse der Medizin zu einer Ausfüllung des Begriffs der Unzurechnungsfähigkeit mit neuen Krankheitsbildern.[219] Die Fälle anerkannter Unzurechnungsfähigkeit wurden erheblich ausgeweitet und führten zu den bereits oben erwähnten recht bizarren psy-

---

216 Preußisches Allgemeines Landrecht, Teil II, Titel 20, Abschnitt I, § 16.

217 *Detlefsen*, Grenzen der Freiheit – Bedingungen des Handelns – Perspektive des Schuldprinzips, 2006, S. 98.

218 *Clarus*, Gutachten über den Gemüthszustand des Inquisiten Johann Christian Woyzeck, eingegeben den 20. Sept. 1821, in: Henke, Zeitschrift für die Staatsarzneikunde 1826, 5. Ergänzungsheft, S. 133, 147.

219 *Greve*, S. 106, 116.

chischen Krankheiten wie Schwangerschaft, Schlafzuständen oder fixen Ideen.[220]

Neben dieser Expansion psychischer Erkrankungen gab es eine Kontroverse zwischen den Fachrichtungen der Psychiker und Somatiker. Diese beiden Positionen innerhalb der Psychiatrie hatten dabei primär Auswirkungen in der Gerichtspsychiatrie und konnten hier über Leben und Tod entscheiden.[221] Die Psychiker vertraten unter Verweis auf die freie Selbstbestimmung und Eigenverantwortlichkeit des Menschen die Auffassung, dass psychische Krankheiten Folge eines unmoralischen Lebenswandels seien und als Krankheit der immateriellen Seele auftreten. Sittliches Handeln war danach eine wichtige Voraussetzung, um psychisch gesund zu bleiben. Wichtigste Vertreter waren Carl Wilhelm Ideler, Johann Christian August Clarus und Johann Christian August Heinroth.[222] Die beiden Gutachten zum Fall Woyzeck lassen die Einstellung Clarus sehr deutlich werden, indem er immer wieder die freie Selbstbestimmung Woyzecks in Beziehung zu seinem unsittlichen Lebenswandel setzte. Die Somatiker vertraten dagegen die Ansicht, dass es sich bei Geisteskrankheiten um organische Krankheiten handelte, die einer Funktionsstörung des Gehirns geschuldet waren. Die Seele an sich könne dagegen wegen ihres körperlosen Zustandes nicht erkranken. Außerdem vertraten die Somatiker einen deterministischen Standpunkt. Vertreter dieses Standpunktes waren Friedrich Nasse, Maximilian Jacobi, der Medizinalrat Carl Moritz Marc und der Professor für Philosophie Johann Christian August

---

220 Vgl. oben Zweites Kapitel 2. Außerdem unter Benennung zahlreicher Lehrbücher des Strafrechts zu jener Zeit, in der diese Monomanien aufgegriffen wurden *Greve*, a.a.O., S. 106, 117.

221 *Schmaus*, Psychosomatik. Literarische, philosophische und medizinische Geschichten zur Entstehung eines Diskurses (1778–1936), 2009, S. 171.

222 *Preining*, Ver-rückt. Die Rolle des Wahnsinns in Georg Büchners Werken Woyzeck und Lenz, 2011, S. 9.

Grohmann.[223] Insofern wurde die Debatte um die Willensfreiheit nicht nur in die Rechtswissenschaft, sondern auch in die Medizin und Psychiatrie transportiert. Jenseits der Gerichtsbarkeit waren die Unterschiede zwischen Psychikern und Somatikern aber keinesfalls so trennend, wie dies der Diskurs um spektakuläre Fälle der damaligen Zeit vermuten lässt. Vielmehr gingen beide Richtungen von einem ganzheitlichen Krankheitsansatz aus und nahmen weder eine strikte Trennung von Körper und Seele noch eine Reduktion des einen auf das andere vor.[224] So schrieb Heinroth in seinem Lehrbuch einführend:

> „Nehmlich, wir versuchen vergebens den Leib von der Seele, die Seele vom Leibe zu trennen. Mit dem Begriffe: Ich, Mensch, Individuum, ist unabaenderlich der der Unzertrennlichkeit des Leibes und der Seele verbunden."[225]

Allerdings waren die Somatiker im Gegensatz zu den Psychikern so stark am Organischen orientiert, dass sie sich polemisch vorhalten lassen mussten, Seelenstörungen auf „alterirte Urin- und Darmsecretion" zu reduzieren.[226] Hier kann man eine der vielen Parallelen im literarischen Woyzeck erkennen, indem Büchner den Doktor täglich um eine Urinprobe des Woyzeck bitten lässt.

Daneben suchten aber sowohl Somatiker als auch Psychiker weitere Ursachen für eine Krankheit und nahmen psychophysische und soziale Gemengelagen in den Blick.[227] Dies wird deut-

---

223 *Preining*, a.a.O., S. 9 f. Ausführlich zu Psychikern und Somatikern *Schmaus*, a.a.O., S. 169 ff.

224 Ausf. *Schmaus*, a.a.O., S. 172 f.

225 *Heinroth*, Lehrbuch der Stoerungen des Seelenlebens. Erster oder theorethischer Theil, 1818, S. 5.

226 Dies warf Groos Jacobi vor, s. *Groos*, Der Geist der psychischen Arzneiwissenschaft in nosologischer und gerichtlicher Beziehung, in: Magazin für philosophische, medicinische und gerichtliche Seelenkunde 1831, H. 6, S. 1, 10.

227 Ausf. *Schmaus*, a.a.O., S. 174 f.

lich durch die Gutachten von Clarus, in dem Arbeitsscheu, Trunkenheit und schlechte Gesellschaft angeführt wurden, ohne allerdings hierin Aspekte zu sehen, die für eine Unzurechnungsfähigkeit sprechen. Soziale Aspekte führten aber bei Nasse zu der Überlegung, schon „das Entstehen jener Krankheiten“ in den Blick zu nehmen und nicht erst die Heilung, sondern bereits die Prävention in den Vordergrund zu stellen.[228] Neben den grundsätzlichen Übereinstimmung bei der Frage, welche Kriterien bei der gutachterlichen Stellungnahme zur Zurechnungsfähigkeit eine Rolle spielen sollten, sind die Divergenzen doch darin zu sehen, ob „die nächste Ursache der psychischen Krankheit in der Seele selbst oder im Leiblichen zu suchen“ war.[229] Der Katalog der Krankheitssymptome war dagegen wieder sehr ähnlich und war geprägt von der oben angesprochenen Ausweitung in Betracht kommender Krankheitsbilder.

Neben dem Somatiker-Psychiker-Streit rankte sich ein weiterer „Glaubenskrieg“ um die Frage nach dem partiellen Wahnsinn. Während man innerhalb der gerichtlichen Medizin noch im 18. Jahrhundert einhellig der Auffassung war, dass der Wahnsinn zwar nicht immer gleich auf Anhieb, jedoch bei näherer Betrachtung des Kranken und seines Lebenslaufs jederzeit unschwer und zweifelsfrei diagnostiziert werden konnte, setzte um die Wende zum 19. Jahrhundert eine Ausweitung des Wahnsinnsbegriffs ein, die eine definitive und verbindliche Krankheitsdiagnose erschwerte.[230] Unter diversen Begrifflichkeiten wie partiellem Wahnsinn, Manie ohne Delirium, Manie ohne Verkehrtheit, amentia occulta

228 *Nasse,* Die Aufgabe der Erforschung und Heilung der somatisch-psychischen Zustaende, in: Zeitschrift für die Beurteilung und Heilung der krankhaften Seele 1817, S. 1, 29.

229 *Friedreich,* Systematisches Handbuch der gerichtlichen Psychologie für Medicinalbeamte, Richter und Vertheidiger, 1835, S. 442. Zu den divergierenden Stellungnahmen *Schmaus*, a.a.O., S 175 f.

230 *Reuchlein,* a.a.O., S. 15.

u.ä. wurde eine spezielle Krankheitsform beschrieben, bei der es sich um eine partielle Störung des Willensvermögens handeln sollte, die den Verstand zwar nicht beeinträchtigte, aber zum unwiderstehlichen Zwang führte, ein bestimmtes Verbrechen zu begehen.[231] Wie die Ausführungen des Clarus-Gutachtens zeigen, war die Frage der Existenz eines solchen partiellen Wahnsinns durchaus umstritten und spielte auch im Fall Woyzeck eine Rolle.

Die Diskussion an sich über das neue Krankheitsbild führte allerdings dazu, dass ein ganz neues Feld auffälligen und abweichenden Verhaltens in den Bereich des Krankhaften rückte und insoweit auch in Strafverfahren durchaus eine Rolle spielen konnte. Die medizinisch-psychologische Kontroverse wurde so vor die Gerichte und hinein in die Strafrechtswissenschaft getragen. Dies führte zu dem Dilemma, dass die gerade aufstrebende Disziplin der gerichtlichen Medizin und Psychiatrie, die zunehmend vor Gericht zu Rate gezogen wurde und Anerkennung fand, wieder in ihrer Kompetenz von den Juristen angezweifelt wurde. Die Richter waren skeptisch, was fundierte Aussagen zur amentia occulta anbelangte und wurden darin noch bestärkt, indem die medizinischen Sachverständigen in Zweifelsfällen für den Angeklagten urteilten und ihn für unzurechnungsfähig erklärten.[232] Dies führte dazu, dass die Gerichte gerade bei Bejahung der amentia occulta durch den Sachverständigen, dieser Einschätzung nicht Folge leisteten, sondern die Delinquenten verurteilten.[233] Überhaupt wurde die Seriosität seitens der Jurisprudenz schon deswegen in Zweifel gezogen, weil im beginnenden 19. Jahrhundert nahezu jede Begutachtung der Zurechnungsfähigkeit dazu führte, dass die Sachverständigen die Unzurechungsfähigkeit

231 *Greve*, a.a.O., S. 106, 124.

232 *Henkelmann*, Der Arzt und Dichter Georg Büchner, 1976, S. 95.

233 *Kubik*, a.a.O., S. 163.

ihres Probanden bejahten. Wie bereits oben erwähnt kam es anlässlich einer von Meckel im Jahr 1820 veröffentlichten Statistik, in der in 42 Fällen aus den letzten 40 bis 50 Jahren lediglich zweimal gutachterlich die Zurechnungsfähigkeit erwiesen wurde,[234] zu einer aufgeregten Debatte um die offensichtlich vorherrschende exkulpationsfreudige Gutachterpraxis. Einige Juristen sahen sogar eine grundsätzliche Bedrohung darin, durch „Erfindung neuer Namen den Kreis der Zurechnungslosigkeitsgründe maßlos zu erweitern".[235] Groos bemerkte in seiner Schrift aus dem Jahr 1830:

> „[…] die Ausnahmen, durch die Aerzte und Psychologen hervorgehoben, haben die Regel bald umgestürzt, und die Zweifelhaftigkeit der Gemütszustände in Begehung von Verbrechen so viel als zur Regel selbst erhoben […]."[236]

Der Psychiater Heinroth forderte, dass „die gerichtliche Medizin" sich „nicht zur Entschuldigung aller möglichen Mordtaten herabwürdigen lassen" dürfe, wenn sie gleichzeitig Einfluss auf die Rechtsprechung nehmen wolle.[237] Außerdem war er der Überzeugung „daß bei psychisch=gerichtlichen Untersuchungen die Wissenschaft des somatischen Arztes unbrauchbar, und folglich ihre Anwendung zur Ausmittlung vorhandener oder nicht vorhandener Seelenstörungen ein falsches Verfahren sei".[238]

---

234 Vgl. die Statistik bei *Meckel*, Beiträge zur gerichtlichen Medizin, 1820, S. 59.

235 So *May*, Die strafrechtliche Zurechnung, 1851, S. 28.

236 *Groos*, Der Skepticismus in der Freiheitslehre, 1830, S. 3.

237 *Heinroth*, System der psychisch-gerichtlichen Medizin oder theoretisch-praktische Ausweisung zur wissenschaftlichen Erkenntniß und gutachtlichen Darstellung der krankhaften persönlichen Zustände, welche vor Gericht vorkommen, 1825, S. 20 f.

238 *Heinroth*, Psychisch=gerichtliche Medicin. Ueber das falsche ärztliche Verfahren bei criminalgerichtlichen Untersuchungen zweifelhafter Gemüthszustände, in: Zeitschrift für die Criminal-Rechts-Pflege in den preu-

Es wurde oben schon festgestellt, dass Clarus mit seinen beiden Gutachten sozusagen ein erstes, frühes Gegengewicht zu dieser unter den Sachverständigen üblichen Praxis, eine Unzurechnungsfähigkeit jedenfalls nicht auszuschließen, setzte. Es verwundert daher nicht, dass der Fall Woyzeck zu einer sich ausweitenden Debatte nicht nur unter den Medizinern, sondern auch den Juristen führte. Anlässlich des Falls prallten grundsätzliche Positionen und Wertevorstellungen aufeinander, die den wissenschaftlichen Diskurs anheizten und zu vielfältigen Veröffentlichungen in Fachzeitschriften führten.

Eine erste Rezension der Monografie von Clarus, also dem zweiten Gutachten im Fall Woyzeck, erschien bereits im September 1824 in der Jenaischen Allgemeinen Literatur-Zeitung von Fleischer.[239] Die von Goethe und Voigt 1804 gegründete Zeitung veröffentlichte Rezensionen aus allen Wissensgebieten, so dass ein breites Publikum angesprochen wurde, das weit über die medizinischen Kreise hinaus ging. Während Fleischer dem zweiten Clarus-Gutachten „mit Anerkennung, Zustimmung und Beyfall“ folgte,[240] konnte er dies für das erste Gutachten nicht gleichfalls behaupten. Vielmehr hielt Fleischer das erste Gutachten für „übereilt und oberflächlich“.[241]

Dem breiteren medizinischen Fachpublikum wurde das zweite Gutachten von Clarus durch Veröffentlichung in der Zeitschrift für Staatsarzneikunde des Gerichtsmediziners Henke im Jahre

---

ssischen Staaten mit Ausschluss der Rheinprovinz, 8. Band, 15. Heft, 1828, S. 95, 117.

239 *Fleischer*, Die Zurechnungsfähigkeit des Mörders Johann Christian Woyzeck, in: Jenaische Allgemeine Literatur-Zeitung, September 1824, Nr. 180, Sp. 473 ff. sowie Nr. 181, Sp. 482 ff.

240 *Fleischer*, a.a.O., Sp. 481.

241 *Fleischer*, a.a.O., Sp. 484.

1825 bekannt.[242] Der Herausgeber der Zeitschrift, selbst renommierter Gerichtspsychiater, verfasste zum Gutachten eine Vorbemerkung. Im Vorwort bekräftigte Henke, dass die Arbeit von Clarus „mit Scharfsinn und Gründlichkeit mehrere schwierige Aufgaben der gerichtlichen Medizin und Psychologie berührt" und es daher „verdient [...] in den Annalen der Staatsarzneikunde aufbewahrt zu werden".[243] Als Henke ein Jahr später das erste Clarus-Gutachten veröffentlichte, wiederholte er sein Lob in einem Nachwort:

> „Der Herausgeber wiederholt hier nur zum Schluß sein früher ausgesprochenes Urtheil, daß die Gutachten des Herrn H. Clarus zu den ausgezeichnetsten und gründlichsten gehören, die wir in diesem Fache besitzen und daß er Demselben in allen wesentlichen Punkten, die bei dem vorliegenden Falle die Entscheidung leiten und bestimmen konnten, vollkommen beipflichte."[244]

Die Ansicht von Henke wurde von dem Somatiker Marc nicht geteilt, der auf das zweite Gutachten von Clarus mit der Publikation „War der am 27ten August 1824 zu Leipzig hingerichtete Mörder Johann Christian Woyzeck zurechnungsfähig?" antwortete.[245] Marc war ein Landgerichtsphysikus und Arzt aus Bamberg, der die Thesen im Clarus-Gutachten beleuchtete und zu widerle-

---

242 *Clarus*, Die Zurechnungsfähigkeit des Mörders Johann Christian Woyzeck, nach Grundsätzen der Staatsarzneikunde aktenmässig erwiesen, Henke (Hrsg.), Zeitschrift für die Staatsarzneikunde, Viertes Ergänzungsheft 1825, S. 1 ff. Mit einem Vorwort von Henke, vgl. *Henke*, Zeitschrift für die Staatsarzneikunde, Viertes Ergänzungsheft, 1825, S. 1.

243 *Henke*, Zeitschrift für die Staatsarzneikunde Viertes Ergänzungsheft, 1825, S. 2.

244 *Henke*, Nachwort zu: Früheres Gutachten des Herrn Hofrath Dr. Clarus über den Gemüthszustand des Mörders Joh. Christ. Woyzeck, erstattet am 16. Sept. 1821, S. 149.

245 Als Monografie in Bamberg 1825 erschienen mit dem Untertitel: Enthaltend eine Beleuchtung der Schrift des Herrn Hofrath Dr. Clarus: 'Die Zurechnungsfähigkeit des Mörders Joh. Christ. Woyzeck nach Grundsätzen der Staatsarzneikunde aktenmäßig erwiesen.

gen versuchte. Dabei übernahm Marc – genau wie Clarus in seinem Gutachten – die Position des von außen beobachtenden Erzählers, der nun aber nicht mehr unmittelbar Woyzeck, sondern Woyzeck über die Beobachtung durch Clarus beobachtete. Durch diesen narrativen Kniff rückte Marc in die grammatikalische Position von Clarus, durch Verwendung von indirekter Rede und Konjunktivsetzung der Aussagen von Clarus, wird aus dortigen Gewissheiten subjektive Distanzierung vom „ist" zum „sey". Schon allein durch diesen sprachlichen Prozess gelang es Marc, die Aussagen des Gutachtens zu relativieren.[246]

Marc sah im Gegensatz zu Clarus in den angeführten Auffälligkeiten Woyzecks nicht nur eine „krankhafte Anlage", sondern bereits die Kennzeichen einer wirklichen Krankheit: „[…] nein, er war wirklich krank".[247] Als Somatiker zog Marc auch den Obduktionsbericht in seine Überlegungen mit ein und nahm die hohe Fettansammlung um Woyzecks Herz zum Anlass, auf eine schleichende Herzentzündung und einen „krankhaften Blutumtrieb" zu schließen.[248] „Die Anfälle von Blutdrang" übten nach Marc „grosse Gewalt auf Gehirn und Nerven" aus, so dass „die Seele durch diese körperlichen Leiden bedeutend leiden kann".[249] Das Rumoren und Knistern im Ohr Woyzecks sowie die ungewöhnlichen Ereignisse, Träume und Stimmen, die Clarus unabhängig von Woyzecks Psyche und seinen körperlichen Befindlichkeiten deutete, waren für Marc ganz zweifellos körperlicher Ursache und den großen Auswirkungen des Blutdrangs auf

---

246 Eindrucksvoll mit vielen Beispielen zu den narrativen Aspekten *Borgards*, Der Kontext als Text. Ein Lektürevorschlag für das zweite Clarus-Gutachten und die Debatte um Woyzecks Zurechnungsfähigkeit, in: Klotz / Portmann-Tselikas / Weidacher (Hrsg.), Kontexte und Texte: Soziokulturelle Konstellationen literalen Handelns, 2010, S. 245, 251 ff.

247 *Marc*, a.a.O., S. 38.

248 *Marc*, a.a.O., S. 40.

249 *Marc*, a.a.O., S. 48.

Gehirn und Nerven geschuldet, die die Seele in Mitleidenschaft gezogen hatten. Daraus folgte für ihn, dass Woyzeck nicht nur krank, sondern auch gemütskrank war, was den „Geist“ durch „ein Vorherrschen des Körpers in seiner Freiheit gehemmt“ hat.[250] Marc zitierte zur Stützung seiner Thesen den bedeutsamsten Gerichtspsychiater der damaligen Zeit und Herausgeber der Zeitschrift für Staatsarzneikunde Adolf Henke.[251] Zum einen könne die „Reizempfänglichkeit“ des Individuums „krankhaft erhöht“ sein, so dass „es nur des mindesten psychischen Anlasses“ bedürfe, „um einen gewaltsamen Ausbruch zu bewirken“. Zum anderen könne der „aufgeregte Krankheitsreiz den Ausbruch“ veranlassen, „wenn er periodisch auf das Gehirn einwirkt“.[252] Marc bekannte sich zur Existenz der amentia occulta und kritisierte die Begrenzung dieser Form durch Clarus:

> „Wenn die Eintheilung richtig wäre, so gäbe es keinen fixen partiellen Wahnsinn mehr, denn dieser ist ja nur auf einzelne fixe Ideen beschränkt, und kann übrigens mit ungestörter Verstandeskraft und selbst mit schärfe des Urteils verbunden seyn.“[253]

Durch diese weite Sichtweise machte sich Marc natürlich wieder angreifbar für die juristischen Skeptiker, die sich berechtigter Weise die Frage stellten, wie man eine amentia occulta feststellen sollte, die im Verborgenen wirkt.[254] Clarus dagegen wollte die amentia occulta durch seine Eingrenzung belastbar nachweisen, stand damit aber vor dem Dilemma, den partiellen Wahnsinn dann ggf. nicht aufspüren zu können und die Diagnose zu eng

---

250 *Marc*, a.a.O., S. 55.

251 Wobei Henke, wie oben erwähnt, das Gutachten von Clarus in seiner Zeitschrift mehrfach lobte.

252 *Marc*, a.a.O., S. 77 unter Zitierung *Henke*, Abhandlungen aus dem Gebiete der gerichtlichen Medicin: als Erläuterungen zu dem „Lehrbuche der gerichtlichen Medicin“, 1816, Bd. 2, S. 309.

253 *Marc*, a.a.O., S. 59.

254 *Kubik*, a.a.O., S. 163.

und wertungswidersprüchlich doch nur bei offenkundigem Wahnsinn anzunehmen. So forderte er zumindest vor, bei oder nach der Tat Abweichungen vom gesunden Seelenzustand und plädierte dafür, dass Sinnestäuschungen, die symptomatisch für eine Krankheit stehen, niemals isoliert auftreten. Marc hingegen kritisierte, dass Clarus eine isolierte Betrachtung der einzelnen Auffälligkeiten betrieben und nicht das Zusammenwirken der krankhaften Indizien bewertet habe. Dieses Zusammenwirken sprach nach Marc gerade für eine Gemütskrankheit Woyzecks. Hinzu kam der Vorwurf, dass Clarus durch die Begrenzung der amentia occulta im Hinblick auf das Alter, die Entwicklungsperioden oder die „erweisliche(r) Uebermacht ungewöhnlicher […] Anreizungen" letztlich durch Beschneidung des Definitionsbereichs eine neue und viel engere Form des versteckten Wahnsinns beschrieb, der sich nur auf Lebensabschnitte oder fest umrissene Tatmotive bezog. Dies war aber der Intention geschuldet, einer vermeintlich drohenden Inflation psychischer Störungsbilder entgegenzuwirken.[255] Marc dagegen appellierte an eine großzügigere Gerichtsbarkeit: „[…] sobald hergestellt ist, daß ein Mensch rasend, wahnsinnig, blödsinnig, närrisch u.s.w. ist, so kann er nicht für zurechnungsfähig erklärt werden […]".[256] Dies beinhaltete für ihn auch das Krankheitsbild der amentia occulta.

Außerdem sprach sich Marc gegen den von Clarus aufgestellten Grundsatz aus, dass es keine geminderte Zurechnungsfähigkeit gäbe. Diese Einteilung sei zu streng und widerspräche den bisher angenommenen Grundsätzen, da die Gesetzgebung Affekt und

---

255 So auch *Haack / Steinberg / Herpertz / Kumbler*, „Vom versteckten Wahnsinn". Ernst Platners Schrift „De amentia occulta" im Spannungsfeld von Medizin und Jurisprudenz im frühen 19. Jahrhundert, PsychiatPrax 2008, S. 84, 88.

256 *Marc*, a.a.O., S. 54.

Leidenschaften als Grund zur Milderung der Strafe bestimmen würde.[257]

Neben der Auseinandersetzung um die Unzurechnungsfähigkeit Woyzecks an sich, nutzte Marc in seiner Schrift die Gelegenheit, kritisch zur gerichtsärztlichen Gutachtenpraxis im sächsischen Königreich Stellung zu beziehen. Im Dienste der Wahrheitsfindung, so Marc, hätten noch ein bis zwei weitere Gerichtsärzte hinzugezogen werden sollen. Polemisch formulierte er dann, er könne

> „kühn behaupten, dass wenn dieser Fall tausend Gerichtsärzten zur Entscheidung vorgelegt worden wäre, keiner mit einer solchen Gewissheit, wie Hr. CL. es that, unter so schwierigen Umständen die Zurechnungsfähigkeit ausgesprochen haben würde.“[258]

Diese kühne Behauptung wird schon dadurch widerlegt, dass die medizinische Fakultät Leipzig die Einschätzung von Clarus teilte und Woyzeck für zurechnungsfähig erachtete.[259] Auch wenn die Wahrscheinlichkeit gering war, dass Clarus – als er mit dem zweiten Gutachten betraut wurde – von seiner ersten Einschätzung abweichen würde, so war diese Verfahrensweise doch schlicht den damaligen Verfahrensregeln geschuldet. Selbst Clarus hatte ja angeregt, dass der Kollege Heinroth mit einer weiteren Einschätzung beauftragt würde, dieser Anregung wurde jedoch im weiteren Verfahrensverlauf nicht nachgekommen. Marc wies in seiner Schrift auf die forensische Lösung in Bayern hin, nach der bei zweifelhaften Fällen mehrere Gutachten eingeholt werden konnten.[260] Allerdings griffen die territorialen Regelungen in Bayern nicht in Sachsen. Allein der König hätte es in der Hand gehabt, hier per Dekret jenseits der geltenden Verfah-

---

257 *Marc*, a.a.O., S. 55.

258 *Marc*, a.a.O., S. 80.

259 S. ausf. oben Zweites Kapitel 3.

260 *Marc*, a.a.O., S. 33 f.

rensvorschriften ein weiteres unabhängiges Gutachten zu veranlassen. Dass dies nicht geschehen ist und man sich in Sachsen an die geltende Rechtslage hielt, war Clarus nicht vorzuwerfen.

Die beiden Monografien von Clarus und Marc wurden von Berndt in der Zeitschrift „Kritisches Repertorium für die gesammte Heilkunde“ noch im Jahr 1825 rezensiert und somit auch die Auseinandersetzung einem breiteren wissenschaftlichem Publikum bekannt.[261] Dabei trat Berndt der Auffassung Clarus bei, Woyzeck habe lediglich „eine Anlage zur Bildung von Gemüthskrankheiten“, Marc konnte „er aber nicht beipflichten, dass dieselbe schon wirklich vorhanden war“.[262] Auch die Möglichkeit einer geminderten Zurechnungsfähigkeit verneinte Berndt:

> „Der gerichtliche Arzt hat über die vorhanden gewesene, oder nicht vorhanden gewesene Freiheit der Selbstbestimmung zu entscheiden, und er würde sich in ein unabsehbares Feld der Möglichkeiten verlieren, wenn er hierbei von Graden der Leichtigkeit oder Schwierigkeit ausgehen wollte.“[263]

Berndt war überdies der Auffassung, dass Marc den Begriff des Wahnsinns zu weit ausdehnte.[264] Allerdings schloss er sich den Einwendungen an, die Marc gegenüber den Einschränkungen Clarus im Hinblick auf die Lehre von der amentia oculta vorbrachte.[265]

---

261 *Berndt*, Die Zurechnungsfähigkeit des Mörders Joh. Christian Woyzeck, in: Kritisches Repertorium für die gesammte Heilkunde, Bd. 3, 1825, S. 171 ff.

262 *Berndt*, a.a.O., S. 200 f.

263 *Berndt*, a.a.O., S. 207.

264 *Berndt*, a.a.O., S. 212.

265 *Berndt*, a.a.O., S. 217. Dieser Teil der Beipflichtung der Marc’schen Beurteilung führte dann auch in der Folgeschrift von Marc zu einer Zitierung Berndts, der übrigens als Professor in Greifswald lehrte. Zum Zitat s. *Marc*, An Herrn Dr. und Professor J.C.A. Heinroth in Leipzig, als Sachwalter des Herrn Hofrahtes Dr. Clarus. Die Zurechnungsfähigkeit des Mörders J.C. Woyzeck betreffend, 1826, S. 46.

Insgesamt aber folgte Berndt dem Urteil von Clarus, dass Woyzeck zurechnungsfähig war.[266]

Darüber hinaus rezensierte Dr. Hasper in der Bibliothek der practischen Heilkunde die Monografien von Clarus und Marc.[267] Auch er positionierte sich ganz eindeutig und folgte Clarus. Er warf Marc gleich auf der ersten Seite seiner Ausführungen vor, sich „polemisch gegen die“ Schrift von Clarus gewandt zu haben.[268] Allerdings hielt sich auch Hasper mit Kritik an Marc nicht zurück und wandte – nicht gerade wissenschaftlich – im Hinblick auf die von Marc näher ausgeführte, bei der Obduktion festgestellte Fettansammlung des Herzens von Woyzeck, ein:

> „Die Leichenöffnung kann aber nichts gegen das beim Leben des Inquisiten ausgestellte Gutachten beweisen, gesetzt auch, sie hätte ein ganz unvermuthetes Resultat geliefert, was der Fall nicht ist, weil eine krankhafte Anlage des Herzens vermuthet wurde. Der Physikus konnte doch den Inquisiten nicht lebend seciren?“[269]

Daneben folgte er Clarus in seiner die Zurechnungsunfähigkeit prinzipiell restriktiv zusprechenden Haltung und kritisierte Marc für seine extensive Sichtweise. So schrieb er, Marc scheine

> „von der Meinung auszugehen, dass, so oft ein Zweifel über den Gemüthszustand eines Angeklagten entstehe, für den Gerichtsarzt weiter nichts zu tun sey, als sich nach Gründen umzusehen, die den

---

266 *Berndt*, a.a.O., S. 224.

267 Wobei er fälschlicher Weise den Namen Woyzeck als Wayzek schrieb, s. *Hasper*, in: Hufeland / Osann, Bibliothek der practischen Heilkunde, 1825, Bd. 33, October Stück, S. 229.

268 *Hasper*, a.a.O., S. 229. Demzufolge hielt Marc in seiner zweiten Schrift Hasper vor, dass er ihn „auf eine ganz besondere Weise kritisirte“ und „mit einer Unwahrheit begonnen“ habe, s. *Marc*, An Herrn Dr. und Professor J.C.A. Heinroth in Leipzig, als Sachwalter des Herrn Hofrahtes Dr. Clarus. Die Zurechnungsfähigkeit des Mörders J.C. Woyzeck betreffend, 1826, S. 79.

269 *Hasper*, a.a.O., S. 238.

> Zweifel bestätigen: d.h. so oft eine Seelenstörung möglich ist, so oft soll sie auch als wirklich angenommen werden."[270]

Der Fall Woyzeck wurde über die medizinisch-psychologische Debatte hinaus durch eine Veröffentlichung Hitzigs in der Zeitschrift fuer die Criminal-Rechts-Pflege in den preussischen Staaten mit Ausschluss der Rheinprovinzen auch dem juristischen Publikum bekannt. Er druckte dort eine kurze Rezension des 2. Clarus-Gutachtens sowie der Monografie von Marc ab, die auch eine Kurzzusammenfassung des Falls an sich enthielt.[271]

Der ab 1810 in Hamburg theoretische Philosophie und Rhetorik lehrende Prof. Johann Christian August Grohmann veröffentlichte ebenfalls 1825 in der Zeitschrift für die Anthropologie einen Aufsatz „Ueber die zweifelhaften Zustände des Gemüths; besonders in Beziehung auf ein von dem Herrn Hofrath Dr. Clarus gefälltes gerichtsärztliches Gutachten".[272] Dabei ist der Beitrag Grohmanns im Gegensatz zu dem von Marc grundsätzlicherer Natur. Es ging ihm also nicht um eine dezidierte Widerlegung der einzelnen Feststellungen Clarus, sondern um eine generelle Stellungnahme zu gerichtsärztlichen Gutachten und deren juristischer Einbettung in das Strafverfahren:

> „Ich spreche uebrigens, was wohl zu merken ist, hier und in der ganzen Abhandlung weniger von einem einzelnen Falle, als von einer gesammten Theorie und Norm, die vielleicht zur Analogie und Regel fuer abzufassende gerichtsaerztliche Gutachten aufgestellt werden sollte."[273]

Nach allgemeinen Ausführungen zu Gerechtigkeit, Strafe und Staatsarzneikunde, ging er auf die Lehre von der Freiheit und Unfreiheit des Willens ein, um sich dann der gerichtsärztlichen

---

270 *Hasper*, a.a.O., S. 247 f.

271 *Hitzig*, a.a.O, 1. Bd., 2. Heft, 1825, S. 487 ff.

272 Bd. 3, 1825, S. 299 ff.

273 *Grohmann*, a.a.O., S. 320.

Beurteilung zu widmen. Die Gerichtsmedizin sollte sich nun nach Grohmann weniger darum Gedanken machen, was für Folgewirkung eine weitreichende Unzurechnungsfähigkeitsbeurteilung für die Gerichte habe, als was eben nach psychologischen Lehrsätzen die Wahrheit wäre:

> „Und die gerichtliche Arzneiwissenschaft sollte sich daher am wenigsten um mögliche Folgesätze kümmern, was z.B. daraus werden solle, wenn nun die Verbrecher, statt geköpft zu werden, in das Arbeitshaus kommen, wie Raum und Aufsicht genug für solche Sträflinge herbeigeschafft werden solle; ob nicht am Ende selbst die Würde und Hoheit des Strafgerichts leiden möchte und die Verbrechen nur endlich noch vermehrt werden dürfen, wenn nach neueren psychologischen Lehrsätzen nämlich wahre Verbrecher als des Verbrechens unzurechnungsfähig mehr der bessernden als der letzten hochnothhalspeinlichen Gerechtigkeit übergeben würden.“[274]

Grohmann sprach sich – wie Marc – für eine somatische Sichtweise aus und nannte die Sinneshalluzinationen ein deutliches Zeichen für ein „tiefern Leid des Nerven= und Gehirnlebens“.[275] Statt oberflächliche Krankheitssymptome im Fall Woyzeck zu diagnostizieren, mahnte Grohmann die Notwendigkeit einer tiefer gehenden Analyse von Charakter und Habitus des Angeklagten an. Zudem folgte er Marc in seiner Einschätzung, was den partiellen Wahnsinn betraf:

> „Der Wahnsinn der verbrecherischen Handlung kann versteckter oder offenbarer, intermittierend oder permanent, er kann bloß eine Anwandlung von Wahnsinn, er kann ausgemachte Manie seyn.“[276]

Grohmann ging zudem explizit auf die Trunksucht Woyzecks ein. Zwar thematisierte dies auch Clarus und Marc, jedoch nur, um eine Alkoholisierung zum Tatzeitpunkt auszuschließen und für

274 *Grohmann*, a.a.O., S. 297.
275 *Grohmann*, a.a.O., S. 298.
276 *Grohmann*, a.a.O., S. 299.

den moralischen Verfall heranzuziehen[277] bzw. die „Uebel, wie sie sich bei W. äusserten" durch übermäßigen Konsum von Alkohol zu attestieren.[278] Grohmann benannte nun die Trunksucht Woyzecks als somatische Ursache. Bei „Brandtweintrinkern besonders" ginge „am Ende die Schwäche des Körpers und der Seele in jenen Torpor[279] über, wo die Seele nicht mehr mächtig ist".[280] Im frühen 19. Jahrhundert wurde das Phänomen der Trunksucht, häufig gekoppelt mit der Frage des partiellen Wahnsinns, ausführlich diskutiert. Allerdings nahm das Clarus-Gutachten nur moralisierend zur Trunksucht Stellung, ohne die Auswirkungen starken Alkoholkonsums auf die Zurechnungsfähigkeit zu thematisieren. Dies ist umso verwunderlicher, als gerade in der Rechtsprechung Alkoholkonsum oft in Verbindung mit dem Wahnsinn als einschränkendes Moment der Zurechnungsfähigkeit berücksichtigt wurde.[281] In der Diskussion um den Fall Woyzeck äußerten sich lediglich Grohmann, Heinroth und Marc diesbezüglich, hielten sich aber mit einer abschließenden Bewertung zurück. In Büchners Drama wird zwar der Alkoholkonsum thematisiert, allerdings nicht als Trunksucht. Auch wird ein übermäßiger Alkoholkonsum nicht mit Woyzeck in Verbindung gebracht, sondern vielmehr in einzelnen Szenen anderen Protagonisten des Dramas zugeschrieben. Allerdings nimmt der Alkoholkonsum keine pathologischen Züge an.

Auch Heinroth schaltete sich 1825 durch eine Monografie in die Debatte ein.[282] Zuvor hatte er bereits in seinem neu erschienenen

---

277 So *Clarus*-Gutachten, a.a.O., S. 35: „Mißbrauch starker Getränke".

278 So *Marc*, S. 39. Zum günstigen Einfluss durch die Abstinenz in der Haftzeit ausf. a.a.O., S. 63.

279 Erstarrung, Betäubung.

280 *Grohmann*, a.a.O., S. 311.

281 Hierzu *Schmaus*, a.a.O., S. 207.

282 *Heinroth*, Ueber die gegen das Gutachten des Herrn Hofrath D. Clarus von Herrn D. C.M. Marc in Bamberg abgefaßte Schrift: War der am

Lehrbuch „System der psychisch-gerichtlichen Medizin“ das Clarus Gutachten als ein „nach Stoff und Form vollendetes, höchst lehrreiches Gutachten in einem merkwürdigen Criminalprocesse“ gelobt.[283]

Heinroth war bereits von Clarus selbst als weiterer Gutachter ins Gespräch gebracht worden, allerdings aufgrund der bestehenden Verfahrensregeln nicht mit einer Stellungnahme betraut worden. Heinroth war der Repräsentant der Psychiatrie der damaligen Zeit schlechthin und hatte den ersten Lehrstuhl im westlichen Abendland inne. Für Schmaus nobilitierte gerade seine Stellungnahme zum Fall Woyzeck die Debatte und führte zur Ausweitung des Falls in Expertenkreisen.[284] Zeitgleich mit seiner Schrift erschien im Jahr 1825 auch sein Lehrbuch „System der psychisch=gerichtlichen Medizin“, in dem er sich mit der Umsetzung seiner eigenen psychologischen Lehrsätze in die gerichtspsychiatrische Praxis befasste und aus dem er in seiner Monografie zum Fall Woyzeck häufig zitierte.[285] Heinroth positionierte sich gleich zu Beginn seiner Schrift ganz klar und folgte Clarus, während er Marcs Einschätzung ablehnte:

> „[...] so ist es dennoch nicht überflüssig, dazu beizutragen, daß dem Vorurtheile bei Gegenständen von solcher Wichtigkeit, wie die Zurechnungsfähigkeit eines Mörders ist, keine Stimme eingeräumt werde. Ja es wird dieß in unsern Tagen sogar nothwendig, da auf der einen Seite das ungeläuterte Gefühl der Layen, auf der anderen die verkehrte Speculation wissenschaftlicher Männer gleichsam recht absichtlich darauf hinarbeitet die Schuld in Unschuld und die Gerechtigkeit in Ungerechtigkeit umzuschmelzen. [...] Krankheit heißt das Zauberwort, welches den Verbrecher losspricht und die

27. August 1824 zu Leipzig hingerichtete Mörder J.C. Woyzeck zurechnungsfähig?, 1825.

283 *Heinroth*, System der psychisch-gerichtlichen Medizin, 1825, S. 554.

284 *Schmaus*, a.a.O. S. 207.

285 Zitate auf sein Lehrbuch finden sich bei *Heinroth*, a.a.O., S. 28, 51, 57, 63, 65 ff.

> Gerechtigkeit verurtheilt. Dieses Zauberworts bedient sich denn auch Herr Marc gegen das Urtheil des Herrn Hofrath Clarus daß der Mörder Woyzeck zurechnungsfähig gewesen. Schreiber dieses erkennt die von Herrn Marc aufgestellte Ansicht für eben so nichtig, als er die des Herrn Hofrath Clarus für wahr anerkennt."[286]

Heinroth nahm die Schrift von Marc im Detail auseinander und übte nicht nur Argumentations-, sondern auch Sprachkritik:

> „[…] denn in dem Maße, wie der Styl von Herrn Clarus geordnet und klar, und seine Sprache rein ist, ist der Styl von Herrn Marc verworren und undeutlich, so daß man mitunter gar nicht weiß, was er will […]."[287]

Genau wie für Clarus war für Heinroth der Begriff der Zurechnungsfähigkeit scharf zu bestimmen und Marcs weite Ausdehnung inakzeptabel. Denn „wenn ein Verbrecher damit entschuldigt werden kann, daß es ihm nicht möglich war dem leidenschaftlichen Antriebe zu widerstehen, so sind alle Verbrechen aufgehoben".[288] Nach seinem indeterministischen Weltbild war er der Überzeugung, jeder könne jedem leidenschaftlichen Antrieb widerstehen. Zudem kritisierte Heinroth die von Marc angenommene Möglichkeit einer geminderten Zurechnungsfähigkeit:

> „In legaler Hinsicht giebt es keine verminderte Zurechnungsfähigkeit; in moralischer allerdings: über diese aber wird der gerichtliche Arzt nie befragt."[289]

Heinroth differenzierte also ganz genau zwischen Kompetenzen des Psychiaters und dem Gericht. „Ein Grund zur Milderung der Strafe ist keineswegs eine Verminderung der Zurechnungsfähigkeit."[290] Heinroth kritisierte, dass sich Marc über die Grundbegriffe und deren Anwendung im Fall Woyzeck nicht im Klaren

---

286 *Heinroth*, a.a.O., S. 2.

287 *Heinroth*, a.a.O., S. 3.

288 *Heinroth*, a.a.O., S. 21.

289 *Heinroth*, a.a.O., S. 22.

290 *Heinroth*, a.a.O., S. 23.

sei. Seiner Meinung nach war es ein Widerspruch in den Prinzipien, dass Marc die Zurechnungsfähigkeit und den „freien Verstandesgebrauch“ für identisch erklärte.[291] Auch bezweifelte Heinroth, dass Marc der „Gemüthsbegriff“ klar geworden ist. Ferner lehnte er die Annahme einer „gehemmten Freiheit“ ab:

> „Wo also von Freiheit die Rede ist, ist auch von ungehemmter Freiheit die Rede. Es ist daher kein Sinn in den Worten, daß: ‘der Geist durch Vorherrschen des Körpers in seiner Freiheit gehemmt’ werden oder seyn könne. Oder mit anderen Worten: der Begriff gehemmte Freiheit ist ein Widerspruch.“[292]

Wie Clarus auch war Heinroth der Überzeugung, dass der Mensch – sollte es wirklich unfreie Zustände geben – nur mittels seiner Freiheit selbst in diese geraten könne: „denn Unfreiheit ist nichts Anderes als die Negation der Freiheit“.[293] Daher verortete er die unfreien Zustände auch nicht in dem Gebiet des organischen, sondern des moralischen Lebens. Solche unfreien Zustände seien dem Menschen aber zuzurechnen und er habe sich für seine Tat zu verantworten.[294] Dies galt für Heinroth auch, wenn der Mensch einer selbstverschuldeten Trunkenheit verfällt und er ging noch weiter, in dem er fortführte:

> „Und es ist nicht zu läugnen, daß die Seelenstörungen in ihren mannichfaltigen Nuancen, viel Aehnliches mit den verschiedenartigen Zuständen der Trunkenheit haben.“[295]

---

291 *Heinroth*, a.a.O., S. 56.

292 *Heinroth*, a.a.O., S. 59.

293 A.a.O.

294 *Heinroth*, a.a.O., S. 60.

295 *Heinroth*, a.a.O., S. 62. Hierfür bezog sich Heinroth auf das bürgerliche Gesetz. Die Gesetzwidrigkeiten, die in dem Zustand der Trunksucht begangen wurden, würden nicht bestraft, aber der Zustand der Trunkenheit an sich, weil er verschuldet sei. An sich erinnert diese Argumentation stark an die actio libera in causa-Figur der heutigen Zeit.

Zudem kritisierte Heinroth die Auffassung Marcs, die sogenannten „Gemüthskrankheiten" entstünden aus körperlichen Ursachen. Heinroth nahm ganz im Gegenteil an, dass Gemütskrankheit und körperliche Ursache „disparate Dinge" seien, „wie Oel und Wasser, die sich nicht vermischen".[296]

> „Das Gemüth wird nie vom Körper so angegriffen, daß es wirklich krank würde; sondern, was das Gemüth krank machen soll, muß geistiger Art seyn, muß die Person verletzen; und Nichts kann die Person verletzen, als sie selbst."[297]

Entscheidend war für Heinroth wie auch für Clarus die psychosomatische Fragestellung, ob die organische Krankheit Ursache des unmoralischen Lebenswandels oder umgekehrt der unmoralische Lebenswandel die Ursache für die organische Krankheit war. Letzteres bejahten beide und gingen daher von einer Zurechnungsfähigkeit Woyzecks aus. Allerdings blieb Heinroth in seiner Argumentation in der Regel abstrakt und nutzte den Fall dazu, um Seelenstörungen aus dem Krankhaften hinaus zu definieren und als selbstverschuldete Zustände zu bewerten. Das Prinzip der Selbstverschuldung[298] machte, wie das Zitat oben zeigt, auch vor den organischen Krankheiten nicht halt, sofern sie auf einen ungesunden Lebenswandel zurückzuführen waren. Heinroth, der zu Beginn seiner Schrift angeprangert hat, dass Zurechnungsfähigkeitsbeurteilungen dazu missbraucht würden „Schuld in Unschuld […] umzuschmelzen"[299], muss sich durch seine sehr einschränkende Sichtweise vorhalten lassen, geistige und körperliche Krankheiten in Schuld umzuwandeln.[300]

---

296 *Heinroth*, a.a.O., S. 64.

297 A.a.O.

298 So auch *Schmaus*, a.a.O., S. 211.

299 *Heinroth*, a.a.O., S. 2.

300 Vgl. *Schmaus*, a.a.O., S. 212.

Da Heinroth in seiner Schrift nicht davor zurückschreckte, Marc persönlich anzugreifen, begann auch Marc die Einleitung seiner Erwiderungsschrift mit einer persönlichen, an Heinroth gerichteten Anrede:

> „Die Arroganz, mit welcher Sie zu schreiben gewohnt sind, scheint aus einem großen Eigendünkel hervorzugehen; überhaupt ist es nicht zu verkennen, daß Sie viele eingebildete stolze Narren in Ihrer Irrenanstalt behandelt haben. – Es ist schwer zu begreifen; was Sie so sehr in Harnisch brachte, und warum Sie in einem so ergrimmten Tone gegen mich aufgetreten sind [...].“[301]

Im Grunde wiederholte Marc seine schon in der ersten Schrift wiedergegebenen Argumente, setzte diese nun jedoch in direkten Bezug mit den Kritikpunkten Heinroths. Ausführlich widmete sich Marc dem Zustand von Woyzecks Herz, dass „mit einer ungewöhnlichen Menge Fett umgeben“ war.[302] Er berief sich auf den deutschen Mediziner Kreysig, der vor allem durch sein Werk über die Krankheit des Herzens bekannt geworden war.[303] Dieser hatte unmäßige Fetterzeugung um das Herz auf einen schon früher vorhandenen krankhaften Zustand zurückgeführt. Daher, so Marc, könne man nicht nur von krankhaften Anlagen, sondern von einem abnormen, krankhaften Zustand ausgehen. Jedenfalls formulierte er den Vorwurf, dass Heinroth Gründe hätte darlegen müssen, warum die Fettansammlung kein krankhafter Zustand gewesen sein sollte.[304] Marc stellte sich auch vehement gegen die Auffassung Heinroths, ein durch unmoralisches, wüstes Leben erzeugter krankhafter Zustand könne nicht entschuldigt werden:

---

301 *Marc*, An Herrn Dr. und Professor J.C.A. Heinroth in Leipzig, als Sachwalter des Herrn Hofrahtes Dr. Clarus. Die Zurechnungsfähigkeit des Mörders J.C. Woyzeck betreffend, 1826, S. 3 f.

302 *Marc*, a.a.O., S. 22.

303 *Kreysig*, Die Krankheiten des Herzens, systematisch bearbeitet und durch eigene Beobachtungen erläutert. Berlin 1814–1817, 4 Bände.

304 *Marc*, a.a.O., S. 23 f.

„Nach Ihrer wirklich komischen Ansicht müsse jeder, der unzurechnungsfähig ist, erst untersucht werden, ob er hieran Schuld sey, und darnach geschehe erst die Bestimmung, ob er als Verbrecher dastehe, oder nicht? Ich kenne kein Gesetz, welches nach solchen Grundsätzen Zustände dieser Art beurtheilt. – Ist der Wahnsinn das Resultat des Lebens und Handelns, so muss wenigstens das im Wahnsinn begangen Verbrechen imputabel seyn. – Wie schwierig, ja oft unmöglich ist es überhaupt, den Connex der Ursache und Wirkung nachzuweisen?“[305]

Marc nannte auch in seiner zweiten Schrift Woyzeck mehrfach körperlich krank. Er bezog sich auf Grohmann und unterstützte dessen These, dass Halluzinationen aus einem tieferen Leiden des Nerven- und Gehirnlebens hervorgehen könnten.[306] Marc argumentierte „hart“ am Fall Woyzeck und setzte sich wiederum mit den von Clarus festgehaltenen Symptomen auseinander, während sich Heinroth vorwerfen lassen muss, den Fall oberflächlich als Anlass genommen zu haben, um seine prinzipielle und äußerst restriktive Sicht auf die die Zurechnungsfähigkeit einschränkenden organischen Krankheiten einem breiten Publikum unter mehrfachem Hinweis auf sein Lehrbuch nahe zu bringen. Marc dagegen ging detailliert auf die Symptome und Erscheinungen Woyzecks ein und fand in Auseinandersetzung mit der Schrift Grohmanns einen Verbündeten, den er zur Bekräftigung seiner Einschätzung heranzog.[307]

Divergenzen zur Auffassung Clarus und Heinroth bekräftigte Marc in seiner zweiten Schrift nicht nur bezüglich der Frage nach der Willensfreiheit, sondern auch bezüglich der Figur der amentia oculta, des partiellen Wahnsinns, den Marc als „fixe Idee“ bezeichnete.[308] Marc ordnete den fixen Wahnsinn der Kategorie des

---

305 *Marc*, a.a.O., S. 26.

306 *Marc*, a.a.O., S. 32 f.

307 Z.B. *Marc*, a.a.O., S. 40 f.; S. 47; S. 53.

308 *Marc*, a.a.O., S. 57.

Wahnsinns und damit Zurechnungsunfähigkeitsgründen zu.[309] Während die Gegenseite nach Ansicht von Marc lediglich die Hypothese aufgestellt hat, dass die Halluzinationen Woyzecks den „Ausschweifungen seines liederlichen Lebens" geschuldet waren, habe er „streng bewiesen", „dass die Hypochondrie und der gestörte Blutumlauf des Woyzeck rein körperlich bedingt war."[310] Er rückte also von seiner Einschätzung, Woyzeck sei unzurechnungsfähig gewesen, nicht ab.

Die intensive juristische Debatte rund um den Fall Woyzeck folgte mit der Zeitverzögerung von einigen Jahren. Erste juristische Rezensionen gab es jedoch schon kurz nach Veröffentlichung der ersten Streitschrift von Marc. Wie bereits erwähnt, veröffentlichte Hitzig 1825 eine kurze Rezension des zweiten Clarus-Gutachtens und der Monografie von Marc in der Zeitschrift für die Criminal-Rechts-Pflege. Er schloss sich resümierend der einschränkenden Betrachtungsweise Clarus an und endete mit den Worten:

> „Hört, hört ihr Aerzte! Dann werdet ihr nicht zu klagen haben, daß wir Richter euch nicht hören."[311]

Damit deutete er an, dass die Richter immer weniger bereit waren, die von den Gerichtsmedizinern diagnostizierten Zustände der Unzurechnungsfähigkeit der Delinquenten in ihr Urteil zu übernehmen. Die „Psychologisierung" des Strafrechts führte zur Ausweitung der Gerichtsmedizin und -psychiatrie[312] und stellte die Juristen vor die Herausforderung, die um sich greifende stete

---

309 *Marc*, a.a.O., S. 58.

310 *Marc*, a.a.O., S. 64 f.

311 *Hitzig*, in: Zeitschrift für die Criminal-Rechts-Pflege in den preussischen Staaten mit Ausschluss der Rheinprovinzen, 1. Bd., 2. Heft, 1825, S. 487, 499.

312 *Greve*, a.a.O., S. 107, 118.

Erweiterung der Gründe und Krankheiten, die zur Unzurechnungsfähigkeit führen sollten, wieder ein Stück weit einzufangen.

1927 veröffentlichte der in Celle ansässige Advokat S. P. Gans eine Rezension der Streitschriften von Clarus, Marc und Heinroth über die Zurechnungsfähigkeit des Mörders Woyzeck im ersten Band der von ihm neu gegründeten juristischen Zeitschrift für Civil- und Criminalrechtspflege.[313] Gans beschränkte sich zunächst darauf, die Feststellungen und Bewertungen des Clarus-Gutachtens wiederzugeben. Eine Bewertung der Gegenschrift von Marc wollte sich der Jurist Gans nicht anmaßen, gleichwohl stellte er fest:

> „In […] sucht Herr Dr. Marc die Ansichten des Herrn Hofr. Clarus zu bestreiten; mit welchem Glücke, läßt Ref. als Laie dahingestellt, doch scheint ihm, als ob jener seine Gegenbeweise tiefer hätte begründen und detaillirter hätte ausführen müssen, um einen Mann wie C., der mit Sicherheit, Klarheit und Scharfsinn seinen Gegenstand behandelt, siegreich anzugreifen."[314]

Allerdings hob Gans hervor, dass die wissenschaftliche Auseinandersetzung „zumal im Gebiete der medicinischen Psychologie, wo noch so viel Dunkles und Schwankendes herrscht" notwendig sei.[315] Danach referierte Gans noch die Schrift von Prof. Heinroth und wies auf den „so schönen und ehrenvollen Ruf" Heinroths im „psychologischen Fache" hin und dass die Stimme „von großem Gewichte seyn" müsse.[316] Auch hier hielt sich Gans aber mit einer Bewertung zurück, allerdings wies er am Ende seiner Ausführungen zu Heinroth auf zwei Paradoxien hin. Dies ist schon deswegen ganz erstaunlich, weil zum einen Gans durchaus bewusst war, dass es sich bei Heinroth um die herausragende Kapazität seines Faches

313 *Gans*, in: Zeitschrift für die Civil= und Criminal=Rechtspflege im Königreich Hannover, 1. Band, 1827, S. 126 ff.

314 *Gans*, a.a.O., S. 144 f.

315 *Gans*, a.a.O., S. 145.

316 *Gans*, a.a.O., S. 148.

handelte und zum anderen, weil Gans als Jurist immer der Vorwurf treffen konnte, von der wissenschaftlichen Beschreibung psychischer Zustände als medizinischer Laie keine Ahnung zu haben. Dennoch wies er auf einen „merkwürdigen Satz" hin, „dass ihm (Heinroth) noch kein Fall von Seelenstörung vorgekommen war, der nicht aus moralischer Quelle geflossen wäre".

Und weiter heißt es:

> „Noch eine andere Paradoxie ist Ref. aufgefallen. Der Verf. behauptet nämlich, daß Gemüthskrankheit jederzeit und nothwendig körperliche Verstimmung, ja oft gar organische Zerrüttung zur Folge habe, die ganz verkehrt für die Ursache der Gemüthskrankheit angesehen werde, da sie doch nur die Wirkung und gleichsam die äußere Physiognomie derselben sey."[317]

Die Ausführungen Heinroths waren aber für dessen Verständnis nicht paradox, sondern, wie wir oben gesehen haben, seiner Überzeugung geschuldet, dass organische Krankheiten, die lediglich auf Gemüthskrankheiten zurückgingen, die Resultat eines „liederlichen Lebenswandels" waren, nicht zum Ausschluss der Zurechnungsfähigkeit führen konnten. Es ist schade, dass sich Gans – der den Ausführungen Marcs eher ablehnend gegenüberstand – sich nicht mit der direkten Einlassung Marcs auseinandergesetzt hat, wie es denn feststellbar sein sollte, ob eine organische Krankheit auf den liederlichen Lebenswandel oder tatsächlich auf eine Geisteskrankheit zurückgeführt werden konnte. Allerdings hat Marc diesen Einwand Heinroth erst in seiner zweiten Schrift entgegenhalten können. Diese Schrift war aber nicht Gegenstand der Rezension von Gans.

Da Gans sich – mehr oder weniger – auf die bloße Rezension der drei Schriften beschränkte, sollten noch einmal zwei Jahre vergehen, bevor der Jurist Karl Ernst Jarcke sich neben anderen Fällen auch dem Fall Woyzeck zuwendete und die Zurechnungsdebatte

---

317 *Gans*, a.a.O., S. 152.

für die Juristen weiterführte. In einem grundlegenden, zweiteiligen Aufsatz in der Zeitschrift für die Criminal-Rechts-Pflege in den preussischen Staaten mit Ausschluss der Rheinprovinzen machte er sich Gedanken „Ueber die Zurechnung und die Aufhebung derselben durch unfreie Gemüthszustände“. Nach grundsätzlichen Äußerungen zur Willensfreiheit, lehnte er die Auffassung ab, nach der eine „Zurechnung aufhöre, wenn der Trieb zur That so stark werde, daß der Mensch nicht mehr widerstehen könne“.[318] Vielmehr sei „das Böse oder die sittliche Abnormität in der Sphäre des menschlichen Willens [...] eben der Grund, warum gestraft wird, und nicht ein Motiv für die Aufhebung der Zurechnung“.[319] Jarcke bezog sich viel auf Clarus und nahm auch explizit auf den Fall Woyzeck Bezug. Zwar habe dieser unter Sinnestäuschungen gelitten, „mit Recht“ aber habe „der verdienstvolle Clarus keine Rücksicht darauf genommen, und jene, mit der That nicht zusammenhängende Täuschungen der Sinne für einen Aufhebungsgrund der Zurechnung anerkannt“.[320] Insoweit schloss sich Jarcke der Einschränkung Clarus an, eine Sinnestäuschung oder überhaupt ein die Zurechnungsfähigkeit aufhebender Grund müsse in direktem Zusammenhang mit der Tat stehen, also auf diese Einfluss genommen haben. Dies ist letztlich ein sehr moderner Standpunkt, ist doch maßgeblicher Zeitpunkt der heutigen Beurteilung der Schuldunfähigkeit in § 20 StGB der Zeitpunkt der Tathandlung.[321]

---

318 *Jarcke*, Ueber die Zurechnung und Aufhebung derselben durch unfreie Gemüthszustände, in: Zeitschrift für die Criminal-Rechts-Pflege in den preussischen Staaten mit Ausschluss der Rheinprovinzen, Band 11, 1829, S. 82, 124.

319 *Jarcke*, a.a.O., S. 129.

320 *Jarcke*, a.a.O., S. 158.

321 *Fischer*, StGB, 64. Aufl. (2017), § 20 Rn. 48.

Gleichzeitig betonte Jarcke die Letztentscheidung über die Frage der Zurechnungsfähigkeit durch den Richter.[322] Er war es für Jarcke, der „für seinen Zweck […] von allen schwankenden Theorieen abstrahiren, sich an das Faktum halten, und aus diesem in jedem konkreten Falle beurtheilen" müsse, „ob diese besondere Täuschung, möge sie in der Phantasie oder in den Sinnen ihren ersten Entstehungsgrund haben, einen Einfluß auf die Zurechnungsfähigkeit oder Strafbarkeit des Angeschuldigten zu äußern im Stande sey".[323]

Im zweiten Teil seines Aufsatzes widmete sich Jarcke unter der Überschrift „Ueber den angeblichen Einfluß der Störungen des körperlichen Organismus auf die Zurechnungsfähigkeit" dem Streit zwischen Psychikern und Somatikern, wobei das Wort „angeblichen" schon die Richtung vorzeichnet, in die Jarcke tendierte.[324] Schon zu Beginn machte er deutlich, dass es nicht darauf ankomme „irgend eine Störung im körperlichen Organismus des Menschen nachzuweisen oder wahrscheinlich zu machen, sondern eine solche geistige Abnormität darzuthun, welche die etwa begangene That […] als entschuldigt erscheinen läßt".[325] Ganz klar erklärte Jarcke es für falsch, wenn in einem Gutachten lediglich der Beweis geliefert werde, es seien körperliche Störun-

322 Das Verhältnis von Gerichtsarzt und untersuchenden und erkennenden Richter untersuchte Jarcke dann ausführlich im zweiten Teil seines Aufsatzes, vgl. *Jarcke*, Ueber die Zurechnung und die Aufhebung derselben durch unfreie Gemüthszustände, in: Zeitschrift für die Criminal-Rechts-Pflege in den preussischen Staaten mit Ausschluss der Rheinprovinzen, Band 12, 1829, S. 35, 120 ff.

323 *Jarcke*, Ueber die Zurechnung und Aufhebung derselben durch unfreie Gemüthszustände, in: Zeitschrift für die Criminal-Rechts-Pflege in den preussischen Staaten mit Ausschluss der Rheinprovinzen, Band 11, 1829, S. 82, 206 f.

324 *Jarcke*, in: Zeitschrift für die Criminal-Rechts-Pflege in den preussischen Staaten mit Ausschluss der Rheinprovinzen, Band 12, 1829, S. 35.

325 *Jarcke*, a.a.O., S. 36.

gen vorhanden und allein daraus – ohne die Störung des Bewusstseins nachzuweisen – auf die geistige Unfreiheit geschlossen werde.[326] Damit erteilte er der Position Marcs und Grohmanns eine Absage, auch wenn er die Autoren nicht namentlich benannte. Des Weiteren sprach er sich dagegen aus, dass körperliche Krankheiten einen Milderungsgrund bewirken könnten.[327]

In den ersten Jahren der Diskussionen um den Fall Woyzeck folgte man mehrheitlich der Auffassung Clarus, um dem „Missbrauch der Unzurechnungsfähigkeit" vorzubeugen, durch den die „gerichtliche Medicin um ihr wohlverdientes Ansehen gebracht" worden war.[328] Die Angst, dass durch falsche Gutachten der „offenbare Verbrecher von der gesetzlichen Strafe befreit wird",[329] saß nach der Statistik von Meckel tief.[330] Henke versuchte daher in einem Aufsatz „Ueber die angemessenen Bestimmungen der Strafgesetzbücher, die durch psychische Krankheiten aufgehobene Zurechnung betreffend" de lege ferenda Formulierungen zu finden, die den Erkenntnissen der modernen Gerichtspsychiatrie gerecht wurden.[331] Zunächst setzte er sich – erstaunlich rechtskundig – mit den unterschiedlichen bestehenden Gesetzen auseinander. Neben dem allgemeinen Landrecht für die preußischen Staaten beleuchtete er das neue Gesetzbuch über Verbrechen und schwere Polizeiübertretungen in den k.k. teutschen Erbstaaten, das Strafgesetzbuch für das Königreich Baiern, den Entwurf eines Strafgesetzbuches für das Königreich Hannover und den Entwurf eines Criminalge-

---

326 *Jarcke*, S. 37 f.

327 *Jarcke*, a.a.O., S. 40 f.

328 So das *Clarus*-Gutachten, a.a.O., S. 49.

329 *Luther*, Ueber die Zurechnungsfähigkeit bei gesetzwidrigen Handlungen überhaupt, und besonders in Beziehung auf die neueren Grundsätze in der gerichtlichen Arzneiwissenschaft, 1824, S. 123.

330 Zu Meckel oben Zweites Kapitel 2.

331 *Henke*, Zeitschrift für die Criminal-Rechts-Pflege in den preussischen Staaten mit Ausschluss der Reinprovinzen, Bd. 5, Heft 10, 1827, S. 394.

setzbuches für das Königreich Sachsen im Hinblick auf Zurechnungsgesichtspunkte. Während die älteren Gesetzbücher in ihren Formulierungen recht allgemein blieben, zählten spätere Gesetzbücher die krankhaften oder besonderen psychischen Zustände explizit auf. Es war durchaus umstritten, ob die Normen sich allgemein auf unfreie Zustände beziehen,[332] oder explizit besondere Arten von psychischen Krankheiten aufzählen sollten.[333] Henke wies in seiner Schrift aber zutreffend darauf hin, dass man sich keineswegs einig „über die festzustellenden Klassen und Hauptarten" sei.[334] Zudem sei „eine vollständige Aufzählung aller Arten und Unterarten jener Zustände im Gesetzbuche weder ausführbar noch nothwendig".[335]

> „Nicht auszuführen, weil bei dem Mangel einer von Psychologen und Aerzten allgemein anerkannten Classification und einer bestimmten Terminologie, bald mehr, bald weniger Arten aufgestellt, bald Unterarten mit eigenen Namen belegt, bald wieder eine Menge synonymer Benennungen für einen und denselben Zustand gebraucht werden.
>
> Nicht nothwendig aber, weil die Einrichtung bereits gesetzlich sanctionirt ist, daß im zweifelhaften Falle der Richter zuvor die Sachverständigen, die Gerichtsärzte, über en psychischen Krankheitszustand begutachten lasse, bevor er über Zurechnung im concreten Falle entscheidet; diese aber nach dem im Gesetz ausgedrückten allgemeinen Princip, das in Frage stehende Individuum für des Vernunftgebrau-

---

332 *Toel*, Fernerer Beitrag zur Lehre in: Henke, Zeitschrift für die Staatsarzneikunde, 2. Heft, 1826, S. 349, 352.

333 *Mittermaier*, Disquisitio de alienationibus mentis quatenus ad jus criminale spectant, 1825, S. 13, war dafür, die gesetzliche Bestimmung auf die drei Hauptarten der psychisch kranken Zustände: Blödsinn, Wahnsinn und Tobsucht zu beschränken, während Pfeufser dafür war, vollständig alle Formen aufzuzählen, vgl. *Henke*, Zeitschrift für die Staatsarzneikunde, 4. Heft, 1826, S. 445.

334 *Henke*, Zeitschrift für die Criminal-Rechts-Pflege in den preussischen Staaten mit Ausschluss der Reinprovinzen, Bd. 5, Heft 10, 1827, S. 394, 418.

335 *Henke*, a.a.O., S. 426.

ches oder der Freiheit beraubt erklären können, wenn auch keiner der im Gesetz befindlichen speciellen Namen von Geisteszerrüttung auf den vorliegenden Fall passen sollte."[336]

Henke plädierte daher für eine Beibehaltung der drei „Hauptarten [...] Wahnsinn, Blödsinn und Raserei", um dann nach ärztlicher Begutachtung dem Richter die Entscheidung zu überlassen, welchen gesetzlichen Kategorien – immer unter Prüfung des Unvermögens frei zu handeln – dies dann zuzuordnen sei.[337] Henke sprach sich demnach ausdrücklich für eine Letztentscheidungskompetenz des Richters aus.

Neben den Grundsatzdebatten um den „Kompetenzstreit" zwischen Sachverständigen und Richtern, deterministischem und indeterministischem Weltbild, Physikern und Somatikern sowie Befürwortern des partiellen Wahnsinns und dessen Gegnern, wurde der Fall Woyzeck in den 30er Jahren des 19. Jahrhunderts schließlich weniger zum Gegenstand der wissenschaftlichen Auseinandersetzung wie noch in den 20er Jahren, sondern mehr zum Zitat und Beleg für die ein oder andere Auffassung.[338]

Noch im Jahr 1832 schloss sich Professor Dr. Vogel aus Rostock dem Gutachten von Clarus vollumfänglich an, ohne jedoch ausführlich Stellung zu beziehen.[339] Allerdings bewirkte die Julirevolution von 1830 ein allmähliches Erstarken liberaler Auffassungen, die auch vor Justiz und Gerichtsmedizin nicht Halt machten.[340] So wurde vereinzelt bei der Bewertung der Zurechnungsfähigkeit auch auf soziale Komponenten abgestellt.

---

336 *Henke*, a.a.O., S. 426.

337 *Henke*, a.a.O., S. 427.

338 *Neumeyer*, Woyzeck, in: Borgards / Neumeyer (Hrsg.), Büchner. Handbuch, S. 98, 107: „Der Fall wird nicht mehr erörtert, er wird nur noch zitiert".

339 *Vogel*, Ein Facultäts-Erachten über die Zurechnungsfähigkeit eines Mörders, in: Henke, Zeitschrift für die Staatsarzneikunde, 12. Jg., 16. Erg.Heft, 1832, S. 83, 130.

340 *Reuchlein*, a.a.O., S. 46; *Beise*, a.a.O., S. 113.

Grohmann beschrieb 1833 eine Trias an Faktoren, die die Zurechnungsfähigkeiten beeinträchtigen können: „Naturbedingnisse", „Seelenbestimmungen" und „äussere Verhältnisse".[341] Allerdings darf man nicht vergessen, dass die starke Fraktion der Psychiker ein lediglich „unstätes, wüstes, gedankenloses und unthätiges Leben"[342] als Determinante nicht ausreichen ließen. Die Diskussion um die Determinierung durch äußere Umstände wurde aber weniger im Zusammenhang mit der Schuldfrage vor Gericht geführt, als vielmehr in der politischen Auseinandersetzung mit Pauperisierung und Massenverelendung in der damaligen Zeit. Vor Gericht war dagegen von Interesse, ob der Täter zum Tatzeitpunkt oder in unmittelbarem Zusammenhang damit unzurechnungsfähig war oder nicht. Weitere psychologisch-biographische Daten interessierten nicht.[343]

Der Somatiker Friedreich hob 1835 in seinem Handbuch den Fall Woyzeck als Beleg für einen „Justizmord" hervor und schaffte durch die Behauptung der Unzurechnungsfähigkeit Woyzecks ohne weitere Auseinandersetzung mit den Gutachten Clarus die Grundlage dafür, dass Woyzeck als Zitat für Fehlbeurteilungen der Zurechnungsfähigkeit in die Psychiatriegeschichte einging.

> „Woyzeck, der seine Geliebte ermordete, und über dessen Zurechnungsfähigkeit man sich noch stritt, als er schon zu Leipzig enthauptet war, hörte innere Stimmen, die ihn zum Morde antrieben, und hatte auch außerdem an Visionen und Hallucinationen aller Art gelitten. Wer die, über diesen Unglücklichen gepflogenen Verhand-

---

341 *Grohmann*, Mittheilungen zur Aufklärung der Criminal-Psychologie und des Strafrechts. Auch Lesefrüchte für Heinroth's Criminal-Psychologie, 1833, S. 49.

342 So die Formulierung im Vorwort des Clarus-Gutachten, S. III.

343 *Reuchlein*, a.a.O., S. 73. Allerdings griff Büchner gerade diesen Aspekt des Sozialdeterminismus in seinem Drama auf.

> lungen genauer prüft, wird keine Zurechnungsfähigkeit, leider aber wieder einen schauderhaften Justizmord finden."[344]

Insoweit häuften sich ab den 1830er Jahren die kritischen Stimmen an Woyzecks Hinrichtung.[345] Auch fanden sich in anderen Fallbesprechungen Hinweise auf den Mörder Woyzeck. Beispielsweise zitierte der Advokat Bopp den Fall Woyzeck, als er über den Fall Dieß in der Zeitschrift für die Arzneikunde berichtete.[346] Wie bereits angesprochen, wurde Büchner eventuell durch seine Lektüre dieses Aufsatzes (wieder) auf den Fall Woyzeck aufmerksam. Zudem fand sich in diesem Aufsatz auch ein Hinweis auf den Fall Schmolling.

6. Andere vergleichbare Fälle

a) Einführung

Neben dem Fall Woyzeck erregten andere Fälle in der damaligen Zeit großes Aufsehen und heizten die Debatte um die Zurechnungsfähigkeit weiter an. Im Zusammenhang mit Büchners Woyzeck werden vor allem der Fall des Tabakspinnergesellen Daniel Schmolling und der des Leinenwebers Johann Dieß erwähnt, die motivischen Einfluss auf Büchners Drama genommen haben sollen.[347] Wegen Büchners Aufenthalt in Straßburg ab März 1835 wurde zudem von Meier vermutet, dass Büchner auch den Fall des Bauernsohnes Pierre Rivière verarbeitete bzw. zumindest dadurch zu seinem Drama angeregt worden ist.[348] Eben-

---

344 *Friedreich*, Systematisches Handbuch der gerichtlichen Psychologie für Medicinalbeamte, Richter und Vertheidiger, 1835, S. 299 f.

345 *Dedner*, Erläuterungen und Dokumente. Georg Büchner. Woyzeck, 2000, S. 177 (im Folgenden: *Dedner*, Erläuterungen und Dokumente).

346 *Bopp*, Zurechenbar oder nicht? Actenstücke und Verhandlungen, in: Henke, Zeitschrift für die Staatsarzneikunde, 31. Bd., 1936, S. 378, 389.

347 Vgl. *Neumeyer*, in: Borgards / Neumeyer (Hrsg.), S. 98, 107 m.w.N.

348 *Meier*, Georg Büchner. Woyzeck, 3. Aufl. (1993), S. 20; vgl. auch den Hinweis bei *Kinne*, Georg Büchner. Woyzeck, 11. Aufl. (2015), S. 101.

falls Bezug genommen wird in der Forschung um Büchners Drama Woyzeck auf den Fall des Soldaten Christoph Jünger, der von Büchners Vater Ernst begutachtet wurde. Das Zweitgutachten von ihm wurde in der Zeitschrift für die Staatsarzneikunde 1825 veröffentlicht.[349] Relativ spät in der Rezeptionsgeschichte wurde dann ein spektakulärer Mordfall in Darmstadt mit dem Drama Büchners in Verbindung gebracht. Der Soldat Johann Philipp Schneider hatte 1816 seinen Weggefährten Bernhard Lebrecht ermordet.[350]

Während es seit 1914 als sicher gilt, dass Büchner für sein Drama zumindest das zweite Gutachten von Clarus als Quelle verwendete, also Material aus diesem gerichtspsychiatrischen Gutachten in seinem Dramenfragment verarbeitete,[351] wird dies bei den anderen Quellen vermutet – zumindest was die Einflussnahme auf das Stück auch ohne explizite Verarbeitung der historischen Details z.B. im Fall Rivère betrifft. Übereinstimmungen einiger Szenen in Büchners Drama mit dem Fall Schmolling, Jünger und tw. Dieß sind aber so offensichtlich, dass nur der Schluss bleibt, dass Büchner tatsächlich auch diese anderen deutschen Quellen direkt in das Drama hat einfließen lassen.

b) Der Fall Schneider[352]

Büchner war noch ein Kleinkind, als sich an einem Ostersamstag im Jahre 1816 in einem Wald bei Darmstadt ein Mord ereignete.

---

349 Hierzu *Poschmann*, Georg Büchner. Dichtungen, 2006, S. 717 f.

350 *Dedner / Vering*, Es geschah in Darmstadt, in: FAZ, Feuilleton, v. 23.12.2005, Nr. 299, S. 35; *Dedner*, Georg Büchner. „Woyzeck“, Marburger Ausgabe, Text, Editionsbericht, Quellen, Erläuterungsteile, Bd. 7.2, 2005, S. 317 ff., 579 (im Folgenden: *Dedner*, Marburger Ausgabe).

351 *Bieber*, „Wozzeck“ und „Woyzeck“, in: Literarisches Echo, Bd. 16, 1.6.1914, S. 1188 ff.

352 Der Fall wird nacherzählt aus der Quelle *Bopp*, Bibliothek ausgewählter Strafrechtsfälle, 1. Band, Erstes Heft, 1834, S. 48 ff. Ein Teilabdruck findet sich auch bei *Dedner*, Marburger Ausgabe, S. 321 ff.

Am Abend machten sich der Druckereigeselle Bernhard Lebrecht und der Soldat Johann Philipp Schneider auf den Weg von Darmstadt nach Bischofsheim und Mainz. Schneider war gelernter Schuster und wurde vom Militärdienst freigestellt, um wieder in seinem Metier zu arbeiten. Lebrecht begleitete Schneider zurück in seine Heimat Bischofsheim, da er ihm 135 Gulden gegen Zinsen[353] geliehen hatte und glaubte, sein Geld dort zurückzuerhalten. Dagegen hatte Schneider schon vor der Abreise beschlossen, seinen Gläubiger umzubringen, da er wusste, dass er die Schulden nicht zurückzahlen konnte. Daher nahm er sein Zuschneidemesser mit auf die Reise.

Am Morgen des Ostersonntags erreichten sie Bischofsheim und schliefen bei Schneiders Bruder, liefen dann weiter nach Mainz, wo sich Lebrecht nach einer Arbeitsmöglichkeit umsah. Am Ostermontag traten sie den Rückweg nach Darmstadt an. Schneider hatte seine Schulden allerdings – wie zu erwarten gewesen war – immer noch nicht bezahlt. Daher gerieten die beiden in der Nähe vor dem Ausgang des Waldes bei Darmstadt in Streit. Schneider schlug Lebrecht mit einem Stein auf den Kopf und fügte ihm mit seinem Schustermesser zahlreiche Stichwunden zu. Der Delinquent ging daraufhin in ein nahegelegenes Wirtshaus und geriet dort in ein Getümmel von Streitenden. Daher ging er wieder an den Tatort zurück, um zu sehen, ob Lebrecht noch lebte. Dies war nicht der Fall. Schneider reinigte sich in einem in der Nähe des Bessunger Tors gelegenen Teich Hände und Gesicht sowie seine Kleider vom Blut. Die Leiche Lebrechts wurde zufällig von einem Barbier entdeckt, als er einen Kunden im Freien auf dem Feld rasieren wollte. Der Barbier verständigte die Polizei, die die Leiche in das Hospital überführen ließ. Die Polizei entdeckte die Mordwaffe, die recht schnell von Schneiders Kollegen als sein Arbeitsgerät identifiziert wurde. Um Gesichts-

---

353 Bopp sprach von „wucherlichen Zinsen"; vgl. *Bopp*, a.a.O., S. 53.

punkte der Zurechnungsfähigkeit ging es in dem anschließenden Verfahren nicht. Vielmehr wurde Schneider der militärübliche kurze Prozess gemacht. Schon am 8. Mai 1816 wurde das Urteil vollstreckt. Man hatte Schneider, statt zu der gesetzlich vorgesehenen „Strafe des Rades" zum Tod durch den Strang verurteilt. Diese Strafe war wiederum vom „Durchlauchtigsten Souverän auf die Strafe des Erschießens gemildert" worden.[354]

Es ist nicht belegt, dass Büchner eine dieser Publikationen gekannt hat. Es gilt allerdings als wahrscheinlich, dass Büchner zumindest den Advokaten und Herausgeber des Sammelbandes „Bibliothek gewählter Strafrechtsfälle" Philipp Bopp gekannt hat. Dieser gehörte nämlich demselben Kreis radikaler Demokraten an wie Büchners Freunde Friedrich Ludwig Weidig und Wilhelm Schulz.[355] Später wird deutlich werden, dass sich Büchner in einigen Szenen offensichtlich am Fall Schneider orientiert hat.[356]

c) Der Fall Schmolling

Ebenfalls mit Büchners Drama Woyzeck in Verbindung gebracht wird der Fall des Tabakspinnergesellen Daniel Schmolling. Zwar wurde im zweiten Clarus-Gutachten nur indirekt auf den Fall Schmolling verwiesen,[357] allerdings wurde Büchner vermutlich über den Aufsatz von Bopp „Zurechenbarkeit oder nicht?" auf

---

354 Erste Quelle des Falls ist der Separatdruck des Untersuchungsrichters *Schenck*, Kurze Darstellung des von J. Ph. Schneider Soldat im 2ten Garde-Füßilier-Bataillon, an dem Buchdruckergesellen Bernhard Lebrecht aus Troppau in Schlesien verübten grausamen Mords, aus den Untersuchungsakten, 1816; Zusammenfassungen des Falls finden sich bei *Bopp*, Bibliothek gewählter Strafrechtsfälle, 1834 und *Mühlberger*, Das Verbrechen des Mordes. Eine Gallerie solcher Verirrungen in neuerer Zeit, 1834.

355 *Dedner / Vering*, Es geschah in Darmstadt, in: FAZ, Feuilleton, v. 23.12.2005, Nr. 299, S. 35.

356 Vgl. später im Dritten Kapitel 3.

357 *Poschmann*, Büchner. Dichtungen, 2006, S. 717.

den Fall Woyzeck und das Gutachten von Clarus aufmerksam.[358] In diesem Aufsatz verwies Bopp nun auch auf das Gutachten von Horn zum Gemüthszustand des Daniel „Schmelling", [359] wobei es sich hierbei lediglich um einen Schreibfehler und definitiv um den Fall Schmolling handelte. Es ist also gut möglich, dass Büchner neben dem Clarus-Gutachten auch das Gutachten von Horn las.

Daniel Schmolling war ein 38jähriger Tabakspinnergeselle,[360] der am Abend des 25. September 1817 auf der Hasenheide bei Berlin seine Freundin Henriette Lehne niedergestochen hat. Als er mit ihr an dem besagten Tattag spazieren ging, bat er sie schließlich, sich ein wenig zu ihm an einen Weidenbaum zu setzen, da er sie nach eigenen Angaben im Sitzen besser als im Stehen ermorden konnte. Zunächst lebte die Frau noch und gab bei ihrem Auffinden an, durch einen Messerstich ihres Geliebten Daniel Schmolling verletzt worden zu sein. Dieser kam ebenfalls herbeigeeilt, gab sich zu erkennen und gestand die Tat. Trotz sofortiger Hilfe starb die Verwundete am anderen Tag. Die Obduktion ergab, dass die ihr zugefügte Verletzung tödlich gewesen war.[361] In seiner Vernehmung gab Schmolling zu Protokoll, dass er drei Wochen vor der Tat den Entschluss zu derselben gefasst hatte. Er hatte zufällig ein Messer gefunden und in ihm sei der Gedanke

---

358 *Bopp*, Zurechenbar oder nicht? Actenstücke und Verhandlungen, in: Henke, Zeitschrift für die Staatsarzneikunde, 31. Bd., 1936, S. 378, 389.

359 A.a.O., S. 395.

360 Der damalige Beruf des Tabakspinners bestand in der Tätigkeit, Tabakblätter mit einer einem Spinnrad ähnlichen Vorrichtung zu Strangtabak zu verweben.

361 Zum Fall *Horn*, Gutachten über den Gemüthszustand des Tobackspinnergesellen Daniel Schmolling, welcher den 25sten September 1817 seine Geliebte tödtete, in: Horn / Nasse / Henke, Archiv für medicinische Erfahrung, 1820, Doppelheft März, April, S. 292 ff.; *Hitzig*, Vertheidigungschrift zweiter Instanz für den Tabackspinnergesellen Daniel Schmolling welcher seine Geliebte ohne eine erkennbare Causa facinoris ermordete, in: Zeitschrift für die Criminal-Rechts-Pflege in den preussischen Staaten mit Ausschluss der Rheinprovinzen, 1825, Bd. 1, 2. Heft, S. 261 ff.

entstanden, damit seine Freundin zu erstechen. Er habe das Messer immer bei sich geführt und konnte „das Messer gar nicht mehr von sich lassen“.[362] Ein Motiv hatte er nicht:

> „Ueber das Motiv zur That befragt, blieb er beharrlich dabei, daß ihm der Gedanke, das Mädchen zu ermorden, gekommen sey, er wisse selbst nicht wie, und daß ihm dieser Gedanke keine Ruhe gelassen, bis er die That ausgeführt.“[363]

Wegen dieser Einlassung und dem fehlenden Motiv zur Tat wurde der Stadtphysikus Dr. Johann Friedrich Alexander Merzdorff mit der Untersuchung von Schmollings Gemütszustand betraut. Dieser stellte fest, dass Schmolling die Tat in einem Anfall von amentia occulta beschlossen und verübt habe, woraufhin die Verteidigung beantragte, die Todesstrafe nicht zu vollziehen. Die Criminaldeputation des Stadt-Gerichts und der begutachtende Criminal-Senat des Kammergerichts waren dagegen der Auffassung, dass „gegen den Inquisiten die ordentlichen Strafen des Mordes, die Todesstrafe des Rades von oben herab, zur Anwendung zu bringen“ sei.[364] Die Ausführungen der Criminaldeputation des Stadt-Gerichts bemängelten am Gutachten von Merzdorff,[365] dass er keine Beweise der insania occulta, des verborgenen Wahnsinns vorgetragen habe. Aus der bloßen Abwesenheit einer rationellen Veranlassung und aus der unwiderstehlichen Neigung zur Tat auf einen partiellen Wahnsinn und damit Unzurechnungsfähigkeit zu schließen, sei aber falsch.[366] Es sei vielmehr ein Zirkelschluss, wenn der Physikus das, was er zu beweisen hat, als Beweismittel benutzt.

---

362 *Horn*, a.a.O., S. 296. *Hitzig*, a.a.O., S. 270.

363 *Hitzig*, a.a.O., S. 262.

364 A.a.O., S. 263.

365 Dieses wird inzident wiedergegeben bei den Ausführungen des Criminalsenats des Kammergerichts, a.a.O., S. 274 ff.

366 A.a.O., S. 265.

„Denn eben darauf kommt es an: ob irgend ein fehlerhafter oder krankhafter Zustand im Inquisiten dergestalt vorhanden war, daß er aus physischen Gründen dem Gedanken zur That nicht widerstehen konnte, und auf diese Art der Freiheit des Willens beraubt war.“[367]

Gerade dies wurde aber nach Auffassung der Criminaldeputation nicht vom Gutachter belegt: „Die Gründe des Gutachtens sind hiernach nicht allein unzureichend, sondern auch an sich selbst ohne Haltung. Es ist von allen medizinischen Gründen entblößt, und bedarf daher auch keiner wissenschaftlichen Widerlegung“.[368]

Die Ausführungen des Criminal-Senats des Kammergerichts, übrigens von E.T.A. Hoffmann geschrieben,[369] schlossen sich dem an. Hoffmann nahm allerdings auch allgemein Stellung zu den Kompetenzen der Gerichtsgutachter und unterschied ganz klar zwischen Begutachtungen der Verletzung des physischen Organismus durch Obduktion und der Begutachtung von Gemütszuständen. Bei ersteren dürfe der Richter die „reinwissenschaftlichen Gründe des Arztes nicht anfechten, sondern das abgegebene Gutachten nur in der Hinsicht prüfen, ob es mit dem bei der Obduction vermerkten Befunde der Sache übereinstimmt, ob es ein entscheidendes Urtheil enthält und nicht etwa Dunkelheiten und Widersprüche in sich trägt“.[370] Dagegen sprach sich Hoffmann für die Befugnis des Richters aus „näher zu untersuchen, in wie fern die rein geistigen Symptome, die der Arzt für seine Meinung, daß der Angeklagte wahnsinnig sey, anführt, nach den allgemeinen Regeln der Psychologie wirklich

---

367 A.a.O., S. 266.

368 A.a.O., S. 266.

369 S. *Poschmann*, Büchner. Dichtungen, 2006, S. 716; *Kubik*, a.a.O., S. 163. Vgl. *E.T.A. Hoffmann*, Juristische Arbeiten, mit Erläuterungen herausgegeben von Friedrich Schnapp, 1973, S. 83 ff.

370 *E.T.A. Hoffmann*, Juristische Arbeiten, S. 92.

die angebliche Geistesverwirrung darthun, oder nicht".[371] Und weiter hieß es:

> „Noch mehr wird dies der Fall sein, wenn der Arzt durchaus nicht vermochte, auch nur ein einziges physisches Symptom des Wahnsinns anzuführen, sondern sich darauf beschränkte, aus rein physischen Gründen die angebliche Geistesverwirrung zu deduziren, ja wenn er die That selbst ohne alle weitere physische und psychische, auf Wahnsinn deutende, Erscheinungen, als Beweismittel des vorgefundenen Wahnsinns benutzte. Dies hab aber der Doctor Merzdorff im vorliegenden Falle gethan."[372]

Danach äußerte sich Hoffmann auf mehreren Seiten zur amentia occulta, um dann ein niederschmetterndes juristisches Urteil zu fällen:

> Es „ist genügend dargethan worden, daß der Zustand des gebundenen Vorsatzes ohne Geistesverkehrtheit, die amentia occulta, eine isolirt dastehende Hypothese ist, auf die der Criminalrichter keine Werth legen kann."[373]

Auch Hoffmann ging daher davon aus, dass kein Zweifel an dem „ungestörten Gebrauch seines Geistesvermögens" bestand und Schmolling zurechnungsfähig gewesen sei und ihm die Todesstrafe gebühre.[374] Dennoch legte der Verteidiger Schmollings eine Verteidigungsschrift vor, in der Bezug genommen wurde auf ein von der Verteidigung in Auftrag gegebenes Gutachten des Geheimen Rates Dr. Horn.[375] Horn hatte Schmolling für nicht

371 *Hitzig*, Vertheidigungschrift zweiter Instanz für den Tabackspinnergesellen Daniel Schmolling welcher seine Geliebte ohne eine erkennbare Causa facinoris ermordete, in: Zeitschrift für die Criminal-Rechts-Pflege in den preussischen Staaten mit Ausschluss der Rheiprovinzen, 1825, Bd. 1, 2. Heft, S. 261, 283.

372 A.a.O., S. 283 f.

373 A.a.O., S. 304.

374 A.a.O., S. 319.

375 A.a.O., S. 322. Vgl. ferner den Abdruck des Gutachtens *Horn*, Gutachten über den Gemüthszustand des Tobackspinnergesellen Daniel Schmolling, welcher den 25sten September 1817 seine Geliebte tödtete, in: Horn /

zurechnungsfähig gehalten.[376] Der Verteidiger kritisierte zudem den Standpunkt des Gerichts, einem den Gemütszustand untersuchenden Arzt sei nicht in gleicher Weise Folge zu leisten wie einem Arzt, der körperliche Verletzungen untersucht. Die Entscheidungskompetenz des Gerichts im Hinblick auf Seelenzustände zweifelte die Verteidigung an.[377] Sie beantragte „den Schmolling von aller Strafe frei zu sprechen und ihn der Polizei=Behörde zur Anordnung der in Ansehung seiner erforderlich scheinenden Sicherheitsmaßregel zu übergeben".[378] Der Ober-Appellationssenat des Königlich-Preußischen Kammergerichts bestätigte jedoch in 2. Instanz das Urteil und lehnte den Antrag des Verteidigers Bode ab. Das königliche Justizministerium empfahl dennoch dem König im Wege eines Gnadenersuchens die gegen Schmolling erkannte Todesstrafe in lebenslange Freiheitsstrafe umzuwandeln. Dies geschah und Schmolling kam in Haft. Hier ermordete er im Februar 1825 einen Mithäftling.[379]

d) Der Fall Jünger

Wie bereits oben erwähnt[380] begutachtete der Vater von Georg Büchner den Soldaten Christoph Jünger im Hinblick auf seine Zurechnungsfähigkeit. Das Gutachten wurde im gleichen Jahr in Henkes Zeitschrift für die Staatsarzneikunde veröffentlicht, wie das zweite Clarus-Gutachten. Gut möglich, dass Büchner bei seiner Recherche zum Clarus-Gutachten auch das „Gutachten über den

---

Nasse / Henke, Archiv für medicinische Erfahrung, 1820, Doppelheft März, April, S. 292 ff.

376 A.a.O., S. 328.

377 A.a.O., S. 338 ff.

378 A.a.O., S. 348 f.

379 A.a.O., S. 367. Interessant ist an dieser Stelle, dass der Sachverständige Horn perspektivisch in seinem Gutachten ausgeführt hatte, dass Schmolling „dem Leben anderer gefährlich werden könnte" (S. 328).

380 Vgl. oben im Ersten Kapitel 1.

Gemütszustand eines Soldaten im Augenblick seines Vergehens im Dienste, durch tätliches Vergreifen am Vorgesetzten" noch einmal gelesen hat.[381]

Der 22jährige Soldat und gelernte Schreiner Christoph Jünger befand sich im Januar 1824 auf der Stockhaus-Wache, um seinen Dienst zu versehen. Nach der Ablösung um 10 Uhr legte er sich auf eine Pritsche, um zu schlafen. Sein Vorgesetzter, ein Korporal, bemerkte den schlafenden Gardisten und wollte ihn aufwecken, da die Stube gekehrt werden sollte. Da der Soldat auf Zurufen nicht reagierte, klopfte der Korporal ihm mit der Säbelscheide unten auf die Fußsohlen. Der Soldat blieb aber liegen, so dass der Korporal auf die Pritsche stieg und ihm in die Seite stieß. Daraufhin setzte sich Jünger zwar auf, doch als der Korporal sich abwandte, legte er sich wieder hin. Daher stieg der Korporal wieder auf die Pritsche, packte den Soldaten am Mantelkragen und an den Haaren und zog ihn hoch. Als er stand, packte Jünger den Korporal mit einer Hand vorne an der Brust, ohne etwas zu sprechen und versuchte, mit seiner anderen Hand den Säbel zu ziehen. Es gelang dem Korporal, den Gardisten wegzustoßen, woraufhin dieser aber den Säbel zog und in Richtung Korporal hieb. Der Korporal konnte allerdings mit seinem Säbel den Angriff parieren. Danach eilten ihm andere Soldaten zu Hilfe und nahmen Jünger den Säbel ab. Jünger wurde sofort verhaftet und in Arrest gebracht.

In der Folge wurde ein Untersuchungsgericht mit der Sache betraut. Dieses trug dem Regiments-Stabs-Arzt auf, den Gardisten in psychologischer Hinsicht zu untersuchen. Dieser stellte fest, dass an Jünger nicht der geringste Grad von Geisteszerrüttung wahrnehmbar gewesen sei. Büchners Vater war daraufhin

381 *Ernst Büchner*, in: Henke, Zeitschrift für die Staatsarzneikunde, 1825, S. 39 ff. Ebenfalls abgedruckt in *Ernst Büchner*, Versuchter Selbstmord mit Stecknadeln, 2013, S. 40 ff.

als Großherzoglich-Hessischer Bezirks-Physikus mit der Zweitbegutachtung des immer noch zweifelhaft erscheinenden Geisteszustands von Jünger beauftragt worden, da die Tat im Gegensatz zu seiner gutmütige Art und seinem Leumund als „musterhaft braver Soldat“ stand.[382] Ernst Büchner nahm bei Jünger einen Zustand der Schlaftrunkenheit an,[383] äußerte sich aber auch zum – in damaliger Zeit umstrittenen – partiellen Wahnsinn:

> „Außer der Schlaftrunkenheit existiert in der Wirklichkeit, oder es kommt beim Menschen noch ein anderer Zustand vor, der öfters mit mechanischen Handlungen verknüpft ist, die mit der Handlung des Gardisten Jünger gegen seinen Vorgesetzten, in großer Übereinstimmung zu stehen kommen. Dieser Zustand, welcher von den Schriftstellern vorübergehender Wahnsinn genannt wird, ist unseres Erachtens, ebenfalls wie die Schlaftrunkenheit, nach wissenschaftlichen Grundlehren nicht allein möglich und erklärbar; sondern es fehlet auch hier wieder nicht an glaubwürdigen Tatsachen, durch die seine Wirklichkeit sich in der Erfahrung bestätigt findet. Um das letztere zu beweisen, könnten wir aus der Literatur der gerichtlichen Medizin mehrere Beispiele anführen […].“[384]

Ernst Büchner bekannte sich demnach schon recht früh zur amentia occulta, forderte jedoch entsprechende Belege in Biografie und Krankheitsverlauf des Täters. Beim Fall Jünger legte sich Ernst Büchner nicht fest, ob dieser im Zustand der Schlaftrunkenheit oder in einem Anfall von Manie gehandelt hatte.[385]

> „Diesen Expositionen gemäß gehet also unsere gutachtliche Meinung, in Bezug auf die uns über die Möglichkeit und Wahrscheinlichkeit des, von dem Gardisten Christoph Jünger zu seiner Verteidigung vorgeschützten Gemütszustandes, während seines Vergehens gegen seinen Vorgesetzten, vorgelegte Frage, dahin: 1. Daß es nach wissenschaftlichen Grundlehren sowohl also auch

---

382 A.a.O., S. 40. Vgl. auch *Poschmann*, Büchner. Dichtungen, 2006, S. 717.

383 A.a.O., S. 52.

384 A.a.O., S. 57 f.

385 A.a.O., S. 64.

> durch, in der Erfahrung bestätigte Tatsachen in den Grenzen der Möglichkeit liege, daß derselbe, entweder in der Schlaftrunkenheit, oder in einem Anfall von vorübergehendem Wahnsinn, in sein Vergehen geraten sein könne; und da von ihm angenommen werden müsse, daß er in einem oder dem anderen dieser Zustände, ohne Bewußtsein und ohne freien Willen der Seele gehandelt habe, er nach den Lehren der gerichtlichen Medizin, als nicht zurechnungsfähig zu betrachten […].“[386]

Aufgrund dieses Gutachtens erkannte das Untersuchungsgericht mit Urteil vom 22. Juni 1824, dass der Angeklagte vom Verbrechen der Insubordination und jeder Strafe freizusprechen war. Dem Korporal wurde hingegen ein vierzehntägiger scharfer Arrest auferlegt.[387]

e) Der Fall Dieß

Wie oben bereits erwähnt[388] könnte Büchner vom Fall Dieß im Rahmen einer anatomischen Übung im von ihm in seiner Gießener Universitätszeit belegten Fach „Gerichtliche Medizin“ erfahren haben. Dieß starb nämlich am 23. Mai 1834 im Zuchthaus und der Leichnam wurde dem anatomischen Institut der Universität Gießen übergeben. Krause nennt es „sehr wahrscheinlich“, dass Büchner „an der Leiche des Mörders Dieß präpariert“ hat.[389] Gut möglich – wie schon oben angesprochen – ist auch, dass Büchner den Beitrag von Bopp 1836 in der Zeitschrift für die Staatsarzneikunde las, in dem der Fall Dieß ausführlich dargestellt und auf die Ähnlichkeiten zur Tat Woyzecks hingewiesen wurde.[390]

---

386 A.a.O., S. 65.

387 A.a.O., S. 67. Nach Poschmann handelte es sich bei dem Untersuchungsgericht um das Oberkriegsgericht in Darmstadt, vgl. *Poschmann*, Büchner. Dichtungen, 2006, S. 717.

388 Vgl. Erstes Kapitel 1.

389 *Krause*, Georg Büchner. „Woyzeck“. Texte und Dokumente, 1969, S. 161.

390 *Bopp*, Zurechenbar oder nicht? Actenstücke und Verhandlungen, in: Henke, Zeitschrift für die Staatsarzneikunde, 31. Bd., 1836, S. 378 ff.

Am 15. August 1830 hatte der 37jährige Leinenweber Johann Dieß seine Geliebte Elisabeth R. getötet. Mit dieser Geliebten hatte er ein Kind, das er sehr liebte.[391] Schon früher war es zwischen Dieß und seiner Freundin zu Streitigkeiten und Tätlichkeiten gekommen. Am Tattag gingen Dieß und Elisabeth zur Kirche. Sie gerieten schon vor der Kirche in Streit, weil Elisabeth nicht mit ihm zum Pfarrer gehen wollte. Dieß beabsichtigte, Elisabeth zu heiraten, da diese von ihm zum zweiten Male schwanger war. Er war schon Wochen zuvor eifersüchtig und zornig, weil Elisabeth sich zu einer Heirat nicht entschließen konnte. Nach der Kirche gesellte sich Dieß auf dem Nachhauseweg wieder zu Elisabeth und machte ihr Vorwürfe, so dass beide in Streit gerieten. Währenddessen stieß Dieß ihr einen Pfeifenraumer[392] in die Brust und wiederholte die Stiche mehrmals, nachdem Elisabeth laut schreiend hingefallen war. Im Rahmen der Obduktion wurden 15 Stichwunden festgestellt. Mehrere Passanten hatten die Tat beobachtet. Dieß floh in den Wald, stellte sich aber nach einigen Tagen freiwillig.[393]

Der Verteidiger von Dieß behauptete in seiner Schutzschrift, der Delinquent sei wegen „Geistesverwirrung" nicht zurechnungsfähig.[394] Als Gründe benannte der Verteidiger, Dieß habe die Tat unter Umständen ausgeführt, welche ihn sogleich als Täter entlarven mussten, außerdem habe er sich nach der Flucht gestellt.[395] Diese Erklärungsansätze taugten – verständlicher Weise – nicht, um das Gericht von einer Geistesverwirrtheit des Delinquenten zu überzeugen. Dennoch wurde Dieß „wiederholt" untersucht.[396] Das Gericht stellte aber fest, dass allein die Tatsache, dass man

391 So aus den Akten zitiert von *Bopp*, a.a.O., S. 382.

392 Eisenstift zum Reinigen der Pfeife, einem Messer ähnlich.

393 Vgl. zum Sachverhalt *Bopp*, a.a.O., S. 388 ff.

394 A.a.O., S. 379.

395 A.a.O., S. 390.

396 A.a.O., S. 392.

eine Tat auch an einem „schicklicheren Orte“ hätte verüben können, einen Wahnsinn ebenso wenig belegen kann, wie die Tatsache, sich selbst gestellt zu haben.[397] Daher könne „aus keinem Grunde eine Geistesabwesenheit des Johann D. zur Zeit der Ermordung der E.R. behauptet und gefolgert werden“.[398] Daraufhin legte der Verteidiger weitere Gründe für eine Geistesverwirrung seines Mandanten dar. Er gab an, dass jegliches Motiv für die Tat fehlte und die Tat und andere zurückliegende Taten so „exorbitant“ seien, „daß sie durch sich selbst schon die Vermuthung begründeten sie seyen nicht in dem Zustand der Willensfreiheit, sondern in dem der Geistesverwirrung begangen“ worden.[399] Außerdem könnten die jeweils vermuteten Geistesverwirrungen durch Zeugen dokumentiert werden.[400] Doch auch diesen neuen Einlassungen der Verteidigung vermochte sich das Großherzogliche Hofgericht nicht anschließen, stellte die Zurechenbarkeit fest und verurteilte Dieß am 7. Dezember 1831 wegen schuldvoller Tötung zu einer Zuchthausstrafe von 18 Jahren. Der oberste Gerichtshof, das Großherzogliche Oberappellations- und Cassationsgericht in Darmstadt bestätigte das Urteil am 11. Januar 1833.

f) Der Fall Rivière

Der Fall Rivière ist Büchner vermutlich ebenfalls bekannt geworden. Zwar trug sich die Tat in Frankreich zu, allerdings befand sich Büchner aufgrund seiner Flucht ab März 1835 in Straßburg. Der Fall machte damals Schlagzeilen. Seit dem Urteilsspruch im November 1835 konnte man in französischen Zeitungen täglich Berichte, Kommentare und Leserzuschriften verfolgen. 1936 erschien in dem führenden Fachorgan „Annales d’hygiène publi-

397 A.a.O., S. 391.

398 A.a.O., S. 393.

399 A.a.O., S. 393 f.

400 A.a.O., S. 394.

que et de médicine légale“ eine ausführliche Dokumentation mit dem vom Täter verfassten Mémoire, Zeugenaussagen über den Geisteszustand des Täters sowie den drei gerichtsmedizinischen Gutachten.[401] Diese Dokumentation war Büchner mit einiger Wahrscheinlichkeit zugänglich.[402]

Am 3. Juni 1835 erschlug der etwa 20jährige Bauernsohn Pierre Rivière in ihrer Wohnung im Dorf la Faucterie seine schwangere Mutter, seinen kleinen Bruder und seine Schwester mit einem Beil. Bei der Tötung seiner Schwester wurde er beobachtet, auch dabei, als er blutverschmiert auf dem Gemeindeweg in Richtung Aunay ging.[403] Es erging Haftbefehl gegen Rivière, die Verhaftung erfolgte am 2. Juli 1835.[404]

In seiner Vernehmung gab Rivière an, Gott habe ihm befohlen, Mutter, Schwester und Bruder zu töten. Er erzählte, bereits zwei Wochen vor der Tat diese geplant zu haben, weil die drei seinen Vater gepeinigt hätten und Gott es ihm befohlen habe.[405] Durch Zeugenbefragungen wurde bekannt, dass Rivière seit seiner Jugend Tiere gequält und getötet hatte.[406] Nachbarn hatten ferner angegeben, dass er gemeinhin „der Depp von Rivière“ oder „der Verrückte von Rivière“ genannt wurde und als geisteskrank galt.[407]

Daher wurden vor der Schwurgerichtsverhandlung im November zwei gerichtsmedizinische Gutachten eingeholt, die sich allerdings widersprachen. Dr. Boucherd, der Rivière mehrmals in der

---

401 Eine Zusammenstellung vom Verfahren, den gerichtsmedizinischen Gutachten und das Memoire des Pierre Rivières findet sich bei *Foucault* (Hrsg.), Der Fall Rivière, 1975.

402 So *Poschmann*, Büchner. Dichtungen, 2006, S. 719.

403 Vgl. zum Sachverhalt *Foucault*, a.a.O., S. 17 ff.

404 A.a.O., S. 27.

405 A.a.O., S. 32 ff.

406 A.a.O., S. 51.

407 A.a.O., S. 53.

Haft besucht hatte, konnte keinerlei Anzeichen von Geistesgestörtheit feststellen.[408] Dr. Vastel, der von der Verteidigung mit einem Gutachten betraut worden war, brachte seine „feste Überzeugung“ zum Ausdruck, dass die Tat „nichts anderes als das beklagenswerte Resultat einer eindeutigen Geistesgestörtheit ist“.[409] Er hielt Rivière seit seiner frühesten Jugend für geisteskrank.[410] Im Gerichtsprozess traten nicht nur beide Gutachter auf, sondern zusätzlich Dr. Trouvé und Dr. Lebidois. Die Auffassungen der Mediziner waren unterschiedlich. Die Geschworenen allerdings erklärten Rivière am 12. November 1835 nach dreistündiger Beratung für schuldig. Der Gerichtshof verurteilte daraufhin den Angeklagten zum Tode.[411]

In der Folgezeit häuften sich die kritischen Stimmen in den französischen Zeitungen. Am 25. Dezember 1835 nahmen die Mediziner Esquirol, Orfila, Marc,[412] Pariset, Rostan, Metivié und Leuret gutachterlich Stellung und kamen eindeutig zu dem Ergebnis, dass Rivière geistesgestört war:

> „[…] wir […] erklären einhellig:
>
> 1. Daß Pierre Rivière seit seinem vierten Lebensjahre stets Zeichen von Geistesgestörtheit aufgewiesen hat;
> 2. Daß seine Geistesgestörtheit, wiewohl weniger ausgeprägt, auch nach den Verbrechen, die er begangen hat, fortbesteht;
> 3. Daß diese seine Tat einzig dem Wahn zuzuschreiben ist.“[413]

Am 8. Februar 1836 ging ein Bericht des Justizministers an den König, worin auch auf das Gutachten der Ärzte Orfila, Marc,

---

408 A.a.O., S. 128.

409 A.a.O., S. 129.

410 A.a.O., S. 139.

411 A.a.O., S. 149.

412 Der auch im Fall Woyzeck zwei Stellungnahmen veröffentlichte.

413 A.a.O., S. 178.

Rostan, Metivié und Leuret hingewiesen wurde. Der Präsident des Schwurgerichts bat um Strafmilderung:

> „Auch in der Öffentlichkeit, die die Verhandlungen mit dem lebhaftesten Interesse verfolgte, gingen die Meinungen auseinander, und ernste Zweifel hätten sich unter den Mitgliedern des Gerichtshofes erhoben, wenn sie hätten ein Urteil fällen müssen."[414]

Auch der Staatsanwalt plädierte für den Erlass der Todesstrafe. Wegen der widersprechenden Berichte der Ärzte wurde der König gebeten, die gegen Rivière ausgesprochen Todesstrafe in lebenslange Haft umzuwandeln. Dem kam der König nach.[415] 1840 erhängte sich Rivière im Gefängnis Beaulieu.[416]

Während die Frage der Zurechnungsfähigkeit in Deutschland auch bei den einem größeren (Laien-)Publikum bekannten Strafrechtsfällen immer dem medizinischen und juristischen Diskurs verhaftet blieb, löste sich die Debatte um die Frage der Geisteskrankheit Rivières, um über den Zustand der Gesellschaft nachzudenken.[417]

> „Wenn man aber einräumt, daß Rivière bei der Durchführung seines dreifachen Verbrechens mit voller Zurechnungsfähigkeit gehandelt hat, in welcher moralischen Verfassung befindet sich dann eine Gesellschaft, die so verderbte Naturen wie Rivière und Lacenaire hervorbringt."[418]

---

414 A.a.O., S. 182 f.

415 A.a.O., S. 183 f.

416 A.a.O., S. 192.

417 *Poschmann*, Büchner. Dichtungen, 2006, S. 719.

418 Journal de Rouen et du département de la Seine-Inférieure, Sonntag, den 15ten November 1835, abgedruckt bei Foucault, a.a.O., S. 158, 160.

Drittes Kapitel
Der literarische Woyzeck

1. Fiktion und historische Wirklichkeit

Da ein literarisches Werk trotz aller Fiktionen immer auch Lebenswirklichkeit(en) abbildet, kann es neben ästhetischen Interpretationen ebenfalls zum Erkenntnisgewinn unterschiedlichster Disziplinen – auch der Rechtswissenschaft, Medizin u.ä. beitragen.[1] Literatur außerhalb jedes Erkenntnisinteresses wahrzunehmen, würde bedeuten, sich künstlich taub und blind zu stellen.[2] Schließlich kann ein Autor nicht losgelöst von der ihm umgebenden Wirklichkeit schreiben. Im 19. Jahrhundert, zur Zeit von Büchners künstlerischem Schaffen, wurde das Aufzeigen von Lebenswirklichkeit sogar zum Programm, d.h. zu Absicht, Element und Leistung des Romans.[3] So erlangte die Frage nach der Wahrheit in der ästhetischen Diskussion die Bedeutung eines übergeordneten Kriteriums. Man war der Überzeugung, der so lange missachtete Roman könne mehr geschichtliche Wahrheit verbürgen als die traditionelle Geschichte.[4]

Auch Büchner war die Quellenrecherche bei seinen Arbeiten sehr wichtig. Er sah in dem dramatischen Dichter einen Geschichtsschreiber, der die Geschichte zum zweiten Mal erschafft.

---

1 Ausf. *Sya*, Literatur und juristisches Erkenntnisinteresse. Joachim Maass' Roman „Der Fall Gouffé" und sein Verhältnis zu der historischen Vorlage, 2000, S. 3 ff.

2 *Lüderssen*, Literatur – gesteigerte Realität, in: Ders., Produktive Spiegelungen, 1991, S. 11, 18.

3 *Auerbach*, Mimesis. Dargestellte Wirklichkeit in der abendländischen Literatur, 9. Aufl. (1994), S. 512 f.

4 Vgl. *Japp*, Die Schule der Ernüchterung, in: Stendhal, Rot und Schwarz, 1. Aufl. (1989), S. 621.

https://doi.org/10.1515/9783110570946-004

> „Seine höchste Aufgabe ist, der Geschichte, wie sie sich wirklich begeben, so nahe als möglich zu kommen. Sein Buch darf weder sittlicher noch unsittlicher sein, als die Geschichte selbst."

Und weiter hieß es in einem Brief an die Eltern:

> „Der Dichter ist kein Lehrer der Moral, er erfindet und schafft Gestalten, er macht vergangene Zeiten wieder aufleben, und die Leute mögen dann daraus lernen, so gut, wie aus dem Studium der Geschichte und der Beobachtung dessen, was im menschlichen Leben um sie herum vorgeht."[5]

Insofern verwundert es nicht, dass Büchner zahlreiche Einzelheiten des Clarus-Gutachten in sein Stück übernommen hat. Inhaltliche Veränderungen Büchners am historischen Fall Woyzeck sind teilweise dadurch zu erklären, dass er auch auf Veröffentlichungen zu den anderen oben wiedergegebenen spektakulären Mordfällen zurückgegriffen hat.[6]

2. Die unterschiedlichen Handschriftenfassungen

Die Manuskripte Büchners zu Woyzeck existieren in unterschiedlichen Handschriftenfassungen, so dass die Reihenfolge der Szenen im Detail umstritten ist.[7] Das Konvolut von Handschriften befindet sich heute im Weimarer Goethe- und Schiller-Archiv, allerdings gibt es auch eine schöne Faksimileausgabe von Schmid mit Kommentar und Leseartenverzeichnis.[8] Insgesamt

---

5 *Büchner*, Brief an die Familie aus Straßburg nach Darmstadt, 28.7.1835, abgedruckt bei *Poschmann* (Hrsg.), Dokumente, S. 409, 410.

6 *Kinne*, a.a.O., S. 101; *Poschmann*, Büchner. Dichtungen, S. 715; *Neumeyer*, „Woyzeck", in: Borgards / Neumeyer (Hrsg.), S. 98, 107, 113; *Beise*, a.a.O., S. 111.

7 *Poschmann*, Die Woyzeck-Handschriften. Brüchige Träger einer wirkungsmächtigen Werküberlieferung, in: Georg Büchner. Der Katalog, 1987, S. 333; *Schmid*, Kommentar, in: Georg Büchner. Woyzeck. Faksimileausgabe der Handschriften, 1981, S. 12.

8 *Georg Büchner*, Woyzeck. Faksimileausgabe der Handschriften, 1981, bearbeitet von Schmid. S. zur Faksimileausgabe auch die Rezension von *Kanzog*, Faksimilieren, transkribieren, edieren. Grundsätzliches zu

sind 49 handschriftliche Niederschriften von Szenen oder Ansätzen von Szenenentwürfen überliefert. Zieht man diejenigen Entwürfe ab, die von Büchner durch Streichung als verworfen gekennzeichnet wurden oder sich durch Neufassung überholt haben, bleiben 31 Szenen übrig.[9] Wegen der teilweise unleserlichen Handschrift Büchners sind einige Textstellen unentzifferbar bzw. in ihrer Dechiffrierung ungesichert. Auch herrschte lange Zeit Unklarheit über diverse Wörter, die von Büchner verkürzt, zum Teil ohne Vokale im Wortinneren oder am Wortende, aufgeschrieben wurden. Zunächst wurde davon ausgegangen, dass die apokopierten Wortformen Büchners sprachlichen Verwurzelung des hessischen Sprachgebiets geschuldet sind.[10] Mayer hat jedoch in seiner Untersuchung herausgearbeitet, dass nicht jede Wortverkürzung als hessische Dialektform zu lesen ist, sondern diese vielmehr „Abbrechungskürzungen" im Schreibverfahren Büchners darstellen.[11]

Die Handschriften unterscheiden sich ihrem Äußeren nach, im Format und der Sorte des Papiers sowie im Umfang und in der Beschriftung augenfällig.[12] Eine Handschrift im Folioformat umfasst fünf Bogen zu je vier Seiten aus vergilbtem grauen Papier von minderwertiger Qualität. Eine andere Handschrift im Quartformat umfasst sechs Bogen in drei Doppellagen mit je acht Seiten anscheinend ursprünglich weißen Papiers etwas besserer

---

Gerhard Schmids Ausgabe des Woyzeck, in: Georg Büchner Jahrbuch 4/1984, 1986, S. 280 ff.

9 *Poschmann*, Büchner. Dichtungen, S. 620.

10 *Neumeyer*, „Woyzeck", in: Borgards / Neumeyer (Hrsg.), S. 98. *Bockelmann*, Von Büchners Handschrift oder Aufschluß, wie Woyzeck zu editieren sei, in: Georg Büchner Jahrbuch 7 (1988/89), 1991, S. 219 ff.

11 *Mayer*, Thesen und Fragen zur Konstituierung des Woyzeck-Textes, in: Georg Büchner Jahrbuch 8 (1990–94), 1995, 217, 224. Zu den Sprachverkürzungen s. auch ausf. *Dedner*, Marburger Ausgabe, S. 159 ff.

12 *Poschmann*, in: Georg Büchner. Der Katalog, S. 333.

Qualität. Die dritte Handschrift besteht aus einem Einzelblatt in etwas größerem Quartformat auf ebenfalls ursprünglich weißem Papier.[13]

Eine Zuordnung ist deswegen schwierig, weil die Handschriften nicht paginiert und auch die Szenen jeder einzelnen Handschrift nicht durchnummeriert sind.[14] Allerdings ist man sich weitgehend einig, dass die Handschriften vier gesonderten Niederschriften und daher unterschiedlichen Entstehungsstufen (H1 bis H4) angehören,[15] wobei die Reihenfolge wiederum umstritten war und ist, so dass noch heute unterschiedliche Fassungen existieren, wobei gängigste die sog. Lese- und Bühnenfassung ist.[16] Allerdings hat eine Tinten- und Papieranalyse ergeben, dass sich die Straßburger Tinte von der in Zürich von Büchner verwendeten Tinte unterschieden hat.[17] Auch eine vergleichende Papieranalyse Büchners mit anderen Straßburger Arbeiten verhalf dazu, eine Datierung der Handschriften mit einer relativen Wahrscheinlichkeit vorzunehmen.[18] Mit der Niederschrift der Handschriften H 1 und H 2 hat Büchner vermutlich Ende Juli 1836 begonnen und sie bis zu seinem Umzug nach Zürich im Oktober 1836 fertig gestellt.[19] In Zürich schrieb Büchner dann das Quartalblatt und die

---

13 Zu Beschaffenheit und Beschriftung ausführlich *Poschmann*, a.a.O., S. 334 ff.; *Poschmann*, Büchner. Dichtungen, 2006, S. 678 ff. Die Unterschiede sind auch gut in der Faksimile-Ausgabe von Schmid zu erkennen.

14 *Neumeyer*, in: Borgards / Neumeyer (Hrsg.), S. 98; *Poschmann*, in: Georg Büchner. Der Katalog, S. 335.

15 *Poschmann*, Büchner. Dichtungen, 2006, S. 681.

16 Vgl. hierzu *Neumeyer*, in: Borgards / Neumeyer (Hrsg.), S. 99, der insoweit auch eine andere Auffassung vertritt als Dedner und Poschmann. Lese- und Bühnenfassung sowie die Handschrifteninhalte separat enthält die Reclam-Ausgabe von *Dedner*, Erläuterungen und Dokumente, S. 11 ff.

17 *Dedner*, Marburger Ausgabe, S. 93 ff.

18 *Dedner*, a.a.O., S. 102 ff.; so auch *Neumeyer*, in: Borgards / Neumeyer (Hrsg.), S. 98.

19 *Dedner*, a.a.O., S. 104. *Poschmann*, Büchner. Dichtungen, 2006, S. 708.

Quarthandschrift von Woyzeck.[20] Diese Handschrift wird als „letzte Entwurfsstufe"[21] oder als „Hauptfassung" bezeichnet[22] und ist Grundlage für die Studienausgabe sowie die Lese- und Bühnenfassung des Woyzeck.[23] Die Hauptfassung enthält eine annähernd vollständig zusammenhängende Folge von siebzehn Szenen, wobei eine Szene offen blieb. Von den sechzehn ausgeführten Szenen sind zehn Neufassungen von Szenen in H 1 und H 2, fünf Szenen sind ganz neu dazugekommen.[24] Demgegenüber beinhaltet das Quartalblatt lediglich zwei nicht miteinander zusammenhängende Szenen „Der Hof des Professors" und „Der Idiot".[25] Teilweise wird das Quartalblatt als H 3 und die Quarthandschrift, also die „Hauptfassung" als H 4 bezeichnet,[26] teilweise ist es umgekehrt.[27]

Teilweise wird vermutet, dass Büchner möglicherweise bereits eine Reinschrift des Woyzeck angefertigt und das Manuskript gemeinsam mit dem ebenfalls verloren gegangenen Stück über Pietro Aretino[28] zur Veröffentlichung verschickt hat.[29] Schmid ist jedoch der Auffassung, dass die Entwurfsstufen „mit aller Klar-

---

20 So *Dedner*, a.a.O., S. 107. *Poschmann*, a.a.O., S. 708.

21 So *Schmid*, Kommentar, in: Georg Büchner. Woyzeck. Faksimileausgabe der Handschriften, 1981, S. 39.

22 *Poschmann*, Büchner. Dichtungen, 2006, S. 688, der zugleich auf den „übergeordneten Status" dieser Hauptfassung H 3 hinweist. Etwas verhaltener spricht Dedner von der „am weitesten fortgeschrittenen Entwurfshandschrift", vgl. *Dedner*, Marburger Ausgabe, S. 130.

23 *Neumeyer*, in: Borgards / Neumeyer (Hrsg.), S. 99.

24 Ausführlich *Poschmann*, Büchner. Dichtungen, 2006, S. 686 ff.

25 *Dedner*, Erläuterungen und Dokumente, S. 107 ff.

26 So *Dedner*, a.a.O., S. 106 ff.

27 So *Poschmann*, Büchner. Dichtungen, 2006, S. 697.

28 Hierzu *Hauschild*, Büchners „Aretino". Eine Fiktion?, in: Georg Büchner. Der Katalog, 1987, S. 353 ff.

29 So *Bergemann*, Georg Büchner-Schrifttum seit 1937, in: Deutsche Vierteljahresschrift 1951, S. 112, 113; *Poschmann*, a.a.O., S. 696.

heit“ erkennen lassen, dass die Arbeit abgebrochen worden ist und es eine Reinschrift nicht gegeben haben kann.[30]

Man muss also davon ausgehen, dass angesichts der späteren Datierung des Quartblatts mit den beiden Einzelszenen[31] es keine endgültige Fassung des Woyzeck-Dramas gibt, dieses insofern fragmentarischen Charakter hat – nicht etwa, weil dies von Büchner beabsichtigt war,[32] sondern vielmehr, weil er es nicht mehr vollenden konnte.

3. Spiegelungen – die historischen Fälle im Drama

a) Der 1. Entwurf

In der ersten Handschrift H 1[33] sind die beiden Hauptprotagonisten noch uneinheitlich als Soldat und Louis sowie als Margreth und Margretchen bezeichnet. Im Sprechtext taucht aber schon der Name Woyzecke auf (H 1, 6).

Die Foliohandschrift H 1 beginnt mit zwei Marktschreierszenen, eine vor und eine im inneren einer Bude. Der Marktschreier stellt mit „Michel“ vermutlich einen Affen,[34] ein astronomisches – d.h. sternenkundiges – Pferd und Kanarienvögel vor. Das Affen-

---

30 *Schmid*, Kommentar, in: Georg Büchner. Woyzeck. Faksimileausgabe der Handschriften, 1981, S. 54.

31 Hierzu *Dedner*, Marburger Ausgabe, S. 128.

32 So auch *Neumeyer*, in: Borgards / Neumeyer (Hrsg.), S. 99; zur Überlieferung des Woyzeck als „work in progress“ s. *Dedner*, a.a.O., S. 135.

33 Ein Abdruck aller Handschriften findet sich beispielsweise in der günstigen Reclam-Studienausgabe von *Dedner*, Georg Büchner. Woyzeck. Studienausgabe, 2010 (zitiert als Reclam-Studienausgabe). Hier wird auch differenziert zwischen emendiertem, also von Büchner mit Streichungen versehenen, Text und differenziertem Text. Diese Unterschiede können im Folgenden nicht berücksichtigt werden.

34 Jedenfalls ist im zweiten Entwurf H 2, 3 anstatt von dem mit Namen benannten Tier von einem Affen, einem Pferd und einem Kanarienvogel die Rede, vgl. Reclam-Studienausgabe, S. 67.

Theater war bei volkstümlichen Festen und in Vergnügungsparks damals eine beliebte Attraktion.[35] Das Pferd als „Professor an mehreren Universitäten“ wird als Beleg dafür gesehen, dass Büchner eventuell an den Unterricht in freien Künsten und körperlichen Übungen an der Universität Gießen dachte, der von Universitäts-Stallmeister Frankenfeld im Reiten gegeben wurde.[36] Allerdings wird durch die ironisch angegebenen akademischen Weihen des Pferdes zugleich der Stand der Gelehrten erniedrigt und lächerlich gemacht. Das Pferd soll dann auch die menschliche Gesellschaft beschämen.[37] Durch die Verballhornung des Wortes Physiognomik in Viehsionomik wird zudem auf die Fragwürdigkeit hingewiesen, die mit der Kunst, aus der äußeren Erscheinung des Menschen auf seine Geistesbeschaffenheit zu erkennen, verbunden ist.[38] Büchner lässt die Grenzen zwischen Tier und Mensch[39] verschwimmen: „Ein Mensch, ein thierischer Mensch und doch ein Vieh […]“.[40] Danach zeigt der Marktschreier, dass sein Pferd rechnen kann und weiß, wieviel Uhr es ist.[41] Hier werden zeitgenössische Dressurakte zum Motiv. Die Annonce einer hessen-darmstädtischen Schaustellertruppe kündigte z.B. 1837 dressierte Hunde wie folgt an: „sie verstehen die

---

35 Näher hierzu *Dedner*, Marburger Ausgabe, S. 443.

36 *Dedner*, Erläuterungen und Dokumente, S. 82; *Ders.*, Marburger Ausgabe, S. 444.

37 Reclam-Studienausgabe, S. 45.

38 Zu den Hintergründen der Physiognomik und dem bereits schon zuvor damit betriebenen Wortwitz vgl. *Dedner*, Erläuterungen und Dokumente, S. 82 f.; *Ders.*, Marburger Ausgabe, S. 445. Ausf. auch *Wimmer*, Aus der Weltsicht eines ‘Viehsionomen’. Georg Büchners Sezierung des Homo sapiens, in: Wimmer (Hrsg.), Georg Büchner und die Aufklärung, 2015, S. 141, 167 f.

39 Der Motivstrang Mensch-Tier ist denn auch ein wichtiger Interpretationspfeiler, dem hier wegen anderer Schwerpunktsetzung nicht nachgegangen wird. Vgl. nur *Neumeyer*, in: Borgards / Neumeyer (Hrsg.), S. 115 m.w.N.

40 Reclam-Studienausgabe, S. 45.

41 Reclam-Studienausgabe, S. 45 f.

vier ersten Regeln der Arithmetik, indem sie auf Ziffertäfelchen rechnen; sie zeigen die Stunde und Minute auf einer vorgehaltenen Uhr an".[42]

In Szene H 1, 5 wird bereits eine Vorahnung auf den bevorstehenden Todesfall gegeben, da der Narr Blut riecht und Louis überall Blut sieht, ein Meer von Blut[43] in Andeutung an Offenbarungen im Neuen Testament,[44] aber daneben auch wieder Hinweis auf Visionen und Wahnvorstellungen von Louis.

In Szene H 1, 6 geht es um Stimmen, die Louis hört: „Was spricht da unten aus dem Boden hervor, ganz leise was? [...] Stich Woyzecke [...] stich, stich die Woyzecke todt. [...] Immer zu! Was! Das zischt und wimmert und donnert".[45] Während der Täter in dieser Entwurfsfassung noch Louis genannt wird, wird das Opfer Margreth hier als Woyzecke bezeichnet und der historische Name Woyzeck in einer leichten Abwandlung aufgegriffen. Die leisen Stimmen, das Zischen, Wimmern, aber auch Donnern ist eine Anspielung auf Angaben im Clarus-Gutachten. Clarus hatte zunächst den Akten entnommen, dass Woyzeck gegenüber dem Zeitungsträger Haase angegeben hatte: „Er habe es hören sprechen, obgleich niemand in der Nähe geschlafen. [...] Habe er es in seiner Nähe stark knistern und deutlich eine Stimme sprechen hören."[46] In den Explorationen, die Clarus mit Woyzeck führte, erzählte dieser, er habe es bei Tage „öfters knistern und rumoren hören", auch gab er an, „es habe um ihn geschrieen. Als ich (Clarus) ihn aber deshalb genauer befragte, nahm er diesen

---

42 Zitat bei *Dedner*, Erläuterungen und Dokumente, S. 84; *Ders.*, Marburger Ausgabe, S. 446.

43 Reclam-Studienausgabe, S. 48.

44 Zu den Stellen im Einzelnen *Dedner*, Erläuterungen und Dokumente, S. 85; *Ders.*, Marburger Ausgabe, S. 447 f.

45 Reclam-Studienausgabe, S. 48 f.

46 *Clarus*-Gutachten, a.a.O., S. 11.

Ausdruck zurück und sagte, er habe diese Stimmen immer nur leise vernommen".[47] Auch erklärte Woyzeck gegenüber Clarus, dass er eine Stimme gehört habe, die ihm befahl: „Stich die Frau Woostin todt".[48]

Das Messermotiv in Szene H 1, 7, in dem Louis von einem Messer träumt, ist historisch dagegen nicht eindeutig zuzuordnen. Schmolling hatte jedoch bei seiner Tat ebenso ein Messer verwendet wie Schneider, Dieß verwendete einen Pfeifenraumer und Woyzeck eine abgebrochene Degenklinge, die aber wie ein Messer verwendet wurde. Alle Täter begingen ihre Tat also mit einer Stichwaffe.

Auch trugen sich die Täter schon vorher mit dem Gedanken, einen Mord zu begehen. Dies wird in der Szene H 1, 11 aufgegriffen, in der die zukünftige Tat angedeutet wird. Büchner lässt den späteren Täter Louis sagen: „Ich wollt es wär übermorgen Abend. […] Dann wär's vorbey." Und weiter heißt es „Es wird mancher mit den Füßen voran zur Thür n'aus getragen",[49] eine redensartliche Anspielung auf die Toten, die mit den Füßen voraus aus dem Haus getragen werden.[50]

In der Szene H 1, 11 erfolgt aber auch ein direkter Bezug auf Schmolling: „Was liegt dann da drüben? Eben glänzt es so. Es zieht mir immer so zwischen den Augen herum. Wie es glitzert. Ich muß das Ding haben". Durch H 1, 12 wird deutlich, dass es sich bei dem glitzernden Gegenstand um ein Messer gehandelt hat.[51] Einzig Schmolling war es aber, der sein Messer angeblich zufällig gefunden hat und bei dem dieser Zufallsfund die Idee

47 A.a.O., S. 29 f.

48 A.a.O., S. 31.

49 Reclam-Studienausgabe, S. 53 f.

50 S. auch *Dedner*, Marburger Ausgabe, S. 453.

51 Reclam-Studienausgabe, S. 54 f.

auslöste, seine Geliebte zu erstechen.[52] Während Schmolling das Messer aber drei Wochen bis zur Tat ständig bei sich führte, legt Louis in H 1, Szene 12 das Messer in eine Höhle: „Du sollst nicht tödten. Lieg da! Fort!“.[53] Büchners Louis versucht also im Gegensatz zu Schmolling, dem Mordgedanken aktiv zu widerstehen. Allerdings hörte Schmolling an einem Tag innerhalb der drei Wochen, als er den Entschluss zur Tat bereits gefasst hatte, eine Stimme, die im zuflüsterte „lass es noch, bis Morgen“.[54] Trotzdem führte Schmolling das Messer dennoch die ganzen drei Wochen bei sich.

Auch hier ähneln sich die Fälle Schmolling, Dieß und Schneider, die ihre Tatwaffe über einen längeren Zeitraum bei sich führten. Einzig Woyzeck hatte die abgebrochene Degenklinge erst am Tattag in ein Heft stoßen lassen. Der Gedanke an die Tat lässt aber sowohl die historischen Personen, als auch Louis nicht mehr los. In H 1, 13 drücken ihn Albträume. Wieder hört er die Stimme, die Woyzecke totzustechen.[55] Während der historische Woyzeck gegenüber Clarus mehrfach versicherte, die Stimme „Stich die Frau Woostin todt“ nur „dieses einzige Mal, und nachher nie wieder gehört“ zu haben,[56] plagen Louis die Befehlsstimmen mehrfach. Schmolling hörte zwar keine Stimmen, die ihn zum Mord aufriefen, allerdings verfolgten ihn die Gedanken an den Mord: „alsdann wurde der Gedanke besonders stark und immer

52 *Horn*, Gutachten über den Gemüthszustand des Tobackspinnergesellen Daniel Schmolling welcher am 25sten September 1817 seine Geliebte tödtete, in: Horn / Nasse / Henke (Hrsg.), Archiv für medizinische Erfahrungen im Gebiete der praktischen Medizin und Staatsarzneikunde, 1820, S. 292, 296.

53 Reclam-Studienausgabe, S. 55.

54 *Horn*, a.a.O., S. 304.

55 Reclam-Studienausgabe, S. 55.

56 *Clarus*-Gutachten, a.a.O., S. 32.

heftiger".[57] „Seit den letzten drei Tagen beschäftigte mich der Gedanke, die L ermorden zu wollen, unaufhörlich, und ich konnte ihn gar nicht loswerden."[58] So lässt auch Büchner Louis in H 1, 13 sprechen: „Ich habe keine Ruhe".

In Szene H 1, 15 kommt es dann zu der Tat. Die Szene spielt im Freien „[…] dort hinaus ist die Stadt, s'ist finster".[59] Auch Schmolling brachte seine Geliebte im Freien, auf der Hasenheide bei Berlin um. Schneider tötete seinen Gläubiger Lebrecht in einem Wald bei Darmstadt. Währenddessen erstach Woyzeck die Woostin vor ihrem Haus und Dieß seine Geliebte auf dem Nachhauseweg von der Kirche. Eine Bezugnahme Büchners auf den Fall Schmolling wird auch durch eine weitere Passage der Szene deutlich. Louis lässt Margreth neben sich Platz nehmen „Komm setz dich".[60] Was die Tat betrifft, so hatte Schmolling gegenüber dem Gutachter Horn angegeben: „Ich bat die L. sich noch ein wenig bei mir zu setzen, weil ich sie im Sitzen besser als im Stehen ermorden konnte".[61]

Nach einem kurzen Gespräch ahnt Margreth das düstere Vorhaben von Louis: „Was hast du vor? Louis, du bist so blaß. Louis halt. Um Himmels willen. He Hülfe".[62] Auch die Geliebte Schmollings hatte nach seinen eigenen Angaben darum gebeten, sie nicht mehr zu stechen.[63] Als Schmolling nach der Tat – als Lehne noch lebte – zunächst drei Personen kommen sah, flüchtete er.[64] In Szene H 1, 16 lässt Büchner zwei Personen erscheinen,

---

57 *Horn*, a.a.O., S. 300.

58 *Horn*, a.a.O., S. 302.

59 Reclam-Studienausgabe, S. 57.

60 Reclam-Studienausgabe, S. 57.

61 *Horn*, a.a.O., S. 306.

62 Reclam-Studienausgabe, S. 58.

63 *Horn*, a.a.O., S. 308.

64 *Horn*, a.a.O., S. 308 f.

die die Hilferufe hörten.[65] Allerdings spielt sich die Handlung offenkundig nahe am Wasser ab, da Büchner eine Person sagen lässt: „Es ist das Wasser, es ruft, schon lang ist Niemand ertrunken".[66] Hier wird ein erster Bezug zum Fall Schneider deutlich. Büchner könnte bei dieser Szene an einen Darmstädter Teich, den Großen Woog gedacht haben. Der Sage nach forderte er jährlich ein Opfer und ließ einen Schrei hören, wenn lange niemand ertrunken ist.[67]

Die weitere Szene H 1, 17 erinnert ebenfalls an den Fall Schneider. Louis geht ins Wirtshaus und tanzt, bis Blut an ihm entdeckt wird und der Narr ruft „ich riech Menschenfleisch".[68] Daraufhin entgegnet Louis: „Meint Ihr ich hätt Jemand umgebracht? Bin ich Mörder? Was gafft Ihr". Anschließend flüchtet er aus dem Wirtshaus.[69] Schneider suchte nach der Tat ebenfalls ein Wirtshaus auf, geriet dort aber im Gegensatz zu Louis in ein Getümmel von Streitenden. Obwohl er auch Blut des Opfers an sich haben musste, ist dies offensichtlich nicht aufgefallen oder jedenfalls nicht zur Sprache gekommen, da Schneider das Wirtshaus unbehelligt wieder verlassen konnte.

In Szene H 1, 18 lässt Woyzeck ein Kind mit Anspielung auf Margrethchen sprechen, dass man eine Leiche „links über die Lochschneise in dem Wäldchen, am rothen Kreuz" gefunden

65 Reclam-Studienausgabe, S. 58 f.

66 Reclam-Studienausgabe, S. 59.

67 *Dedner*, Marburger Ausgabe, S. 459; *Dedner / Vering*, Es geschah in Darmstadt, Feuilleton, FAZ vom 23.12.2005, Nr. 299, S. 35; *Schulz*, „Links über die Lochschneise in dem Wäldchen, am rothen Kreuz". Der Tatort in Woyzeck, sein Vorbild im „Bessunger Forst" und weitere Darmstädter Anregungen, in: Georg Büchner Jahrbuch 9 (1995/99), 2000, S. 520 ff.

68 In einer Anspielung auf ein Märchen, so *Dedner*, Marburger Ausgabe, S. 461 f. Daneben allerdings wohl auch eine Anspielung auf die Tatsache, dass Louis jemanden getötet hat.

69 Reclam-Studienausgabe, S. 60.

hat.[70] Hier nimmt Büchner wiederum Bezug auf einen realen Ort im Darmstädter Stadtwald.[71] Allerdings spielte diese Örtlichkeit im Fall Schneider keine Rolle. Daneben wird durch den Ausruf des Kindes: „Fort, daß wir noch was sehen. Sie tragen sie sonst hinein“, auf die Sensationslust der Menschen angespielt. Insoweit ist diese Szene sehr modern und in die heutige Zeit übertragbar. Der heutigen „Gaffer-Mentalität“ ist ein eigener Gesetzentwurf aus dem Jahr 2016 geschuldet.[72]

Während das Kreuz bei der Lochschneise keine Rolle im historischen Fall Schneider spielte, gab es aber eine andere historische Übereinstimmung mit der Szene H 1, 19. Schneider kehrte nämlich sowohl an den Tatort zurück, um sich zu vergewissern, ob das Opfer noch lebte und das Messer zu holen, als auch um sich anschließend am Teich Hände, Gesicht und blutgetränkten Rock zu waschen.[73] In Szene H 1, 19 geht Louis an den Tatort zurück, um das Messer zu suchen. Er sieht Margreth, die „bleich“ ist, findet das Messer und nimmt es an sich.[74] Schließlich wirft Louis in Szene H 1, 20 das Messer in den Teich, merkt, dass er blutig ist und wäscht sich: „Bin ich noch blutig? Ich muß mich waschen. Da ein Fleck und da noch einer“.[75] Die Parallelen zum Fall Schneider sind also unverkennbar.

Szene H 1, 21 ist unvollendet. Gerichtsdiener, Barbier, Arzt und Richter sollten auftreten, allerdings erhält nur der „Polizeydiener“ das Wort, vom Barbier findet sich lediglich eine Arbeitsnotiz. Es wird gemutmaßt, dass der Barbier in dieser Szene die Amtsperso-

70 Reclam-Studienausgabe, S. 61.

71 *Dedner*, Marburger Ausgabe, S. 462 f.

72 Vorgeschlagen wird darin, in einem § 115 StGB-E das Behindern ziviler Rettungskräfte unter Strafe zu stellen.

73 *Bopp*, Bibliothek ausgewählter Strafrechtsfälle, 1834, S. 62 f.

74 Reclam-Studienausgabe, S. 61.

75 Reclam-Studienausgabe, S. 62.

nen zum Fundort der Leiche führen sollte.[76] Der Barbier war es nämlich im Fall Schneider, der zufällig die Leiche Lebrechts fand und die Polizei verständigte.[77] Büchner lässt den Polizeidiener die Worte sprechen: „Ein guter Mord, ein ächter Mord, ein schöner Mord, so schön als man ihn nur verlangen thun kann, wir haben schon lange so keinen gehabt".[78] Diese Äußerung wurde vielfach interpretiert. Sinnvoll erscheint es mir, dass durch diese begeisterte Aufnahme des „schönen Mordes" die benannten Funktionsträger, also Gerichtsdiener, Arzt und Richter auf ihre Rollen im Strafverfahren reduziert werden sollen. Der Täter verhilft ihnen quasi erst zur Arbeit und ihr Geschäft ist es, den Mörder zu überführen und seiner Strafe zuzuführen.[79] Durch den begeisterten Ausruf des Gerichtsdieners wird zudem die Faszination herausgearbeitet, die von einem brutalen Mord ausgeht.[80] Auch dies ist ein noch heute zu bemerkendes Phänomen. Nicht nur True Crime Filme erfreuen sich großer Beliebtheit, sondern auch Bücher des Genres. Es gibt sogar seit 2015 eine regelmäßig erscheinende Zeitschrift Stern Crime, die sich mit realen Fällen beschäftigt.

Durch den guten, schönen Mord wird aber auch das Opfer entmenschlicht und das Geschehen einzig auf die Tat reduziert. Hintergründe und Motive, psychische Anomalien des Täters, die zuvor noch blitzartig durch die Wahnvorstellungen Louis aufgeflackert sind, spielen bei diesem Prozess zunächst keine Rolle. Auch das Handlungsgeschehen wird in der Reflektion der Strafverfolger auf den Mord an sich beschränkt.

Eventuell war wegen der Protagonisten dieser Szene ursprünglich von Büchner geplant, mehrere strafverfahrensrechtliche / gericht-

---

76 *Dedner*, Marburger Ausgabe, S. 464.

77 *Bopp*, a.a.O., S. 64.

78 Reclam-Studienausgabe, S. 62.

79 In diese Richtung auch *Dedner*, Büchner. Dichtungen, 2006, S. 781.

80 *Kinne*, Lektürehilfen. Georg Büchner. Woyzeck, 11. Aufl. (2012), S. 28.

liche Szenen dem Drama im weiteren Verlauf anzuschließen. Dafür spricht die Kürze der ersten Handschrift. Allerdings ist zu berücksichtigen, dass in der Hauptfassung die Handlung durch weitere Szenen angereichert worden ist, während das Ende nicht weiter ausgebaut worden ist. Insofern bleibt unsicher, ob Büchner dieses Vorhaben eventuell bewusst aufgegeben hat oder aufgrund seiner Erkrankung zur Vervollständigung in dieser Richtung nicht mehr gekommen ist.[81]

Als Fazit kann festgehalten werden, dass sich Büchners Handschrift 1 primär auf die Dokumentationen des Falls Schmolling und Schneider stützt. Dadurch, dass die Hauptfigur in H 1 noch Louis genannt wird, wird der historische Bezug auf Woyzeck nicht sofort ersichtlich. Allerdings wird der Name Woyzecke – wenn auch als Bezeichnung des Opfers – verwendet. Der Protagonist Louis hört eine Stimme, die ihm vorgibt, die „Woyzecke" zu erstechen. Hier spiegelt sich der auch vom historischen Woyzeck in seiner Befragung wiedergegebene Befehl, den er wahrgenommen hatte, der Befehl nämlich, seine Geliebte, die Woostin zu töten. Zwar hörte Schmolling keine Stimmen, die ihm den Mord befahlen, allerdings trieb ihn der Gedanke an den Mord ebenfalls mehrere Wochen um. Klarer Bezug zum Fall Woyzeck sind dann in der ersten Handschrift auch die Visionen von Louis.

b) Der 2. Entwurf

In H 2 verschiebt sich die Quellenabhängigkeit des Textes von den Schmolling-Dokumenten hin zu den Veröffentlichungen zum Fall Woyzeck. Allerdings werden auch die Motive Schmollings beibehalten, ebenso Örtlichkeiten, die im Fall Schneider eine Rolle spielten. Insofern vermischen sich die Quellen und werden angereichert durch Quelleneinflüsse zum Fall Dieß. Hinzu kommt

---

81 So auch *Ritscher*, Grundlagen und Gedanken. Georg Büchner. Woyzeck, 1997, S. 36.

die Tatsache, dass sich die Fälle ohnehin ähnelten und sich dadurch zwangsweise Überschneidungen ergeben.[82] Zudem nimmt Büchner ab H 2 Anleihen beim Fall Jünger.[83]

Ab H 2 wird nun der Name Woyzeck / Franz anstelle von Louis verwendet. Das Opfer heißt nicht mehr Margreth / Woyzecke, sondern Louise. Aus dem männlichen Protagonist Louis wird also die weibliche Protagonistin Louise. Der Name Woyzecke tritt aus seiner Opferrolle und wird Name für den Täter Woyzeck.

Im zweiten Entwurf spielt die erste Szene H 2, 1 auf dem freien Feld. Nachdem der Kamerad Andres unbeschwert ein Lied gesungen und gepfiffen hat, wird die Stimmung durch Woyzeck gedämpft, der Andres zu verstehen gibt, dass der Ort verflucht ist.[84] Deutlich wird hier die Diskrepanz zwischen der Unbekümmertheit Andres und den Ängsten Woyzecks. Schon in dieser ersten Szene lässt Büchner Woyzeck Stimmen hören: „Hörst du's Andres? Hörst du's es geht! Neben uns“. Dadurch hebt sich Woyzeck von Anfang an durch seine Wahrnehmungen und Ängste ab. Dies macht Andres Angst und er konfrontiert Woyzeck gleich in der ersten Szene mit seiner Andersartigkeit: „Seyd Ihr toll! Teufel“.[85] Die Tollheit steht umgangssprachlich synonym für Verrücktheit und Wahnsinn. Im 19. Jahrhundert differenzierte man allerdings medizinisch zwischen Wahnsinn und Tollheit, auch wenn Hoffbauer feststellte, dass Tollheit und Wahnsinn oft miteinander verbunden sein mögen.[86] Insofern wird von Büchner gleich der Fokus auf wahnhafte Vorstellungen Woyzecks und

---

82 Zu den unterschiedlichen Quelleneinflüssen auf die Motive im Drama s. ausf. *Dedner*, Büchner. Dichtungen, 2006, S. 725 f.

83 Vgl. hierzu ebenfalls *Dedner*, a.a.O., S. 726 f.

84 Reclam-Studienausgabe, S. 63.

85 Reclam-Studienausgabe, S. 64.

86 *Hoffbauer*, Psychologische Untersuchungen über den Wahnsinn, die übrigen Arten der Verrücktheit und die Behandlung derselben, 1807, S. 305.

dessen „Ver-Rücktheit“ gelegt. Das Hören von Stimmen als Motiv zieht sich durch den ganzen zweiten Handschriftenentwurf und nimmt somit direkte Anleihen beim Fall Woyzeck. Bereits in der ersten Szene H 2, 1 taucht auch das Freimaurermotiv auf: „Das waren die Freimaurer“, „Die Freimaurer! Wie sie wühlen“.[87] Freimaurer sind ein international verbreiteter Geheimbund. In Deutschland wurde die erste Loge 1737 gegründet.[88] Auch heute noch gibt es Freimaurerlogen.[89] Durch das Freimaurermotiv wird ein eindeutiger Bezug von Büchner zum Fall Woyzeck hergestellt. Zudem ist dieser Bezug Beleg dafür, dass Büchner tatsächlich Quellen zum Fall, insbesondere das Clarus-Gutachten gelesen hat. Woyzeck gab gegenüber Clarus an, er habe geglaubt, von Freimaurern verfolgt zu werden.[90] Clarus ging auf diesen Aspekt bei seiner Begutachtung ein.[91]

Das im historischen Fall Woyzeck immer wiederkehrende Freimaurermotiv kommt auch in Szene H 2, 2 zum Einsatz. Woyzeck gibt gegenüber seiner Freundin Louise an, von Freimaurern verfolgt zu sein: „Die Freimaurer! Es war ein fürchterliches Getös am Himmel […]“.[92] Louise nennt ihn daraufhin einen Narren, auch sie spricht also gleich offen die Andersartigkeit Woyzecks an, die Verrücktheit, die ihr Angst macht: „Wie unheimlich, ich mag, wenn es finster wird gar nicht bleiben […]“.[93] Woyzeck bekräftigt, als Louise ihn einen Narren nennt, die von ihm wahrgenommenen Erscheinungen: „Sieh um dich! Alles starr fest, finster, was regt sich dahinter. Etwas, was wir nicht fassen […]

87 Reclam-Studienausgabe, S. 63 f.

88 *Dedner*, Erläuterungen und Dokumente. S. 13.

89 Ausführlich zum Geheimbund der Freimaurer *Binder*, Die Freimaurer. Geschichte, Mythos und Symbole, 2015.

90 *Clarus*-Gutachten, a.a.O., S. 8 f.

91 *Clarus*-Gutachten, a.a.O., S. 25 f., 37 ff.

92 Reclam-Studienausgabe, S. 66.

93 Reclam-Studienausgabe, S. 66.

still, was uns von Sinnen bringt, aber ich hab's aus."[94] Er hält also an seinen Wahrnehmungen fest, realisiert aber gleichzeitig, dass diese jemanden von Sinnen bringen. Von Sinnen kommen bedeutet, den Gebrauch der äußeren Sinne und damit auch das Bewusstsein für andere Dinge zu verlieren.[95] Indem Woyzeck dieses von Sinnen sein aber auf „uns", also auf alle Wahrnehmenden, bezieht, wird er sich nicht bewusst, dass nur seine Sinne verrücken.

In Szene H 2, 2 wird zudem deutlich, dass Woyzeck und Louise ein gemeinsames – uneheliches – Kind haben. Auch Woyzeck hatte ein uneheliches Kind, allerdings nicht mit seinem späteren Opfer, sondern noch aus seiner Militärzeit mit der Wienbergin, mit der er im Jahr 1810 ein Verhältnis gehabt hatte.[96] Angelehnt ist die Szene vermutlich eher an den Fall Dieß. Denn während Woyzeck keinen Kontakt mehr zu seinem unehelichen Kind unterhielt, war das bei Dieß anders. Er war Vater eines Kindes der Geliebten, um das er sich sorgte und für das er auf Erwerbssuche ging, um eine Grundlage für ein gemeinsames Zusammenleben zu schaffen.[97] Durch diesen Aspekt der Fürsorglichkeit wird der wüste und unmoralische Lebenswandel, der dem historischen Woyzeck vorgeworfen wurde, als Kriterium einer Bewertung der späteren Tat aufgegeben und der Protagonist in Büchners Drama durch Anleihen beim Fall Dieß in ein moralisch besseres Licht gerückt.

In H 2, 3 werden die einleitenden Szenen H 1, 1 und H 1, 2, also die Jahrmarkt- / Marktschreierszenen zusammengefasst, danach

94 Reclam-Studienausgabe, S. 66.

95 *Dedner*, Marburger Ausgabe, S. 467 unter Zitierung von *Adelung*, Grammatisch-kritisches Wörterbuch der Hochdeutschen Mundart, Bd. IV, 1811, S. 104.

96 *Clarus*-Gutachten, a.a.O., S. 7 f.

97 *Bopp*, Zurechenbarkeit oder nicht?, in: Henke, Zeitschrift für die Staatsarzneikunde 1836, S. 378, 388.

tritt in Szene H 2, 4 ein Handwerksbursche auf.[98] Während Büchner den Handwerksburschen in der zweiten Handschrift noch ohne Bezug zu Woyzeck und Louise auftreten lässt, ändert sich das in der Endfassung (Szene 4, 11).[99] Allerdings wählt Büchner vielleicht schon in dieser früheren Fassung einen Handwerksburschen als Figur, weil der historische Woyzeck gegenüber Clarus angab, „von reisenden Handwerksburschen allerhand nachtheilige Gerüchte über die Freimaurer gehört" zu haben.[100] Dedner wies zudem auf ein anderes – politisches – Motiv Büchners hin, gerade den Handwerksburschen zu wählen. Denn in den 1830er Jahren stellten die Handwerker einen bedeutenden Teil der emigrierten politischen Opposition dar.[101]

In H 2, 5 lässt Büchner den Unteroffizier, Tambourmajor[102], Louise(l) und Franz (Woyzeck) auftreten.[103] Während in dieser früheren Handschrift der Unteroffizier und Tambourmajor Franz und Louisel beim Tanzen nur zuschauen, tritt in der vergleichbaren Szene H 4, 6 der Tambourmajor mit Marie auf. Allerdings lässt schon H 2, 5 erkennen, dass Louisel von anderen Männern begehrt wird, ein Umstand, der auch im historischen Fall Woyzeck eine Rolle spielte. Woyzeck war eifersüchtig, weil sich die Woostin mit einem Nebenbuhler auf dem Tanzboden getroffen hatte. Auch am Tattag hatte sie ihn versetzt und sich mit einem anderen getroffen.[104]

---

98 Vgl. hierzu ausführlich die Erläuterungen bei *Dedner*, Marburger Ausgabe, S. 471 ff.; *Dedner*, Erläuterungen und Dokumente. S. 35 f.

99 S. unten Drittes Kapitel 3d.

100 *Clarus*-Gutachten, a.a.O., S. 25.

101 Näher *Dedner*, Erläuterungen und Dokumente, S. 51 m.w.N.

102 Der Tambourmajor war vom Hochmittelalter bis in die Neuzeit der Anführer der Trommler, die die Armeen auf das Schlachtfeld oder zu Paradezwecken anführten.

103 Reclam-Studienausgabe, S. 70.

104 *Clarus*-Gutachten, a.a.O., S. 15 f.

H 2, 6 gibt die Doktorszene wieder (später Szene H 4, 8). Hier beginnt das Menschenexperiment Gestalt anzunehmen. Während es sich in der zweiten Handschrift noch um ein Nahrungswechselexperiment handelte, schwenkt Büchner in der späteren Hauptfassung um zur reinen Erbsendiät. In H 2, 6 lässt Büchner Woyzeck zunächst Erbsen essen und zwar ausschließlich. Der Doktor kündigt aber für die nächste Woche an, von der einseitigen Ernährung mit Erbsen auf die einseitige Ernährung mit Hammelfleisch umzusteigen.[105] Dies erinnert an eine Versuchsreihe zunächst einseitig vegetarischer und dann einseitig tierischer Ernährung, die Carl Gotthelf Lehmann seit Mai 1837 vorbereitete und im Jahr 1842 mit der Erkenntnis publizierte, dass der Harnstoffgehalt des Urins bei rein vegetabiler Ernährung sank und bei rein fleischlicher Ernährung stieg.[106] Auch der Doktor bei Büchner prüft den Urin. Allerdings konnte Büchner die Ergebnisse Lehmanns nicht kennen. Ob er von möglichen Vorarbeiten und Ankündigen wusste,[107] ist mehr als fraglich, schließlich starb Büchner bereits am 19. Februar 1837, also noch vor der Versuchsanordnung.

Im Zusammenhang mit Versuch und Urinprobe spricht der Doktor in Büchners Drama von einer „Revolution in der Wissenschaft".[108] Durch die spätere Bemerkung des Doktors, Woyzeck habe eine köstliche alienatio mentis,[109] eine fixe Idee,[110] wird der

---

105 Reclam-Studienausgabe, S. 71.

106 *Lehmann*, Ueber menschlichen Harn in gesundem und krankhaftem Zustande, in: Journal für praktische Chemie, 1842, Bd. XXV, S. 1 ff.; *Ders.*, Untersuchungen über den menschlichen Harn, in: Journal für praktische Chemie, 1842, Bd. XXVII, S. 257 ff. Kurz bei *Dedner*, Marburger Ausgabe, S. 475.

107 *Roth*, Georg Büchners „Woyzeck" als medizinhistorisches Dokument, in: Georg Büchner Jahrbuch 9 (1995–99), 2000, S. 503 ff.

108 Reclam-Studienausgabe, S. 71.

109 Ein aus der Antike übernommener Begriff, der sich ebenfalls auf Seelenstörungen bezieht.

110 Reclam-Studienausgabe, S. 73.

Zusammenhang zwischen der körperlichen Untersuchung und der psychischen Erkrankung deutlich. Hier flammt kurz der damalige Streit zwischen Somatikern und Psychikern auf. Der Psychiker Groos hatte 1831 die Auffassung Jacobis kritisiert, dass die Urin- und Darmsecretion auch Rückschlüsse auf den Geisteszustand des Menschen erlaube. Er bezweifelte, dass das „alienirte Denken, Fühlen und Wollen mit der alterirten Urin- und Darmsecretion in eine Kategorie bloser organischer Symptome herabzusetzen" sei.[111] Ein solcher Nachweis wurde natürlich nie geführt und demzufolge wäre ein solcher in der Tat eine Revolution der Wissenschaft. Dadurch, dass Büchners Doktor die psychische Erkrankung seines Probanden mit dem Nahrungsmittelexperiment und dadurch bedingten Veränderungen im Harn in Verbindung bringt, ist er eindeutig dem Kreis der Somatiker zuzuordnen, die von einer Abhängigkeit psychischer Erkrankungen von somatischen Störungen ausgingen. Clarus als Psychiker stellte dagegen weniger auf die körperliche Verfassung des Inquisiten ab, als vielmehr darauf, ob eine „wirklich ausgebildete Seelenstörung" vorhanden war.[112] Büchner positioniert sich in dieser Szene und insgesamt im Drama nicht eindeutig im Streit zwischen Psychikern und Somatikern. Allein die Tatsache, dass der Doktor den Somatikern zuzuordnen ist, ist kein Beleg für eine Präferenz in diese Richtung. Ganz im Gegenteil wird durch die skurrile Darstellung des Doktors und des Experiments auch der hierdurch gemutmaßte Bezug zum Wahnsinn Woyzecks der Lächerlichkeit preisgegeben. Die Skurrilität ergibt sich für Dedner aus der Tatsache, dass die Figur des Doktors Züge einer älteren Schule trägt, die naturkundlich-klassifikatorische Interessen des 18. Jahrhunderts mit dem spekulativen Interesse der romantischen Naturphilosophie

111 *Groos*, Der Geist der psychischen Arzneiwissenschaft in nosologischer und gerichtlicher Beziehung, in: Friedreich, Magazin für philosophische, medicinische und gerichtliche Seelenkunde, 1831, S. 1, 10.

112 *Clarus*-Gutachten, a.a.O., S. 47.

verband.[113] Diese Schule wird angedeutet, durch das Projekt mit Fröschen, Laich, Süßwasserpolypen und Spinneneiern, von denen der Doktor erzählt.[114] Allerdings wird auch die andere – moderne – Seite der zeitgenössischen Naturwissenschaft durch das bereits erwähnte Ernährungsexperiment aufgezeigt. So hat das Erbsenexperiment tatsächlich stattgefunden.[115]

Konkrete Anregungen zu modernem und antiquiertem Gesicht des Doktors könnte Büchner aus seiner Gießener Studienzeit erhalten haben. Vorbild für das moderne Gesicht des Doktors könnte Justus Liebig gewesen sein, der ebenfalls in Gießen lehrte und wegen seiner modernen Lehrmethode, seinen Entdeckungen und Schriften in ganz Europa bekannt war. Diese neuere Schule wird symbolisiert durch das im Grenzgebiet zwischen organischer Chemie und Medizin angesiedelte Ernährungsexperiment, das empirische Belege durch den Eingriff in biologische Prozesse aufgrund einseitiger Ernährung zu erlangen suchte.[116]

Vorbild für das Bild einer älteren Schule zeitgenössischer Naturwissenschaft kann der Professor für vergleichende Anatomie, Physiologie und Naturgeschichte Johann Bernhard Wilbrand gewesen sein. Er war einer der Dozenten Büchners an der Gießener Universität. Wilbrand musste sich wegen seiner persönlichen Eigenheiten, seiner veralteten Lehrmeinungen und seinem botanisch-zoologischen Sammel- und Ordnungseifer den Spott der Studenten gefallen lassen.[117] Auf Wilbrand geht vermutlich auch die Äußerung des Doktors zurück, er habe „nachgewiesen, daß

113 *Dedner*, Marburger Ausgabe, S. 474.

114 Reclam-Studienausgabe, S. 72.

115 Hierzu später in dem Abschnitt zur Hauptfassung im Dritten Kapitel 3d.

116 Zu Liebig und der neueren Schule zeitgenössischer Naturwissenschaft s. ebenfalls *Dedner*, Marburger Ausgabe, S. 474.

117 Vgl. unter Hinweis auf die Biographie von Vogt *Dedner*, Marburger Ausgabe, S. 474.

der musculus constrictor vesicae dem Willen unterworfen ist".[118] Bei dem musculus constrictor vesicae handelt es sich um den Blasenschließmuskel. Wilbrand hatte behauptet, dass die Funktionen des Verdauungssystems „unter der Herrschaft des geistigen Lebens" stünden.[119] Auch zur Willensfreiheit hat Wilbrand Stellung bezogen. Im Menschen habe sich das geistige Leben „zur Vernunft und zur geistigen Freiheit aufgeschlossen".[120] Büchner lässt sich den Doktor klar zur Willensfreiheit bekennen: „Woyzeck der Mensch ist frei". Weiter heißt es dann, „im Menschen verklärt sich die Individualität zur Freiheit".[121] Auch dies ist ein Hinweis auf Wilbrand, nach dem sich „durch den Menschen […] die Natur aufwärts zum Uebersinnlichen" verklärt.[122] Der Mensch erhebt sich danach über die Natur, wird dadurch Gott ähnlich.

Wie oben festgestellt, wurde die Frage der Willensfreiheit zur damaligen Zeit lebhaft diskutiert. Im Fall Woyzeck traten mit Clarus und Heinroth zwei Befürworter der Willensfreiheit auf. Allerdings ist zu konstatieren, dass die prinzipiellen Befürworter der Willensfreiheit dem Lager der Psychiker zuzuordnen waren. Der Doktor in Büchners Drama ist aber Somatiker und Somatiker der damaligen Zeit im Gegensatz zu Psychikern eher geneigt gewesen, die Freiheit des Willens anzuzweifeln. Hier wird deutlich, dass der Doktor Züge beider Positionen in sich trägt.[123]

---

118 Reclam-Studienausgabe, S. 71.

119 *Wilbrand*, Physiologie des Menschen, 1815, S. 324.

120 *Wilbrand*, Handbuch der Naturgeschichte des Thierreichs. Nach der verbesserten Linnéschen Methode, 1829, S. 21.

121 Reclam-Studienausgabe, S. 71.

122 *Wilbrand*, Allgemeine Physiologie insbesondere vergleichende Physiologie der Pflanzen und der Thiere, 1833, S. 2.

123 Eine weitere typische Position der Psychiker ist die Inbezugsetzung einer Tat zum unmoralischen Lebenswandel, vgl. hierzu z.B. oben im Zweiten Kapitel 2.

Die überwiegende Lehrmeinung ging – auch im Fall Woyzeck – davon aus, dass dessen Taten zwar seiner „moralischen Verwilderung“[124] geschuldet seien, diese aber auf seiner freien Entscheidung beruhten.[125] Heinroth als einer der führenden Gerichtspsychiater hielt den freien Willen für „unüberwindlich“.[126] Das Bekenntnis des Doktors zur Willensfreiheit heißt aber nicht, dass Büchner sich mit diesem Standpunkt identifiziert. Vielmehr wird durch obskure Behauptung des Doktors, sogar der Blasenschließmuskel sei nicht der Natur, sondern allein dem freien Willen unterworfen, die Fragwürdigkeit dieses Standpunktes angedeutet. Auch in Bezug auf die Willensfreiheit wird deutlich, dass Büchner in medizinisch-psychologischer Sicht hier keine Entscheidung pro oder contra treffen möchte. Dies erschließt sich schon aus der Zwitterhaftigkeit der Figur des Doktors in Bezug auf die medizinischen Positionen der damaligen Zeit, der zwar einerseits seine Auffassung der somatischen Sichtweise anlehnt und die psychische Erkrankung in einer körperlichen Ursache sucht, andererseits aber durchaus mit dem Bekenntnis zur Willensfreiheit den Standpunkt der Psychiker vertritt. Büchner nimmt seine Einstellung hier vermutlich bewusst zurück, da er sich in Briefen immer wieder dazu bekannte, durch die Literatur vergangene Zeiten wieder aufleben zu lassen, der Geschichte dabei so nahe wie möglich zu kommen und sich nicht zum Lehrer der Moral aufzuspielen.[127] Auch wenn sich Büchner im Drama nicht eindeutig positionierte, brachte er seine eher

---

124 So *Clarus* in seinem Vorwort zum Gutachten, S. III.

125 *Clarus*-Gutachten, a.a.O., S. 44.

126 *Heinroth*, System der psychisch-gerichtlichen Medizin, oder theoretisch-praktische Anweisung zur wissenschaftlichen Erkenntniß und gutachtlichen Darstellung der krankhaften persönlichen Zustände, welche vor Gericht in Betracht kommen, 1825, S. 328.

127 Vgl. oben Drittes Kapitel 1.

deterministische Einstellung in einem Brief an seine Eltern 1834 zum Ausdruck:

> „Ich verachte Niemanden, am wenigsten wegen seines Verstandes oder seiner Bildung, weil es in Niemands Gewalt liegt, kein Dummkopf oder kein Verbrecher zu werden, – weil wir durch gleiche Umstände wohl Alle gleich würden, und weil die Umstände außer uns liegen."[128]

In der Szene H 2, 7 treten der Hauptmann, der Doktor und Woyzeck auf. Während eines Gesprächs eilen der Hauptmann und der Doktor die Straße entlang und treffen auf Woyzeck, der an ihnen vorbeihetzt.

> „Bleib er doch Woyzeck, er läuft ja wie ein offenes Rasirmesser durch die Welt, man schneidet sich an ihm, er läuft als hätt er ein Regiment Kosacken zu rasiren und würde gehenkt über dem letzten Haar nach einer Viertelstunde […]."[129]

Während Dedner hier den Bezug auf die auch in Darmstadt gefürchteten Kosacken herstellt, die nicht nur als kühne Reiter und gute Schützen bekannt waren, sondern ebenfalls durch ihre langen Bärte auffielen,[130] ist zusätzlich darauf hinzuweisen, dass Büchner in dieser Szene auf Woyzecks Beruf anspielen könnte. Woyzeck war nämlich nicht nur Soldat, sondern auch gelernter Perückenmacher, der als Friseur arbeitete. Das „offene Rasiermesser" könnte zudem auf Woyzecks Gefährlichkeit hinweisen. Der Vergleich „er läuft als […] würde (er) gehenkt" kann schließlich ein Hinweis auf das spätere Todesurteil Woyzecks sein, obwohl der historische Woyzeck enthauptet wurde.

---

128 *Büchner*, Brief an die Eltern Februar 1834, in: *Poschmann* (Hrsg.), Dokumente, S. 378.

129 Reclam-Studienausgabe, S. 75.

130 *Dedner*, Marburger Ausgabe, S. 480 f.; *Dedner*, Erläuterungen und Dokumente, S. 101 f.

Der Puls von Woyzeck wird vom Doktor in Szene H 2, 7 als „klein, hart, hüpfend, ungleich“ bezeichnet.[131] Dies könnte diagnostisch entweder eine Darmentzündung aus somatischer Sicht oder psychisch ein Hinweis auf Melancholie sein, die ein „meist träger, kleiner, bisweilen aussetzender und harter Puls“ begleitet.[132] Die Symptome können von Büchner auch in beiderlei Hinsicht gedacht gewesen sein. Das Stecknadelexperiment seines Vaters am Hund wird Büchner noch in lebhafter Erinnerung gewesen sein.[133] Durch die einseitige Diät Woyzecks im Drama kann zum einen eine Darmentzündung ausgelöst worden sein. Zum anderen weist das in der Szene angedeutete Selbstmordmotiv auf die Melancholie Woyzecks hin. Woyzeck bringt vor seinem Abgang in der Szene zum Ausdruck, man könnte Lust bekommen, einen Kloben in den festen grauen Himmel zu schlagen und sich daran zu hängen.[134] Eventuell greift Büchner hier auch die Aussagen Clarus zum Puls Woyzecks auf. Dieser hatte in seinem Gutachten nämlich vermerkt, dass der Puls Woyzecks „immer etwas unruhig“ gewesen war.[135]

In der unvollständigen Szene H 2, 8 treten Woyzeck, der teilweise als Franz bezeichnet wird, und Louisel auf. Diese fürchtet sich vor dem sonderbaren Blick Woyzecks.[136] Diese Szene ist nicht nur eine Anspielung auf den Wahnsinn Woyzecks, sondern auch eine Vorwegnahme der späteren Tat. Büchner lässt Louisel sagen: „Franz. Ich hätt lieber ein Messer in den Leib, als deine Hand auf meiner“.[137] Die Vorwegnahme der Tat und die Angst

131 Reclam-Studienausgabe, S. 76.

132 *Heinroth*, System der psychisch-gerichtlichen Medizin, 1825, S. 299.

133 Vgl. oben Erstes Kapitel 1.

134 Reclam-Studienausgabe, S. 76. Zum Selbstmordmotiv ausf. *Dedner*, Marburger Ausgabe, S. 482.

135 *Clarus*-Gutachten, a.a.O., S. 18.

136 Reclam-Studienausgabe, S. 77.

137 Reclam-Studienausgabe, S. 77.

vor Woyzeck, die quasi stärker ist als die Angst vor dem Tod, lassen das Unbehagen erahnen, in dem Louise, aber auch Woyzeck leben. „Jeder Mensch", so sagt Woyzeck in dieser Szene abschließend, „ist ein Abgrund, es schwindelt einen, wenn man hinabsieht".[138] Hier verdeutlicht Büchner, dass der Mensch den dunklen Gewalten in seinem Inneren ausgeliefert ist. Das Böse ist sozusagen im Menschen und dies macht den Menschen Angst. Dies ist eine Anspielung auf ein deterministisches Weltbild, der Abgrund, das Böse, macht dem Menschen Angst, ohne dass er sich davon befreien könnte.[139]

c) Ergänzungsentwurf

Es ist umstritten, ob das Quartblatt mit den beiden Szenen „Der Hof des Professors" und „Der Idiot"[140] zeitlich vor, nach oder während der Hauptfassung geschrieben wurden.[141] Dedner geht davon aus, dass H 3 vermutlich gleichzeitig oder nach H 4 geschrieben wurde.[142] Auch Poschmann schließt die Möglichkeit, dass der Ergänzungsentwurf während der Arbeiten an H 4 geschrieben wurde, nicht völlig aus, ist aber der Meinung, dass das

---

138 Reclam-Studienausgabe, S. 77.

139 Bezeichnender Weise hat ein in heutiger Zeit sehr bekannter Professor für Forensische Psychiatrie dieses Zitat in Abwandlung als Titel für sein populärwissenschaftliches Buch verwendet: *Nedopil*, Jeder Mensch hat seinen Abgrund. Spurensuche in der Seele von Verbrechern, 2016.

140 Von der Darstellung der Szene wird abgesehen, da es zwar mit dem Hausdiener Karl des Straßburger Studienstifts Collegium Wilhelmitanum, in dem auch Büchner verkehrte, vermutlich ein historisches Vorbild gab, die Szene jedoch nicht im Zusammenhang mit dem Fall Woyzeck steht. Zur Einordnung *Dedner*, Marburger Ausgabe, S. 487 f. Lediglich der Name Christian, der zweiter Vorname des historischen Woyzeck war, könnte einen kleinen Bezugspunkt zum Fall geben.

141 Vgl. hierzu *Schmid*, Kommentar zur Faksimileausgabe, 1981, S. 34 ff.

142 *Dedner*, Marburger Ausgabe, S. 128.

Quartblatt nach der Hauptfassung als Ergänzungsentwurf gefertigt wurde.[143]

Da der Ergänzungsentwurf allerdings teilweise in die Hauptfassung integriert wird,[144] wird er hier als H 3 bezeichnet und vor der Hauptfassung erörtert.

Die Szene H 3, 1 spielt im Hof des Professors. Zu Büchners Zeiten wurden Vorlesungen häufig in den Wohnungen der Professoren abgehalten. Die Figur des Professors / Doktors ist wiederum eindeutig angelehnt an den Gießener Professor Wilbrand. Die Wendungen „wenn wir", „wenn ich"[145] ist eine Anspielung auf eine von Wilbrand stereotyp verwendete Floskel.[146] Auch die Aufforderung des Doktors an Woyzeck, mit den Ohren zu wackeln, ist ein Hinweis auf Wilbrand. Wilbrand bemerkte in seinen anatomischen Vorlesungen nach der Beschreibung der Ohrmuskeln, dass diese beim Menschen obsolet geworden seien und nur Affen diese bewegen könnten. Nach dieser Bemerkung ließ Wilbrand zur Belustigung der Studenten seinen Sohn Julius aufstehen und „mit den Ohren wedeln".[147] Neben diesem Bezug zu Wilbrand verdeutlicht diese Szene aber auch die Stellung Woyzecks als Versuchsobjekt des Doktors. Er wird den Studenten vorgeführt. Durch das Ohrenwackeln wird er zudem in die

---

143 Daher bezeichnet Poschmann das Quartblatt folgerichtig auch als H 4 und die Hauptfassung als H 3; vgl. *Poschmann*, Büchner. Dichtungen, 2006, S. 692 f.

144 So z.B. die Szene „Der Idiot" am Ende bei der von Wirthwein herausgegebenen Fassung Georg Büchner. Woyzeck, Reclam XL, Text und Kontext, 2013, S. 37 f.

145 Reclam-Studienausgabe, S. 80.

146 Hierzu mit Nachweisen auf Wilbrands Publikationen *Dedner*, Marburger Ausgabe, S. 485.

147 Unter Zitierung von Vogts Erinnerungen *Dedner*, Marburger Ausgabe, S. 485.

Nähe zum Versuchstier gestellt, Woyzeck soll es „machen wie die Katze",[148] die der Doktor den Studenten ebenfalls zeigt.

Der Doktor stellt Woyzeck als Proband des Erbsenexperiments vor: „Meine Herren, […] sehen sie der Mensch, seit einem Vierteljahr ißt er nichts als Erbsen".[149] Dieses Experiment, der Menschenversuch, erscheint zunächst abwegig und trägt durch die skurrilen Züge des Doktors dazu bei, nicht nur den Doktor, sondern auch das Experiment an sich ins Lächerliche zu ziehen.[150] Allerdings muss man berücksichtigen, dass sich Büchner auch bei diesem Menschenversuch an historischen Fakten orientiert.[151] Allerdings betrafen diese einseitigen Ernährungsexperimente zunächst Gelatine. Diese konnte bereits seit Mitte des 17. Jahrhunderts aus Tierknochen gewonnen werden. Ab dem beginnenden 19. Jahrhundert setzte man bedingt durch die Hungerperiode nach der Französischen Revolution in Frankreich Gelatine zur Ernährung von Hospitalinsassen und Armenhausbewohnern ein.[152] Diese einseitige Ernährung armer Bevölkerungsschichten stieß aber wegen Zweifeln an dem Nährwert der Gelatine bald auf Kritik. Infolge dessen setzte die Pariser Académie des sciences 1831 eine Kommission ein, die die Frage klären sollte, wie nahrhaft Gelatine wirklich ist. Neben Tierversuchen, die auf die Un-

---

148 Reclam-Studienausgabe, S. 81.

149 Reclam-Studienausgabe, S. 81.

150 Hierzu auch *Glück*, Der Menschenversuch. Die Rolle der Wissenschaft in Georg Büchners Woyzeck, in: Büchner Jahrbuch 5/1985, 1986, S. 139, 140.

151 Nicht bewahrheitet hat sich allerdings die zunächst angestellte Vermutung, Büchner spiele auf Experimente seines Gießener Professors Liebig an, vgl. hierzu noch *Glück*, a.a.O., S. 157 ff. Diese Experimente fanden nachweislich erst 1840 statt, so dass Büchner hiervon keine Kenntnis mehr nehmen konnte, s. *Roth*, Georg Büchners Woyzeck als medizinhistorisches Dokument, in: Georg Büchner Jahrbuch 9 (1995–99), 2000, S. 503, 504.

152 *Roth*, Naturwissenschaftliche Experimentalpraxis in Woyzeck, in: Georg Büchner. Woyzeck, Reclam XL, Text und Kontext, 2013, S. 67, 68.

geeignetheit von Gelatine als Nahrungsmittel hinwiesen, folgten auch Versuche an Menschen.[153] Nach einem siebzigtägigen Selbstversuch bestritt Gannal 1834 die nährende Eigenschaft der Gelatine.[154] Zu einer positiveren Bewertung kam de Fontenelle, der allerdings seinen Probanden Gelatine teilweise pur, teilweise gemischt mit verschiedenen Zusätzen zu essen gab. Er fand heraus, dass der Nährwert der Gelatine in Verbindung mit Erbsen und anderen Hülsenfrüchten gesteigert werden konnte. Jedenfalls war Gelatine in Verbindung mit Hülsenfrüchten die im Rahmen der Experimente nahrhafteste Speise.[155] Eine Studie von Henri Milne Edwards kam zu ähnlichen Ergebnissen.[156]

Büchner kann auf diese beiden Studien in Straßburg durch die französischsprachige medizinische Fachliteratur aufmerksam geworden sein. Jedenfalls sind die Analogien zu den Experimenten auffällig.[157] De Fontenelle experimentierte mit Erbsen und seine Versuchsreihen erstreckten sich, wie bei Büchners Woyzeck über drei Monate: „[...] seit einem Vierteljahr ißt er nichts als Erbsen".[158] Edwards experimentierte an Soldaten – auch Woyzeck ist Soldat.

Durch die Szene wird verdeutlicht, dass die Medizin für Woyzeck nicht Therapie, sondern Krankheitsfaktor ist. Woyzeck zeigt

---

153 *Roth*, Georg Büchners Woyzeck als medizinhistorisches Dokument, in: Georg Büchner Jahrbuch 9 (1995–99), 2000, S. 503, 508 f.

154 *Gannal*, Gélatine, in: L'Institut, journal général des sociétés et travaux scientifiques de la France et de L'étranger, Sec. I, ann. 2, No. 37 (23.1.1834), S. 29.

155 *De Fontenelle*, Mémoire sur la gélatine, in: Gazette médicale de Paris, Bd. 2, No. 37 (13.9.1834), S. 587 ff.

156 Zum Experiment s. den Artikel Propriétés alimentaires de la Gélatine, in: Archives générales de médecine, journal complémentaire des sciences médicales, Bd. VII, 1835, S. 272 ff. Zusammengefasst bei *Roth*, a.a.O., S. 510.

157 So auch *Roth*, a.a.O., S. 510.

158 Reclam-Studienausgabe, S. 81.

körperliche Erscheinungen, die in unmittelbarem Zusammenhang mit seiner Erbsendiät stehen.

Mit dem Zittern Woyzecks greift Büchner zudem eine Beobachtung Clarus auf, der ein „Zittern des ganzen Körpers" „während der ersten Minuten der Unterredung" bei Woyzeck wahrgenommen hatte.[159] Woyzeck gab auf Befragung an, an manchen Tagen ohne äußere Veranlassung „ein allgemeines Zittern" zu haben.[160] Aus diesem und anderen körperlichen Erscheinungen schloss Clarus auf eine „krankhafte Anlage", „keineswegs aber [...] schon" auf eine „wirklich ausgebildete Krankheit des Herzens und der Gefäße".[161] Der Doktor in Büchners Drama erklärt das Zittern Woyzecks mit der Erbsendiät. Dazu verweist er auf den „ungleiche(n) Puls"[162], der wie schon erwähnt auch beim historischen Woyzeck von Clarus festgestellt wurde. Darüber hinaus fallen Woyzeck im Drama die Haare aus: „Sie sind dir ja ganz dünn geworden, seit ein Paar Tagen, ja die Erbsen".[163] Dass durch einseitige Ernährung die Haare ausfallen können, hatte der französische Forscher Magendie in Experimenten mit Hunden nachgewiesen.[164]

d) Lese- und Bühnenfassung

Grundlage der meisten Interpretationen ist die Hauptfassung – mal als H 3, mal als H 4 bezeichnet. Viele Szenen der vorangegangenen Handschriften gehen in der Hauptfassung auf. In die Lese- und Bühnenfassung gehen auch Szenen ein, die in der ursprünglichen Hauptfassung ausgelassen waren, so beispielswei-

---

159 *Clarus*-Gutachten, a.a.O., S. 18.

160 *Clarus*-Gutachten, a.a.O., S. 23.

161 *Clarus*-Gutachten, a.a.O., S. 34 f.

162 Reclam-Studienausgabe, S. 81.

163 Reclam-Studienausgabe, S. 81.

164 *Magendie*, Précis élémentaire de Physiologie, 2. Band, 1836, S. 504 f.

se H 2, 3 in H 4, 3. Hier wird die Lese- und Bühnenfassung zu Grunde gelegt, da diese auch Grundlage der meisten Buchausgaben ist. H 4 endet nämlich mit Szene 17, ohne dass es zur Tat, d.h. der Ermordung von Marie gekommen ist. Demzufolge werden der Lese- und Bühnenfassung noch die Szenen 18 ff. hinzugefügt, die den vorangegangenen Handschriften entnommen sind.

H 2, 1 wurde nahezu komplett mit leichten Streichungen und Abwandlungen in H 4, 1 übernommen. Auch in H 4, 1 unterhält sich Woyzeck mit Andres auf dem freien Feld, allerdings wird das Lied, das Andres in H 2, 1 zu Beginn singt und pfeift, weggelassen. Ansonsten gleichen sich die Szenen, mehrfach lässt Büchner Woyzeck die Freimaurer erwähnen und greift somit die Angst des historischen Woyzeck vor den Freimaurern auf.[165] Woyzeck macht Andres im Drama Angst, da er – wie der historische Woyzeck – Stimmen hört und somit die wahnhaften Vorstellungen Woyzecks schon gleich in der ersten Szene offen zu Tage treten. Neu hinzu kommt in Szene H 4, 1 gegenüber H 2, 1, dass Woyzeck Feuer am Himmel sieht: „Ein Feuer fährt um den Himmel und ein Getös herunter wie Posaunen".[166] Dedner hält es hier für möglich, dass Büchner durch eine Stelle im Clarus-Gutachten zu dieser Aussage angeregt worden ist. Dort hieß es über den Vorfall am Schlossberge in Graudenz, Woyzeck „habe da am Himmel drei feurige Streifen gesehen, die nachher wieder verschwunden seyen."[167] Büchner baut diese Stelle zu einem biblischen Zitat aus, indem aus den Offenbarungen 8, 5–7 des neuen Testaments das Posaunen der Engel mit aufgenommen wird. Auch die Halluzinationen des historischen Woyzecks hatten biblische Motive. So beschrieb Woyzeck gegenüber Clarus einen Traum, in dem er „drei feurige Gesichter am Himmel" gesehen

165 S. oben Zweites Kapitel 3.

166 Reclam-Studienausgabe, S. 9.

167 *Clarus*-Gutachten, a.a.O., S. 27.

habe. „Er habe diese drei Gesichter auf die Dreieinigkeit bezogen und das mittlere auf Christus [...]".[168]

In H 4, 2 wird H 2, 2 übernommen, aus Louise wird Marie, die historische Woostin. Marie hat aber, in Anlehnung an den Fall Dieß ein uneheliches Kind, um das sie sich kümmert. Marie unterhält sich mit Margreth, ihr Kind wippend auf dem Arm, bis Woyzeck – teilweise als Franz bezeichnet – auftritt. Die noch in der zweiten Handschrift in Szene 2 auch gegenüber Louise von Woyzeck geäußerte Angst vor Freimaurern wird von Büchner in der Hauptfassung der Szene 2 nicht mehr aufgegriffen. Allerdings werden Woyzecks Visionen auch in der zweiten Szene der Hauptfassung deutlich: „Marie, es war wieder was. [...] Es ist hinter mir gegangen bis vor die Stadt".[169] Der Aspekt des „hinter ihm Hergehens" greift aber, auch wenn die Freimaurer in der Szene nicht explizit erwähnt werden, auf den Verfolgungswahn des historischen Woyzeck zurück. Mehrfach gab er an, von Freimaurern verfolgt zu werden.[170] Marie erkennt Woyzecks Wahn: „Der Mann! So vergeistert. Er hat sein Kind nicht angesehn. Er schnappt noch über mit den Gedanken".[171] Das Überschnappen, das Verrücktwerden wegen der Gedanken greift auch einen Aspekt des Clarus-Gutachtens auf. Woyzeck gab an, dass ihm das Spuken und die Stimmen keine Ruhe gelassen hätten und er „in Gedanken gesessen" habe.[172]

Während sich in H 2, 2 Woyzeck um seinen Sohn kümmert, ihn grüßt und sogar am Abend mit auf die Messe nehmen möchte, ignoriert ihn Woyzeck in H 4, 2. Eventuell ist hierin ein Beleg zu sehen, dass Büchner sich in der Hauptfassung verstärkt auf den

168 *Clarus*-Gutachten, a.a.O., S. 26.

169 Reclam-Studienausgabe, S. 11.

170 *Clarus*-Gutachten, a.a.O., S. 8 f.

171 Reclam-Studienausgabe, S. 11 f.

172 *Clarus*-Gutachten, a.a.O., S. 12 f.

historischen Fall Woyzeck fokussiert und zunächst aufgenommene Parallelen zu anderen Fällen entfernt. Während sich z.B. Dieß sehr um sein uneheliches Kind kümmerte, hatte Woyzeck keinen Kontakt zu seinem unehelichen Kind mit der Wienbergin.

Die Quarthandschrift enthält zwar die Überschrift „Buden. Lichter. Volk", dann aber eine Arbeitslücke von eineinhalb Leerseiten.[173] In der Lese- und Bühnenfassung wird diese Arbeitslücke als H 4, 3 mit Szenen aus den vorherigen Handschriften gefüllt.[174]

In H 4, 4 treffen Woyzeck und Marie zusammen, Marie hat das Kind auf dem Schoß. Hier werden wieder die Motive des Falls Dieß übernommen, der sich um das gemeinsame Kind mit der Geliebten sorgte. Im Drama gibt Woyzeck Marie Geld: „Das is wieder Geld Marie, die Löhnung und was von mein'm Hauptmann".[175] Durch diese Aussage wird vermutlich auf die zweifache Erwerbstätigkeit des Protagonisten angespielt. Einmal auf die „Löhnung", d.h. den Sold der gemeinen Soldaten und Unteroffiziere, einmal auf ein zusätzliches Entgelt durch Rasieren des Hauptmanns (Szene H 4, 5) oder das Stöcke schneiden (Szene H 4, 1).[176] Soldaten konnten sich zur damaligen Zeit den Lohn aufbessern, in dem sie Stöcke schnitten, die für die Herstellung so genannter Schanzkörbe gebraucht wurden, mit denen man Laufgräben befestigte.[177] Auch der historische Woyzeck verdiente sein Geld als Soldat und unterschiedlichste Gelegenheitsarbeiten, allerdings ohne das von ihm räumlich getrennte Kind zu unterstützen. Woyzeck gab jedoch gegenüber Clarus an, dass „der Gedanke an sein Kind und an diese von ihm verlassene Person

173 Faksimile-Ausgabe. S. auch Reclam-Studienausgabe, S. 86.

174 Eine Zusammenstellung von Passagen aus den Jahrmarktszenen H 1, 1, H 1, 2, H 2, 3 und H 2, 5, vgl. *Dedner*, Erläuterungen und Dokumente, S. 23.

175 Reclam-Studienausgabe, S. 16.

176 Näher *Dedner*, Marburger Ausgabe, S. 501.

177 S. hierzu *Dedner*, Marburger Ausgabe, S. 489.

[...] ganz allein die Ursache seiner beständigen Unruhe" geworden sei.[178] Auch der historische Woyzeck machte sich also Gedanken über Frau und Kind, die er nicht versorgen konnte.

Neu ist mit H 4, 5 eine Szene hinzugekommen, in der Woyzeck den Hauptmann auf einem Stuhle rasiert.[179] Während der ranghöhere Soldat in der 1. Handschrift noch unspezifisch Offizier genannt wurde, handelte es sich in der 2. Handschrift um einen Major und in der Endfassung um den unter dem Major stehenden Hauptmann. Dass Woyzeck im Drama Soldat ist und sich ein Zubrot durch Rasieren und Stöcke schneiden verdient, ähnelt wie gesagt auch dem historischen Woyzeck, der laut Clarus „bald als Friseur, bald als Bedienter" arbeitete[180] sowie Papparbeiten für einen Buchbinder gemacht und dann für einen Buchhändler illuminiert hatte.[181] Während der Hauptmann melancholisch ist,[182] sieht Woyzeck „verhetzt aus".[183] Auch hier greift Büchner auf Aspekte im Clarus-Gutachten zurück. Mehrfach war davon die Rede, dass „es ihm keine Ruhe gelassen"[184] habe, „er immer etwas unruhig"[185] und von „beständiger Unruhe"[186] gewesen sei. Clarus brachte diese Symptome in Zusammenhang mit „Nahrungslosigkeit oder Gewissensunruhe".[187] Es könnte sein, dass Büchner den Aspekt der Nahrungslosigkeit zum Anlass nahm, um über eine Abhängigkeit der Symptome von Nahrungsmittel-

---

178 *Clarus*-Gutachten, a.a.O., S. 25.

179 Reclam-Studienausgabe, S. 16 ff.

180 *Clarus*-Gutachten, a.a.O., S. 6.

181 *Clarus*-Gutachten, a.a.O., S. 9.

182 Hierzu näher *Dedner*, Marburger Ausgabe, S. 502; *Ders*., Erläuterungen und Dokumente, S. 29 f.

183 Reclam-Studienausgabe, S. 17.

184 *Clarus*-Gutachten, a.a.O., S. 13, ähnlich auf S. 12.

185 *Clarus*-Gutachten, a.a.O., S. 18.

186 *Clarus*-Gutachten, a.a.O., S. 25.

187 *Clarus*-Gutachten, a.a.O., S. 48.

experimenten nachzudenken – zumindest psychische Symptome in den Zusammenhang mit der Ernährung zu stellen. Schließlich mussten wegen der Verelendung breiter Bevölkerungsschichten viele Menschen der damaligen Zeit Hunger leiden.[188]

Durch dieses „Gehetzte“ spricht der Hauptmann Woyzeck im Drama ab, ein guter Mensch zu sein: „Ein guter Mensch thut das nicht, ein guter Mensch, der sein gutes Gewissen hat“. Danach kehrt der Hauptmann diese Behauptung um und sagt „Woyzeck, er ist ein guter Mensch, ein guter Mensch“. Im Clarus-Gutachten gab Woyzeck an, er habe sich „geärgert, wenn die Leute von ihm gesagt hätten, daß er ein guter Mensch sey, weil er gefühlt habe, daß er es nicht sey“.[189] Woyzeck brachte diese Aussage in dem Zusammenhang, dass er Umgang mit der Woostin habe, obwohl er doch eigentlich die Wienbergin hätte heiraten sollen. Für Woyzeck war es aber als armer Soldat unmöglich zu heiraten, da er und seine Verlobte dazu jeweils 600 Gulden Vermögen hätten nachweisen müssen.[190] Für wohlhabendere Leute war es daher viel leichter, seinen moralischen Verpflichtungen nachzukommen, als für die Armen, die zwangsläufig scheitern mussten. Büchner lässt daher Woyzeck im Drama sprechen:

> „Wir arme Leut. Sehn sie, Herr Hauptmann, Geld, Geld. Wer kein Geld hat. Da setz einmal einer mein'sgleichen auf die Moral in der Welt. Man hat auch sein Fleisch und Blut. Unsereins ist doch einmal unseelig in der und der andern Welt, ich glaub' wenn wir in den Himmel kämen, so müßten wir donnern helfen.“[191]

Das Sinnbild, dass man im Himmel noch donnern helfen müsste, geht auf eine Anekdote zurück, in der ein sterbender Bauer den Trost des Priesters zurückweist in der Annahme, dass arme Leute

---

188 Vgl. nochmals zur Pauperisierung Erstes Kapitel 1.

189 *Clarus*-Gutachten, a.a.O., S. 25.

190 *Dedner*, Marburger Ausgabe, S. 504.

191 Reclam-Studienausgabe, S. 18.

auch im Himmel arbeiten müssen.[192] Auch hier wird die Gefangenheit Woyzecks in seinen Lebensverhältnissen und Umständen deutlich. Büchner hatte einmal gesagt, dass es keine Kunst sei, ein ehrlicher Mann zu sein, wenn man täglich Suppe, Gemüse und Fleisch zu essen habe.[193]

Aufgegriffen wird in dieser Szene der Gesichtspunkt der Moral in einem höchst widersprüchlichen Sinne. Der Hauptmann wirft Woyzeck zunächst vor, kein tugendhafter Mensch zu sein und keine Moral zu haben.[194] Auch im Clarus-Gutachten spielt die Moral eine große Rolle. Schon im Vorwort des Gutachtens wird von der „moralischen Verwilderung" Woyzecks gesprochen, ein Aspekt, der auch in der zweiten Veröffentlichung des zweiten Clarus-Gutachtens in Henkes Zeitschrift für die Arzneikunde vom Herausgeber aufgegriffen und verwendet wird. Auch in den anderen Erörterungen zum Fall findet sich eine Auseinandersetzung mit der Frage, ob die Tat allein der moralischen Verwilderung Woyzecks geschuldet war, der dann zurechnungsfähig bleibt, oder ob ein Wahnsinn – versteckt oder partiell – die Tat begünstigt hat. Darüber hinaus gab die moralische Verwilderung zu Spekulationen Anlass, ob nicht die Geisteskrankheit zur moralischen Verwilderung oder die moralische Verwilderung zur Geisteskrankheit geführt hat. Die Psychiker wie Clarus maßen dieser Frage keine Bedeutung bei. Als Verfechter des Indeterminismus waren ihnen äußere Determinanten wie Lebensumstände

---

192 Vgl. hierzu *Dedner*, Marburger Ausgabe, S. 505 mit mehreren Hinweisen auf literarische Verarbeitungen dieser Anekdote.

193 *Noellner*, Actenmäßige Darlegung des wegen Hochverraths eingeleiteten gerichtlichen Verfahrens gegen Pfarrer D. Friedrich Ludwig Weidig, mit besonderer Rücksicht auf die rechtlichen Grundsätze über Staatsverbrechen und deutsches Strafverfahren sowie auf die öffentlichen Verhandlungen über die politischen Processe im Großherzogthume Hessen überhaupt und die späteren Untersuchungen gegen die Brüder des D. Weidig, 1844, S. 423.

194 Reclam-Studienausgabe, S. 17 f.

und ähnliches einerlei, jedenfalls waren sie nicht bei der Begutachtung der Zurechnungsfähigkeit zu berücksichtigen. Somatiker wie Marc waren hier deutlich großzügiger in der Exculpation. Sie waren der Auffassung, dass der Hinweis auf ein unmoralisches Leben niemals Grund dafür sein könnte, per se die Unzurechnungsfähigkeit auszuschließen. Vielmehr waren sie der Überzeugung, dass ein festgestellter Wahnsinn – auch wenn er Resultat eines unsteten Lebenswandels war – zur Unzurechnungsfähigkeit führen konnte. Auch sprachen sich die Somatiker diesbezüglich für die Möglichkeit einer „gehemmten" Freiheit aus – eine Vorstellung, die die Psychiker per se ablehnten.[195]

Büchner lässt eine Positionierung hier bewusst offen, da er den Hauptmann eine sehr indifferente Haltung einnehmen lässt. Mal ist Woyzeck ein guter Mensch, mal nicht, mal hat er ein gutes Gewissen und mal keine Moral, mal ist er tugendhaft. Bedenken wir, was Büchner in seinem Brief an die Eltern gesagt hat und in dem er einen klar deterministischen Standpunkt vertritt und den Lebensumständen eine große Wirkung beimisst, so wird deutlich, dass er sich und seine Position hier stark zurücknimmt. Er ist Beobachter der Szene ohne wertend einzugreifen.

Am Ende lässt Büchner den Hauptmann aber noch einmal die psychischen Auffälligkeiten Woyzecks aufgreifen. Noch einmal stellt er das „verhetzte" Aussehen Woyzecks fest: „Aber du denkst zuviel, das zehrt […]".[196] Das viele Nachdenken und Grübeln kann ebenfalls dem Clarus-Gutachten entnommen sein. Im Gutachten ist von „fortgesetztem Nachgrübeln"[197] die Rede und davon, dass Woyzeck, „einen Gedanken, den er einmal gefaßt, und besonders unangenehme Vorstellungen, nicht leicht wieder (habe) los werden können" und er, „wenn er lange über etwas

195 Vgl. oben Zweites Kapitel 5b.

196 Reclam-Studienausgabe, S. 19.

197 *Clarus*-Gutachten, a.a.O., S. 21.

nachgedacht, zuletzt ganz die Gedanken vergangen“ sei.[198] Auch Scholling gab gegenüber seinem Gutachter Horn an, dass ihn der Gedanke, die Lehne ermorden zu wollen unaufhörlich begleitete, bei ihm zu heftiger Unruhe führte und er ihn gar nicht mehr loswerden konnte.[199]

In der Szene H 4, 6 trifft sich Marie mit den Tambour-Major. Dies ist eine Anspielung Büchners auf die historische Woostin, die neben Woyzeck noch mit anderen Soldaten Umgang pflegte. Dies war ein Grund für die Eifersucht Woyzecks. „Woyzecks Gedanken (waren) indessen immer mit der Woostin und ihrer Untreue beschäftigt“.[200]

In Szene H 4, 7 kommt dann Woyzeck zu Marie, hier wird die Eifersucht Woyzecks offenkundig, er ist wütend und Marie ist verschüchtert durch sein Auftreten.[201] Auch Clarus berichtet im Gutachten „bei Durchsicht der Akten“ darüber, dass der historische Woyzeck eifersüchtig, jähzornig und gewalttätig gewesen ist. So sagte die Stiefmutter der Woostin aus, dass Woyzeck „mit ihrer Tochter Umgang gehabt, aber wegen ihres häufigen Umganges mit Soldaten Eifersucht gefaßt, die Woostin mehreremale gemißhandelt und so viel Lärm und Unruhe gemacht habe, daß sie ihm auf Warneckes Verlangen das Logis aufsagen“ musste.[202] Auch habe Woyzeck die „Woostin […] mit der Faust ins Gesicht geschlagen“ als sie nicht mit ihm gehen wollte, „kurz nachher, als er sie mit seinem Nebenbuhler auf dem Tanzboden getroffen“ hatte, habe er „sie die Treppe hinunter geworfen“.[203] Das Tanzmotiv wird von Büchner in einer späteren Szene aufgegriffen.

---

198 *Clarus*-Gutachten, a.a.O., S. 36.

199 *Horn*, a.a.O., S. 302 f.

200 *Clarus*-Gutachten, a.a.O., S. 16.

201 Reclam-Studienausgabe, S. 20.

202 *Clarus*-Gutachten, a.a.O., S. 10.

203 *Clarus*-Gutachten, a.a.O., S. 15.

Auch in Szene H 4, 7 nennt Marie Woyzeck „hirnwüthig“, ein Ausdruck, der nicht nur umgangssprachlich für „toll, rasend, unsinnig“ verwendet wurde, sondern ebenfalls ein medizinischer Fachausdruck für eine auf einer Entzündung des Gehirns und der Gehirnhäute beruhenden Verrückheit und mit Fieber verbunden war.[204] Marie spricht dann zusätzlich davon, dass Woyzeck „im Fieber redet“, was nicht nur Anspielung auf den medizinischen Befund, sondern zugleich als zeitgenössischer Begriff auf einen kurzen Anfall von Wahnsinn hindeutet.[205] Diese Szene fokussiert also nicht nur auf die Eifersucht Woyzecks, sondern ebenfalls auf den dahinter stehenden Wahnsinn des Protagonisten. Die Eifersucht wird so relativiert und in klaren Bezug zu dem Wahnhaften Woyzecks gerückt. Dies ist im historischen Fall Woyzeck anders. Woyzecks Leidenschaften werden von Clarus als prinzipiell beherrschbar geschildert. Da „das Uebergewicht der Leidenschaft über die Vernunft die einzige Triebfeder“ der Tat gewesen war,[206] sprach sich Clarus für die Zurechnungsfähigkeit Woyzecks aus. Dagegen waren Somatiker wie Marc der Auffassung, dass auch Leidenschaften und Triebe nicht beherrschbar sein konnten. Affekte und Leidenschaften mussten ihrer Meinung nach zumindest zur verminderten Zurechnungsfähigkeit führen.[207] Psychiker wie Clarus lehnten es dagegen ab, zur verminderten Zurechnungsfähigkeit gutachterlich Stellung zu nehmen und überließen die Frage, ob Temperamentsfehler die „legale Schuld“ mindern konnten, dem Richter.[208]

---

204 S. *Dedner*, Marburger Ausgabe, S. 509.

205 *Dedner*, Marburger Ausgabe, S. 509 weist zudem darauf hin, dass das Irrereden als Symptom von Gefäßfieber galt.

206 *Clarus*-Gutachten, a.a.O., S. 56.

207 Vgl. oben Zweites Kapitel 5b.

208 Vgl. das ausf. Zitat im Zweiten Kapitel 3.

In Szene H 4, 8 wird die Szene H 2, 6 in einigen Abwandlungen wiedergegeben. Aus dem Nahrungswechselexperiment von der Erbsendiät zur Gabe von Hammelfleisch wird die reine Erbsendiät.[209] Gleich geblieben ist die Harnanalyse durch den Doktor, die Suche nach körperlichen Veränderungen. Ebenfalls beibehalten wurde die Diskussion um die Willensfreiheit.[210] Anders und ausführlicher sind allerdings die Ausführungen Woyzecks zu Charakter und Natur. Als der Doktor ihm vorwirft, an die Wand gepisst zu haben, entschuldigt Woyzeck sich und differenziert zwischen Charakter und Natur:

> „Sehn sie Herr Doctor, manchmal hat man so n'en Charakter, so n'e Structur. – Aber mit der Natur ist's was andres, sehn sie mit der Natur (er kracht mit den Fingern) das ist so was, wie soll ich doch sagen, zum Beispiel."[211]

Wie das Knacken der Finger, so kann Woyzeck offenbar nicht anders, als an die Wand zu pissen. Im Gegensatz zum Doktor bestreitet er also, dass das Urinieren dem Willen unterworfen ist. Hier klingt das gerichtspsychiatrisch diskutierte Verhältnis von Willensfreiheit und tierischer Natur des Menschen an. Während Somatiker wie Grohmann, „Das Thier im Menschen eine große Rolle spielen"[212] ließen, hielten Psychiker wie Heinroth und Clarus solche „tierischen" Triebe prinzipiell für beherrschbar. Büchner ist in dieser Szene wieder reiner Beobachter, er entscheidet sich nicht für eine Position, sondern lässt beiden Raum.

Woyzeck spricht dann in dieser Szene noch Charakter und Struktur an – die offenbar nach seiner Einschätzung ganz unterschiedlich sein können – äußert sich aber nicht weiter dazu. Dedner

---

209 Vgl. zu den historischen Bezügen der Nahrungsmittelexperimente oben im Dritten Kapitel 3c und d.

210 Auch hierzu oben im Dritten Kapitel 3b.

211 Reclam-Studienausgabe, S. 22.

212 *Heinroth*, System der psychisch-gerichtlichen Medizin, 1825, S. 327.

stellt aber auch bei dieser Äußerung darauf ab, Woyzeck wolle sich damit entschuldigen, dass er nicht anders handeln kann und es hier auch noch einmal um die Frage der Willensfreiheit geht.[213] Da Woyzeck aber zwischen Natur und Charakter differenziert, ist dies nicht so eindeutig. Wenn der Charakter und die Struktur auf die „Gemüthsverfassung“ und den menschlichen Körper bezogen wäre,[214] dann gäbe die Differenzierung zwischen Natur und Charakter / Struktur keinen Sinn, weil die Struktur das Körperliche, also sozusagen die Natur wäre. Charakter und Struktur würde ich eher ausschließlich in Richtung Psyche deuten. Dadurch, dass Woyzeck hier Psyche und Physis trennt, wird von der somatischen Verbindung von Geisteskrankheit und Natur abgerückt. Allerdings bedeutet dies keineswegs, dass Büchner sich jetzt in Richtung Psychiker positioniert. Da sich in der Szene beide Positionen vermengen, ist Büchner wieder ganz der distanzierte „Geschichtenerzähler“ i.S. der Wiedergabe vergangener Zeiten, ohne sich als „Lehrer der Moral“ zu verstehen.[215]

Den Naturgedanken greift Büchner in dieser Szene ebenfalls noch einmal auf, in dem er Woyzeck den Doktor fragen lässt, ob er „schon was von der doppelten Natur“ gesehen habe.[216] Indem Woyzeck hier wieder auf „fürchterliche Stimmen“ zu sprechen kommt, die mit ihm geredet habe, wiederholt sich das Motiv der den historischen Woyzeck verfolgenden Stimmen. Dies könnte einmal auf die Feststellungen im Clarus-Gutachten hindeuten, Woyzeck habe „an die Möglichkeit materieller Wirkungen der Geisterwelt und selbst an Verkörperung der Geister oder Geistererscheinungen“ geglaubt.[217] Es könnte aber auch ein Hinweis

213 *Dedner*, Marburger Ausgabe, S. 512.

214 So *Dedner*, Marburger Ausgabe, S. 512.

215 Vgl. oben im Dritten Kapitel 1.

216 Reclam-Studienausgabe, S. 22.

217 *Clarus*-Gutachten, a.a.O., S. 38.

nicht auf übersinnliche Phänomene, sondern auf die Visionen und Halluzinationen Woyzecks sein, auf die andere Welt, in der er durch seinen Wahn lebte.

Während der Doktor in Szene H 2, 6 zwar auch schon von einer „schönen fixen Idee" sprach, aber eher allgemein von einer „köstlichen alienatio mentis", geht Büchner in H 4, 8 direkt auf die im historischen Fall geprüfte und heiß umstrittene Möglichkeit einer aberratio mentalis partialis ein.[218] Zwar ist dieser Fachterminus in der zeitgenössischen psychiatrischen Literatur nicht nachgewiesen, heißt aber wörtlich übersetzt „teilweise geistige Abirrung" und greift so genau den in der damaligen psychiatrischen Diskussion umstrittenen Begriff des partiellen Wahnsinns auf. Während der partielle Wahnsinn, die fixe Idee, von Marc und Grohmann im Fall Woyzeck angenommen wurden, sprachen sich Clarus und Heinroth dagegen aus. Büchners Doktor nimmt die Diagnose im Marc'schen und Grohmann'schen Sinne vor:

> „Woyzeck er hat die schönste aberratio mentalis partialis, die zweite Species, sehr schön ausgeprägt, Woyzeck er kriegt Zulage. Zweite species, fixe Idee, mit allgemein vernünftigem Zustand, er thut noch Alles wie sonst, rasirt seinen Hauptmann."[219]

Der allgemein vernünftige Zustand Woyzecks war es, der Clarus gegen eine Geisteskrankheit entscheiden ließ: Dies alles habe ihn „nicht gehindert, alle seine Geschäfte ordentlich zu verrichten".[220] Und weiter heißt es in dem Gutachten:

> „Von allen diesen Symptomen ist keines bei dem Inquisiten beobachtet worden, sondern alle Zeugen stimmen darin überein, daß er vor, während und nach den Perioden, wo ihm dergleichen Sinnes-

---

218 *Dedner*, Marburger Ausgabe, S. 513, weist aber darauf hin, dass die beabsichtigte Platzierung dieses an den Rand geschriebenen Terminus nicht sicher sei. Fest steht allerdings, dass es diese Randnotiz gibt, die entsprechend verarbeitet werden sollte.

219 Reclam-Studienausgabe, S. 22 f.

220 *Clarus*-Gutachten, a.a.O., S. 24.

täuschungen widerfahren sind, ein verständiges, sittsames, besonnenes, ruhiges und friedliches Betragen beobachtet und seine Geschäfte ordentlich besorgt habe.“[221]

Eine amentia occulta schloss Clarus schließlich mit umfangreicher Begründung aus.[222]

Es kann nur gemutmaßt werden, warum Büchner hier zwar den gängigen Begriff der fixen Idee als Synonym für den partiellen Wahnsinn verwendete, beim Fachterminus jedoch einen lateinische Fiktivnamen gebrauchte. Gleiches trifft für „die zweite Species“ zu, da diese Klassifikation so nicht gebräuchlich war. Dedner zieht einen Vergleich zu Heinroths Lehrbuch der Störungen des Seelenlebens und einer Systematik der psychischkrankhaften Zustände. Die aberratio wäre danach die Gattung und die fixe Idee mit vernünftigem Zustand die zweite Art.[223] Es kann jedoch auch sein, dass Büchner hier – da er weder die klassische medizinische Bezeichnung der amentia occulta wählte und zudem eine fiktive Unterart erschaffte – auf die Fragwürdigkeit der Diagnose hinweisen möchte. Dies nicht in dem Sinne, dass er selbst die amentia occulta ablehnen würde, sondern im Sinne eines Fingerzeigs auf die Streitbarkeit der Diagnose in der damaligen Zeit.

In der Szene H 4, 9 geht Szene H 2, 7 auf. Freigelassen ist in der Hauptfassung aber der zweite Teil der Szene, als Woyzeck auf den Doktor und Hauptmann trifft. Hier findet sich eine Lücke in der Quarthandschrift H 4. In der Lese- und Bühnenfassung wurde H 2, 7 vollständig als H 4, 9 abgebildet. Durch die Szene wird das Gehetztsein Woyzecks noch einmal deutlich.[224]

---

221 So in seinen Folgerungen für die Zurechnungsfähigkeit Woyzecks *Clarus*-Gutachten, a.a.O., S. 47.

222 *Clarus*-Gutachten, a.a.O., S. 48 ff.

223 *Dedner*, Marburger Ausgabe, S. 514.

224 Vgl. insoweit oben im Dritten Kapitel 3d.

Szene H 4, 10 spielt in der Wachtstube, es wird die Szene H 1, 4 übernommen. Woyzeck ist mit Andres zusammen, sie unterhalten sich über die Tanzveranstaltung im Wirtshaus. Woyzeck wird wieder als unruhig beschrieben, er hat keine Ruhe: „Ich muß hinaus. Es dreht sich mir vor den Augen".[225] Diese Unruhe wird auch im Clarus-Gutachten mehrfach erwähnt. So sagten Haase und seine Frau aus, es habe Woyzeck „keine Ruhe" gelassen, so dass er „nicht zu Hause geblieben sei".[226] Auch Schmolling hatte laut Gutachten von Horn eine „heftige Angst und Unruhe" gefühlt, die ihn „nicht schlafen ließ".[227] Die Äußerung Woyzecks im Drama, dass es ihm vor den Augen drehe, könnte zum einen auf das Tanzen bezogen, zum anderen aber auch wieder ein versteckter Hinweis auf das Clarus-Gutachten und Schwindelanfälle des historischen Woyzecks sein: „Zuweilen sey ihm auch dunkel vor den Augen geworden und ihm gewesen, als ob er seinen Kopf nicht fühle".[228]

Die Szene H 4, 11 spielt im Wirtshaus und wurde aus unterschiedlichen früheren Szenen der Handschriften zusammengeführt.[229] Angelehnt ist diese Szene an Episoden, die im Clarus-Gutachten wiedergegeben werden und die im ersten Fall auch zu einer Tätlichkeit Woyzecks führten, als er die Woostin „mit seinem Nebenbuhler auf dem Tanzboden getroffen" hatte.[230] Später wurde von Clarus vermerkt, dass Woyzeck eifersüchtig wurde, weil die Woostin „in Gesellschaft eines Nebenbuhlers öffentliche Oerter besucht" hatte.[231] Während Marie im Drama

---

225 Reclam-Studienausgabe, S. 27.

226 *Clarus*-Gutachten, a.a.O., S. 12.

227 *Horn*, a.a.O., S. 303.

228 *Clarus*-Gutachten, a.a.O., S. 23.

229 H 1, 5; 1, 17; 2, 4.

230 *Clarus*-Gutachten, a.a.O., S. 15.

231 *Clarus*-Gutachten, a.a.O., S. 54.

mit dem Tambourmajor tanzt, stellt sich Woyzeck ans Fenster, ohne von ihr bemerkt zu werden und schaut den Tanzenden zu. Durch das heftige Auffahren Woyzecks wird deutlich, wie sehr ihn der Tanz der beiden kränkt und zornig macht. Die Eifersucht wird in dieser Szene mehr als eine Art „stille Eifersucht" dargestellt, während die Eifersucht des historischen Woyzecks sich sogar in heftigen Wutanfällen und körperlichen Aggressionen äußerte.

In Szene H 4, 12[232] tritt Woyzeck auf freiem Feld alleine auf. Er spricht mit sich selbst, ein Umstand, der auch auf den historischen Woyzeck zutraf. So heißt es im Clarus-Gutachten:

> „Zugleich gestand er (Woyzeck) auf Befragen, er habe die Gewohnheit gehabt, bald heimlich, bald, wenn er allein gewesen, laut mit sich selbst zu sprechen und dazu Gesticulationen zu machen, oder wie er sich ausdrückte, allerhand bei sich auszufechten."[233]

Auch in dieser Szene hört Woyzeck Stimmen, ebenfalls wieder eine schon in anderen Szenen auftauchende Parallele zum historischen Fall. Während Clarus die von Woyzeck gehörten Stimmen als Täuschung des Gehörsinns interpretierte,[234] wiesen die Halluzinationen des Gehörs bei Grohmann und Marc auf partiellen Wahnsinn hin.[235]

Mit dem Befehl der Stimmen „stich, stich die Zickwolfin todt" wird ein ebenfalls historischer Aspekt des Falls Woyzeck aufgegriffen. Auch der historische Woyzeck gab an, die Stimmen hätten ihm zugerufen: „Stich die Frau Woostin todt!"[236] Clarus bezweifelte das in seinem Gutachten, als er bemerkte, es handele

---

232 Mit Änderungen übernommene Szene H 1, 6.

233 *Clarus*-Gutachten, a.a.O., S. 25.

234 *Clarus*-Gutachten, a.a.O., S. 39.

235 S. z.B. *Marc*, a.a.O., S. 52 f.

236 *Clarus*-Gutachten, a.a.O., S. 15, 31.

sich hierbei um „angeblich gehörte(n) Worte(n)".[237] Darüber hinauswertete Clarus Stimmen und auch Tötungsbefehl als „Selbstgespräch Woyzecks beim Erwachen des ersten Gedankens zur Mordthat", als Rechtfertigung vor sich selbst.[238]

Der weitere Ausruf des Woyzecks im Drama: „Soll ich? Muß ich?"[239] deutet aber auf das Zwanghafte der Tat hin.[240] Auch der historische Woyzeck gab an, „der Gedanke, die Woostin zu erstechen" habe „ihn von jenem Augenblick an unablässig verfolgt".[241] Schmolling musste ebenfalls, nachdem er das Messer gefunden hatte, unablässig daran denken, seine Freundin zu töten.[242] Dennoch wurde dieser Aspekt des Zwanghaften nicht als Begründung für die Existenz eines krankhaften Gemütszustandes in Zusammenhang gebracht – und dies weder bei Clarus und Heinroth, noch bei Grohmann und Marc.

Die nächste Szene H 4, 13[243] spielt in der Nacht. Andres und Woyzeck liegen in einem Bett, ein Umstand, der in der damaligen Zeit üblich war, denn bis Anfang der 1840er Jahre schliefen Soldaten in den Kasernen des Großherzogtums Hessen zu zweit in einem Bett.[244] Auch Clarus stellte bei „Durchsicht der Acten" fest, dass Woyzeck „mit dem Tambour Vitzthum einige Wochen lang in einem Bette geschlafen" hatte.[245]

---

237 *Clarus*-Gutachten, a.a.O., S. 41.

238 *Clarus*-Gutachten, a.a.O., S. 51.

239 Reclam-Studienausgabe, S. 30.

240 So auch *Dedner*, Marburger Ausgabe, S. 523.

241 *Clarus*-Gutachten, a.a.O., S. 32.

242 *Horn*, a.a.O., S. 300 ff.

243 Übernommen von H 1, 13.

244 *Dedner*, Marburger Ausgabe, S. 523.

245 *Clarus*-Gutachten, a.a.O., S. 13.

In der Szene kann Woyzeck nicht schlafen und weckt Andres. Es dreht sich Woyzeck wieder vor Augen und es spricht aus der Wand:

> „Andres! Andres! Ich kann nit schlafen, wenn ich die Augen zumach, dreh't sich's immer und ich hör die Geigen, immer zu, immer zu und dann sprichts aus der Wand, hörst du nix?“[246]

Büchner greift hier ebenfalls die Unruhe des historischen Woyzecks auf, die Stimmen, die er hört und den Schwindel. Das Hören der Geigen könnte auf eine im Clarus-Gutachten wiedergegebene Aussage Woyzecks anspielen, nach der er „Abends im Bette gelegen, und an die Woostin gedacht, daß diese wohl dort mit einem anderen zu Tanze seyn könne. Da sey es im ganz eigen gewesen, als ob er die Tanzmusik, die Violinen und Bässe durcheinander, höre, und dazu im Takte die Worte: Immer drauf, immer drauf!“[247] Auch als der historische Woyzeck mit dem Tambour Vitztzum in einem Bette geschlafen hat, hat er „auch hier Stimmen gehört“, ohne dass aber „sein Schlafgeselle [...] etwas Auffallendes an ihm (Woyzeck) wahrgenommen“ habe.[248]

Das Hören von Stimmen, Schlaflosigkeit und Schwindel konnten in der zeitgenössischen Literatur auf Wahnsinn hindeuteten.[249] Allerdings sind die Auffassungen wie oben dargestellt umstritten gewesen, ob solche Symptome ausreichen. Clarus ließ die Symptome allein nicht genügen und erklärte sie mit Störungen des Blutlaufs.[250]

Szene H 4, 14 spielt im Wirtshaus, der Tambour-Major lädt Woyzeck zum Schnaps ein. Entlehnt ist auch diese Szene dem Clarus-Gutachten und dessen Durchsicht der Akten. Warnecke,

---

246 Reclam-Studienausgabe, S. 30.

247 *Clarus*-Gutachten, a.a.O., S. 31.

248 *Clarus*-Gutachten, a.a.O., S. 14.

249 *Dedner*, Erläuterungen und Dokumente, S. 56.

250 *Clarus*-Gutachten, a.a.O., S. 22.

ein früherer Vermieter des historischen Woyzeck, wollte diesen laut eigener Aussage in der „Jordanschen Schenkwirthschaft" zum Schnaps einladen. Woyzeck habe ihm „hierauf eine pöbelhafte Antwort gegeben" und sich mit den Worten „der Kerl pfeift dunkelbau" gegen Jordan gewendet und sich dann entfernt. Büchner lässt allerdings den Tambour-Major die Worte „Der Kerl soll dunkelblau pfeifen" sagen.[251] Während die beiden Protagonisten im Drama noch vor diesem Ausspruch in eine Rangelei gerieten, prügelte sich der historische Woyzeck mit Warnecke einige Tage später. Auch im Fall Jünger berichtet Büchners Vater Ernst in seinem Gutachten von einem in eine Schlägerei verwickelten Tambour.[252] So kam Büchner eventuell dazu, den Kampf nicht mit einem Zivilisten, sondern einem Soldaten stattfinden zu lassen. Der historische Woyzeck gab auf Befragen Clarus an, er „sey grob gegen Warnecke gewesen, weil er geglaubt habe, daß ihn dieser für den Narren haben wolle".[253] Geschuldet war dies wieder seiner Eifersucht. Auch in Büchners Drama ist Woyzeck eifersüchtig, hatte er doch den Trambour-Major zuvor mit Marie tanzen sehen. Der historische Woyzeck, von Clarus zum Ausdruck „er pfeift dunkelblau" befragt, gab an, diesen zwar mehrmals gehört zu haben, er „könne aber nicht mehr sagen, was er damals eigentlich damit gemeint habe".[254] Während Clarus in seinem Gutachten auf die im Leipziger Raum gängige Bedeutung des Ausdrucks „sich gewaltig breit" machen, abstellt, ist fraglich, ob diese Bedeutung tatsächlich vom historischen Woyzeck und auch von Büchner, der ja nicht aus der Leipziger Gegend stammte, so gemeint war.[255] Während dies aus dem Munde Woyzecks noch Sinn machen könnte, in dem er eventuell vorwurfsvoll

---

251 Reclam-Studienausgabe, S. 31.

252 *Ernst Büchner*, Versuch mit Stecknadeln, S. 59 f.

253 *Clarus*-Gutachten, a.a.O., S. 28.

254 *Clarus*-Gutachten, a.a.O., S. 28.

255 Zweifelnd *Dedner*, Marburger Ausgabe, S. 524.

darauf abzielen wollte, dass sich Warnecke dort breit machte, wo er es nicht sollte, nämlich bei der Woostin, scheint dieser Ausdruck aus der Perspektive des Tambourmajors in Büchners Drama fehl am Platz. Passender ist wohl der Vergleich zu dem Ausdruck „nach Luft schnappen".[256] Dahinter kann die Aufforderung stehen, sich nach dem Streit erst mal wieder zu beruhigen.

In der neu verfassten Szene H 4, 15 kauft Woyzeck bei dem Juden ein Messer. „Das Pistolchen ist zu theuer", lässt Büchner Woyzeck sprechen, die zwei Groschen für das Messer hat er aber. Während noch in Szene H 1, 11 Louis zufällig ein Messer findet und sich die erste Handschrift daher diesbezüglich noch stark am Fall Schmolling orientierte, wird in der Hauptfassung von Woyzeck das Messer gekauft. Der historische Woyzeck hatte kurz vor der Tat eine „Degenklinge gekauft".[257]

In Szene H 4, 16 tritt Marie, die eng mit ihrem Kind zusammen ist, und der Narr auf.[258] Sie wartet auf Franz (Woyzeck), der nicht kommt: „Der Franz ist nit gekommen, gestern nit, heut nit [...]". Dedner weist darauf hin, dass durch diese Aussage der zeitliche Ablauf deutlich wird. Zwischen der Szene H 4, 4, dem letzten Besuch Woyzecks bei Marie und Szene H 4, 16 sind zwei Tage vergangen.[259]

Szene H 4, 17 ist an Szene H 1, 13 angelehnt, wurde aber ergänzt. Andres und Woyzeck sind in der Kaserne und Woyzeck kramt in seinen Sachen, um sie zu verteilen. Möglicherweise ist diese Verteilung der persönlichen Sachen Woyzecks den Ausführungen Clarus in dem zweiten Abdruck seines Zweitgutachtens in Henkes Zeitschrift für die Staatsarzneikunde entnommen. Dort wurde

---

256 *Wanzeck*, Zur Etymologie lexikalisierter Farbwortverbindungen. Untersuchungen anhand der Farben Rot, Gelb, Grün und Blau, 2003, S. 146 f.

257 *Clarus*-Gutachten, a.a.O., S. 31.

258 Zum Vorbild des Narren/Idioten s. Fn. 140 im Dritten Kapitel.

259 *Dedner*, Erläuterungen und Dokumente, S. 62.

angegeben, dass die Woyzeck am Tag der Hinrichtung zugekommenen Almosen an seine Verwandte, seine frühere Geliebte und an das mit dieser erzeugte Kind sowie dessen Lehrer gehen sollten.[260] Büchner lässt zudem Woyzeck seinen vollen Namen nach einem amtlichen Papier zitieren: „Friedrich Johann Franz Woyzeck".[261] Der historische Woyzeck hieß mit vollem Namen Johann Christian Woyzeck.[262] Während Büchners Woyzeck 30 Jahre alt ist, beging der historische Woyzeck seine Tat mit 41 Jahren. Allerdings war er 30 Jahre alt, als er im Jahr 1810 ein Verhältnis mit der Wienbergin hatte und ein Kind zeugte. Bereits da machte sich „zuerst eine Veränderung in seinem Gemüthszustande bemerkt".[263] Der Darmstädter Mörder Schneider war genau 30 Jahre alt, als er Lebrecht umbrachte.[264] Er wurde auch dem zweiten Bataillon des großherzoglichen Garde-Fusilier-Regiments zugeteilt.[265] Woyzeck in Büchners Drama ist ebenfalls Füsilir im 2. Regiment.[266]

Andres hält im Drama Woyzeck für ernstlich krank: „Franz, du kommst in's Lazareth".[267] Während damals leichte Krankheiten im Quartier behandelt wurden, kamen nur schwer Erkrankte ins Lazareth oder Hospital.[268] Da Büchners Woyzeck Fieber hat, ist er auch körperlich krank. Woyzecks Anspielung auf den Tod:

---

260 *Clarus*, Die Zurechnungsfähigkeit des Mörders Johann Christian Woyzeck, nach Grundsätzen der Staatsarzneikunde aktenmäßig erwiesen, in: Henke, Zeitschrift für die Staatsarzneikunde, 1825, 4. Ergänzungsheft, S. 1, 96.

261 Reclam-Studienausgabe, S. 34.

262 Titelblatt des Clarus-Gutachtens.

263 *Clarus*-Gutachten, a.a.O., S. 1, 7 f.

264 *Bopp*, a.a.O., S. 49.

265 *Bopp*, a.a.O., S. 50.

266 Reclam-Studienausgabe, S. 34.

267 Reclam-Studienausgabe, S. 34.

268 So *Dedner*, Marburger Ausgabe, S. 530, unter Hinweis auf die 9. Auflage des Brockhaus, Bd. IX.

„[…] wann der Schreiner die Hobelspän sammelt, es weiß niemand“[269] kann daher dem Umstand geschuldet sein, dass er körperlich schwer erkrankt ist oder auf die Hinrichtung deuten. Jedenfalls wird hier klar, dass Woyzeck im Drama nicht nur Visionen und Wahnvorstellungen hat, also psychisch krank ist, sondern auch physisch leidet. Insofern kann diese Szene Beleg dafür sein, dass Büchner den Streit zwischen Psychikern und Somatikern gar nicht entscheiden wollte, sondern Woyzeck eindeutig zumindest als psychisch krank im Sinne beider Positionen auftreten lässt. Eine Aussage, ob der literarische Woyzeck dadurch auch unzurechnungsfähig im Zeitpunkt der Tat war, wird damit allerdings nicht getroffen.

H 4, 17 ist die letzte Szene der Quarthandschrift H 4, also der Hauptfassung. In der Bühnen- und Lesefassung sind weitere Szenen aus den früheren Handschriften dahinter eingefügt worden.

In H 4, 18 geht die Szene H 1, 14 auf, in der Marie (ursprünglich Margreth) mit Mädchen vor der Haustür sitzt.[270] Am Ende der Szene holt Woyzeck Marie ab: „Marie wir wollen gehen s'ist Zeit“.[271] Diese Szene ist am Fall Schmolling angelehnt. Denn Woyzeck begleitete die Woostin nach Hause und erstach sie vor ihrer Haustür. Schmolling dagegen berichtete:

> „Ich ging am Donnerstag Abend zur L(ehne) heraus, weil ich ihr die Schuh zu bringen versprochen hatte, zugleich aber, weil ich sie erstechen wollte, und zu diesem Behufe schärfte ich auf dem Wege auf einem Steine das mitgenommene Messer. […] Ich gieng dann mit der L(ehne) zusammen nach den Fichten.“[272]

---

269 Reclam-Studienausgabe, S. 34; zur Bedeutung *Dedner*, Marburger Ausgabe, S. 490.

270 Reclam-Studienausgabe, S. 34 f. Da die Bezüge zu den historischen Fällen hier nicht gegeben sind, s. zur weiteren Interpretation vgl. *Dedner*, Erläuterungen und Dokumente, S. 67 ff.

271 Reclam-Studienausgabe, S. 35.

272 *Horn*, a.a.O., S. 305 f.

H 4, 19 übernimmt H 1, 15. Es handelt sich um die Tatszene. Neben dem Gutachten von Clarus, gehen hier auch Inhalte aus dem Gutachten von Horn zum Fall Schmolling auf. Tatort ist zudem eher der Umgebung Darmstadt entnommen und orientiert sich am Fall Schneider.[273] Büchner lässt Woyzeck mehrfach zustechen. Die Heftigkeit der Tat ist in den historischen Fällen ähnlich. Woyzeck hat sieben Mal zugestochen,[274] Dieß fügte seiner Geliebten sogar 15 Stichwunden zu.[275]

In H 4, 20 bis H 4, 25 der Bühnen- und Lesefassung werden inhaltlich die Szenen H 1, 16 bis H 1, 21 unverändert eingefügt.[276]

4. Unzurechnungsfähigkeit in Büchners Drama

Die zahlreichen Motive, die Büchner dem Clarus-Gutachten entnimmt, lassen zwar die starken Anleihen am historischen Fall Woyzeck erkennen, jedoch wäre es zu kurz gegriffen, hierin eine wertungsfreie Wiedergabe des geschichtlichen Stoffes zu sehen. Zwar hält sich Büchner auf der einen Seite, was die Darstellung der Szenen im Einzelnen betrifft, mit einer Wertung und Bewertung des historischen Stoffes zurück. Durch die Darstellung der unterschiedlichen Standpunkte der gerichtsmedizinischen Debatte sowie der Positionen für und wider die Willensfreiheit versucht Büchner, „der Geschichte so nahe wie möglich" zu kommen[277] und beiden Standpunkten gerecht zu werden. Doch weder beschränkt sich Büchner auf eine reine Wiedergabe des historischen

---

273 Ausführlich hierzu oben im Zweiten Kapitel 6b.

274 *Clarus*-Gutachten, a.a.O., S. 1, der Woostin wurden „sieben Wunden" beigebracht.

275 *Bopp*, Zurechenbarkeit oder nicht? Actenstücke und Verhandlungen, in: Henke, Zeitschrift für die Staatsarzneikunde, 1836, S. 378, 390.

276 Daher inhaltlich hierzu oben im Dritten Kapitel 3a und d.

277 Vgl. nochmals Drittes Kapitel 1.

Stoffes, noch ist in dem Drama eine Art Gegengutachten zu dem Gutachten von Clarus zu sehen.[278]

Allerdings sorgen jenseits der einzelnen Szenen die Vermischungen mit den anderen historischen Fällen, die von Handschrift zu Handschrift mehr oder weniger stark ausgeprägt sind, für Verschiebungen in der Wahrnehmung der Hauptfigur. So unterlässt Büchner in der ersten Handschrift einen offenkundigen Bezug zum historischen Fall Woyzeck schon dadurch, dass er seinen Protagonisten Louis nennt. Auch der Doktor tritt in den Szenen der 1. Handschrift noch nicht auf, so dass die medizinische Untersuchungsproblematik ausgespart wird. Lediglich mit der letzten Szene H 1, 21 wird auf eine gerichtliche Dimension hingewiesen, indem der Gerichts- / Polizeidiener vom „schönen Mord“ spricht. Reuchlein hat meines Erachtens zutreffend darauf hingewiesen, dass das abrupte Ende nicht notwendig einer Fortsetzung vor Gericht bedürfe, um justizkritische Wirkung zu entfalten.[279] Vielmehr ist die zynische Bemerkung des Polizeidieners selbst Sinnbild für eine allein auf die Tat und das Verfahren fokussierende Justiz, ohne Täter und Umstände genauer in den Blick zu nehmen. Der Antagonismus, der zwischen dem „guten Mord“, d.h. der Begeisterung über die Tat „wir haben schon lange so keinen gehabt“[280] und der doch eigentlich „schlechten Tat“ liegt, macht die Zwiespältigkeit der Strafverfolgung deutlich. Durch das Strafverfahren wird die schlechte Tat in die Öffentlichkeit getragen und zur Schau gestellt, wird zur schönen Tat, die vom sensationslustigen Volk retrospektiv genau betrachtet wird. Dabei führt diese retrospektive Betrachtung zu Verzerrungen und zu zwangsläufigen Defiziten in der Beschreibung des historischen Geschehens.

---

278 So auch *Kubik*, a.a.O., S. 167.

279 *Reuchlein*, a.a.O., S. 50.

280 Reclam-Studienausgabe, S. 62.

Diese letzte, unvollendete Szene im Woyzeck[281] weist noch auf den Auftritt eines Barbiers, Arztes und Richters hin. Da ein Barbier im Fall Schneider die Leiche Lebrechts gefunden hatte, ist davon auszugehen, dass Büchner in dieser Szene ebenfalls die Bergung der Leiche darstellen wollte. Insofern stehen die Protagonisten für eine Auffinde- und Obduktionsszene, nicht aber soll hier eine Szene forensisch-psychiatrischer Begutachtung dargestellt werden.[282] Damit ist die Handschrift H 1 dadurch gekennzeichnet, dass sie im Gegensatz zu den anderen Handschriften ganz ohne eine dem Doktor aus den anderen Fassungen ähnliche Arztfigur auskommt.[283]

Allerdings weist auch die erste Handschrift auf wahnhafte Vorstellungen Woyzecks / Louis hin. Daher ist der Standpunkt abzulehnen, Motiv für den Mord sei in H 1 einzig die übersteigerte Eifersucht, während soziale Verhältnisse und pathologische Züge als Ursache für die Tat nicht in Betracht gezogen würden.[284] Vielmehr wird bereits in mehreren Szenen auf die Visionen Woyzecks hingewiesen.[285] Zudem wird durch eine Verschiebung des historischen Woyzecks hin zu den Fällen Dieß und Schmolling deutlich, dass der Protagonist im Drama keineswegs „moralisch verwildert“ ist, wie es Clarus meinte, sondern für seine Frau und sein Kind sorgte. Zudem wird ab Handschrift 2 der soziale Aspekt hervorgehoben, der noch im historischen Fall Woyzeck keine Rolle spielte,[286] der aber im Fall Rivére zu einer

---

281 Auch in der Lese- und Bühnenfassung bildet sie i.d.R. mit H 4, 25 meistens das Ende, teilweise findet sich dahinter allerdings auch die Einzelszene „Der Idiot“ (H 3,2). Vgl. Reclam-Studienausgabe, S. 62.

282 So auch *Reuchlein*, a.a.O., S. 51.

283 *Preining*, Ver-rückt, S. 45.

284 *Preining*, a.a.O., S. 45.

285 H 1, 6; 1, 7; 1 8; 1, 13.

286 Allerdings wiesen schon der Verteidiger Woyzecks und Grohmann auf diese Determinante hin, die ansonsten aber nicht weiter aufgegriffen wurde.

gesellschaftspolitischen Debatte darüber führte, was das Leben aus einem Menschen machen kann. Woyzeck, der ab H 2 nicht nur Soldat ist, sondern noch Stöcke schneidet und den Hauptmann frisiert, um seinen Verdienst aufzubessern, wird zum Getriebenen seiner gesellschaftlichen Stellung. Durch die Arbeitsbelastung der vielfachen Lohntätigkeiten und den Dauerstress – „Woyzeck, er sieht immer so verhetzt aus"[287] – wird laut Glück der Boden seiner Psychosen bereitet.[288] Büchner macht damit in seinem Drama nicht nur einen Repräsentanten der armen Bevölkerungsschichten zur Hauptfigur, er legt auch den Finger in die Wunde der damaligen Verarmung breiter Bevölkerungsschichten und zeigt die Ausbeutung Woyzecks durch Repräsentanten über ihm liegender Gesellschaftsschichten.[289] Da Woyzeck nicht nur von diesen Personen, sondern von seinen ganzen Lebensverhältnissen abhängig ist, ist er ein klassischer Antiheld, der aus seiner passiven, duldenden Rolle heraustritt und zum Täter wird.[290] Büchner wurde Zeit seines Lebens nicht müde, die damals bestehende soziale Ungerechtigkeit anzuprangern:

> „Die politischen Verhältnisse könnten mich rasend machen. Das arme Volk schleppt geduldig den Karren, worauf die Fürsten und Liberalen ihre Affenkomödie spielen."[291]

Daher wundert es nicht, dass Büchner das Drama Woyzeck auch dazu nutzt, die gesellschaftliche Bedingtheit analytisch zu durch-

---

287 Reclam-Studienausgabe, S. 89.

288 *Glück*, Ein Mensch als Objekt, in: Interpretationen. Georg Büchner. Dantons Tod, Lenz, Leonce und Lena, Woyzeck, 2005, S. 179, 202.

289 Ausf. *Preining*, a.a.O., S. 38 f.

290 *Graczyk*, Sprengkraft Sexualität. Zum Konflikt der Geschlechter in Georg Büchners Woyzeck, in: Georg Büchner Jahrbuch 11 (2005–08), 2008, S. 101 f.

291 *Büchner*, Brief an August Stöber v. 9.12.1833, in: Poschmann (Hrsg.), Dokumente, S. 375, 377.

leuchten, Müller-Dietz spricht treffend von der „soziale(n) Genese individueller Pathologien“.[292]

Der Aspekt gesellschaftlicher Determiniertheit wird umso kritischer von Büchner herausgearbeitet, als er den literarischen Woyzeck durch die Anleihen zum Fall Dieß und der Tatsache, dass sich dieser sehr wohl um sein Kind und seine Frau sorgte, in ein moralisch besseres Licht stellt als den historischen Woyzeck. Die „moralische Verwilderung“, die Clarus in seinem Gutachten anprangerte und die mehrfach betont wurde, greift also beim literarischen Woyzeck nicht. Allerdings ist auch hier durchaus die Zwiespältigkeit spürbar, mal nennt der Hauptmann Woyzeck in Szene H 4, 5 einen guten Menschen, mal hat er keine Moral, mal ist er wieder tugendhaft.[293] Die Moral wird aber ganz klar in Beziehung zu den Lebensumständen gestellt, wenn Büchner Woyzeck sprechen lässt: „Wer kein Geld hat. Da setz einmal einer mein'sgleichen auf die Moral in der Welt“.[294] Für die Armen ist es deutlich schwerer, moralisch zu sein. Büchner schreibt in einem Brief an die Familie:

> „Es ist der gewöhnlichste Kunstgriff, den großen Haufen auf seine Seite zu bekommen, wenn man mit recht vollen Backen: 'unmoralisch!' schreit.“[295]

Es wäre aber zu kurz gegriffen, allein auf die literarische Umsetzung des Sozialdeterminismus abzustellen. Wenn Ueding z.B. die Zurechnungsdiskussion ausklammern möchte, weil Büchner an den gesellschaftlichen Hintergründen und Ursachen krimineller Handlungen und nicht an einer Klärung der Zurechnungsfähigkeit

---

292 *Müller-Dietz*, Georg Büchner. Naturrecht und Menschenwürde, in: Ders., Grenzüberschreitungen. Beiträge zur Beziehung zwischen Literatur und Recht, 1990, S. 259, 274.

293 Reclam-Studienausgabe, S. 89 f.

294 Reclam-Studienausgabe, S. 90.

295 *Büchner*, Brief an die Familie v. 1.1.1836, in: Poschmann (Hrsg), Dokumente, S. 422.

Woyzecks interessiert gewesen sei,[296] so wird dies dem Drama nicht vollständig gerecht. Vielmehr geht es nicht, wie Reuchlein zutreffend mutmaßt, ausschließlich um die Enthüllung verkannter gesellschaftlicher Determinanten, sondern ebenso um eine Kritik an der Gerichtsmedizin. Würde man die systemimmanente Auseinandersetzung mit der Zurechnungsproblematik ausklammern, so würde nicht eine unpolitische Deutung des Dramas vermieden, sondern der Text um eine entscheidende Dimension verkürzt.[297] Die sozialkritische Dimension ist daher ein Teil von vielen Determinanten, die Büchner aufzeigt.

Die Frage der Determinante der psychischen Erkrankung spielt im Drama daher ebenfalls eine entscheidende Rolle. Dabei gehen die Ansichten darüber, ob Büchner sich positionierte und eine Zurechnungsunfähigkeit Woyzecks annahm oder die Entscheidung hierüber bewusst offen ließ, auseinander.[298] Die Büchner Forschung kommt zudem bei der Frage, ob Woyzeck als geisteskrank anzusehen ist oder nicht zu heterogensten Ergebnissen.[299] Es wurde bereits anhand der einzelnen Szenen festgestellt, dass sich Büchner in einer eigenen Stellungnahme – ganz in seinem Sinne, der „Geschichte so nahe wie möglich" zu kommen – zurückhielt.

Eindeutig ist aber zumindest, dass sich das Auftreten der Wahnphänomene in der Szenenreihenfolge im Drama von Handschrift zu Handschrift verschiebt. Während in H 1 die Visionen Woyzecks erst auftreten, nachdem er (Louis) Marie beim Tanz mit seinem Nebenbuhler sieht, werden diese in H 2 und 4 in einen anderen

296 *Ueding*, Denken. Sprechen. Handeln. Aufklärung und Aufklärungskritik im Werk Georg Büchners, 1976, S. 108.

297 *Reuchlein*, a.a.O., S. 59.

298 S. zu den unterschiedlichen Positionen *Neumeyer*, in: Borgards / Neumeyer, a.a.O., S. 113 f.

299 Vgl. die umfangreiche Zitierung bei *Reuchlein*, a.a.O., S. 60.

Kontext gestellt.[300] Insofern könnte hierin H 1 noch ein Beleg für die Auffassung Clarus sein, Woyzeck sei nur durch die „gewöhnlichen, leidenschaftlichen Motive angereizt worden".[301] Ab H 2 weist Woyzeck dann aber schon vor der Entdeckung von Maries Untreue Wahnsymptome auf. Von Anfang an, nämlich bereits ab H 2, 1 / H 4, 1 werden so die Visionen und das psychisch Abnorme Woyzecks sichtbar. „Dadurch rücken die Wahnvorstellungen aus dem Umkreis der Eifersucht weg in jenen des Pathologischen".[302] Büchner lässt so die Frage danach, ob allein Eifersucht und Leidenschaft die Zurechnungsfähigkeit ausschließen oder zumindest mindern können, irrelevant werden, da schon früh der Fokus auf die psychische Konstitution der Hauptfigur gesetzt wird.

Wie schon oben bei den Szenen im Einzelnen erwähnt, hat Clarus aber auch die Visionen als Sinnestäuschungen und abergläubische Einbildungen bagatellisiert und nicht mit einer psychischen Erkrankung in Verbindung gebracht. Er war im Gegensatz zu Marc und Grohmann nicht bereit, diese Visionen genügen zu lassen, um eine Unzurechnungsfähigkeit Woyzecks zu attestieren. Somatiker wie Marc und Grohmann waren nicht nur eher geneigt, Symptome ausreichen zu lassen, um eine psychische Erkrankung zu bescheinigen, sie waren auch viel schneller bereit, einen partiellen Wahnsinn anzunehmen. Hier taten sich Psychiker wie Clarus prinzipiell schwerer, wenn sie dieses Krankheitsbild nicht sogar von vornherein ablehnten und nicht anerkannten. Büchner gibt hier beiden Standpunkten Raum und bezieht nicht explizit Stellung.

Allerdings lässt sich anhand der unterschiedlichen Handschriftenfassungen eine Entwicklung im Hinblick auf die Positionierung

300 Ausf. *Reuchlein*, a.a.O., S. 60 ff.

301 *Clarus*-Gutachten, a.a.O., S. 44.

302 *Reuchlein*, a.a.O., S. 61.

Büchners zur psychischen Erkrankung der Hauptfigur erkennen. Während Büchner in H 1 noch keinen Doktor auftreten lässt, tritt ab H 2 ein solcher auf. Allerdings fungiert der Doktor in Büchners Drama nicht als Gerichtsgutachter, sondern als Arzt, der mit Woyzeck ein Ernährungsexperiment durchführt und ihn regelmäßig untersucht. In diesem Zusammenhang stellt der Arzt in H 2, 6 eine „fixe Idee, eine köstliche alienatio menalis“ fest. Dadurch, dass eine „alienatio mentalis“ in der wissenschaftlichen Literatur nicht belegt ist, gerät die Diagnose der fixen Idee ins Zweifelhafte. Zudem wird durch die skurrile Darstellung des Doktors die Fragwürdigkeit unterstrichen. In H 4, 8 dagegen benennt der Doktor die fixe Idee als „aberratio mentalis partialis, zweite Species“.[303] Zwar ist auch diese Diagnose in der damaligen Zeit nicht geläufig, allerdings weist die wörtliche Übersetzung genau auf die umstrittene psychische Erkrankung des partiellen Wahnsinns hin. Jedoch gab es keine zweite Spezies, so dass auch hier die Eindeutigkeit der Diagnose wieder ein Stück weit zurückgenommen wird. Es bleibt aber festzustellen, dass Büchner mit der Diagnose des partiellen Wahnsinns den Doktor genau die Diagnose stellen lässt, die Clarus explizit und mit langer Begründung abgelehnt hat.[304]

Gegen ein Bekenntnis Büchners zur Unzurechnungsfähigkeit seines literarischen Woyzeck wird angeführt, dass die entscheidende Diagnose der fixen Idee in Szene H 4, 8 getroffen wird und damit weit vor und ganz außerhalb der Tat[305] gestellt wird.[306] Durch die Verlagerung der Kernfrage der Gutachten in die Vorgeschichte der Tat werde diese Kernfrage durch Büchner bewusst

303 Reclam-Studienausgabe, S. 95.

304 So auch *Dedner*, Erläuterungen und Dokumente, S. 120.

305 Bühnen- und Lesefassung H 4, 19, in der Quarthandschrift H 4 endet das Drama ohne Szene zur Tat. Vgl. Reclam-Studienausgabe, S. 36, 106.

306 *Campe*, Johann Franz Woyzeck. Der Fall im Drama, in: Niehaus / Schmidt-Hannisa, S. 209, 236.

offen gelassen.[307] Büchner enthalte sich einer eigenen Stellungnahme.[308] Richtig ist zum einen, dass sich zur Bejahung der Zurechnungsfähigkeit „vor, bei und nach der That Spuren nachweisen lassen" mussten.[309] Im Drama fehlen nun Anhaltspunkte für Visionen bei und nach der Tat. Allerdings ist nicht nur das Fragmentarische des Dramenentwurfs mit zu berücksichtigen, sondern auch das Übermächtige der Visionen Woyzecks in den anderen Szenen, die keinesfalls – wie im historischen Fall von Clarus vermutet – nur „angeblich" und ausgedacht sind, sondern durch die Wahrnehmung der anderen Protagonisten tatsächlich Einfluss auf Woyzeck nehmen. Während also die Bezugspersonen Woyzecks im literarischen Fall das Wahnhafte Woyzecks in persönlicher Erfahrung im Umgang mit ihm erkennen, beriefen sich die Zeugen im historischen Fall primär auf Äußerungen Woyzecks, der ihnen von Visionen erzählte, während die Zeugen selbst „nichts Auffallendes an ihm bemerkt haben" wollen.[310] Wegen dieser Visionen „vom Hörensagen" wird in der Behauptung der Unzurechnungsfähigkeit daher auch eine „Verteidigungsstrategie" gesehen.[311] Ganz anders im literarischen Fall Woyzeck. Die Visionen der Hauptfigur treiben diese wirklich um. Richtig ist allerdings, dass sich in dem Drama keine Stellungnahme dazu findet, ob diese Visionen dann tatsächlich zur Unzurechnungsfähigkeit des Protagonisten führen.

Neben den Wahnvorstellungen werden aber zusätzlich körperliche Symptome beim literarischen Woyzeck sichtbar, er zittert nicht nur und hat einen unregelmäßigen Puls wie der historische

307 *Kubik*, a.a.O., S. 169.

308 *Campe*, a.a.O., S. 231; *Neumeyer*, in: Borgards / Neumeyer, S. 115.

309 *Clarus*-Gutachten, a.a.O., S. 42.

310 *Clarus*-Gutachten, a.a.O., S. 13.

311 *Steinberg / Schmideler*, War Woyzeck tatsächlich schizophren oder redete ihm die Verteidigung eine Schizophrenie nur ein?, in: Jahresheft für forensische Psychiatrie, 2006, Heft 3, S. 71, 106.

Woyzeck, sondern er hat sogar Fieber, ist so schwer erkrankt, dass Andres ihm empfiehlt ins Lazareth zu gehen. Die körperliche Komponente deutet aber auch nicht zweifelsfrei auf eine psychische Erkrankung Woyzecks hin. Zwar würden Somatiker wie Marc und Grohmann bei körperlicher Manifestierung der psychischen Erkrankung auf Unzurechnungsfähigkeit schließen. So sah Marc in der Fettansammlung um das Herz beim historischen Woyzeck eine körperliche Ursache für seinen partiellen Wahnsinn. Selbst Psychiker wie Clarus verlangten die körperliche Feststellbarkeit der psychischen Erkrankung, lediglich „die Anlage zu einer Krankheit" sei nämlich „etwas ganz anderes [...] als die Krankheit selbst".[312] Allerdings reichte dies für Psychiker nicht aus. Sie wollten die psychische Krankheit – jenseits der somatischen Ursache – erkennen. Dazu mussten die Visionen und Wahnvorstellungen belegbar sein. Im historischen Fall Woyzeck scheiterte dies daran, dass es glaubhafte Zeugenaussagen, die die Visionen Woyzecks bestätigten, nicht gab. Anders ist es im literarischen Fall. Durch das Zusammentreffen von durch Zeugen bestätigte Wahnvorstellungen und körperliche Ausfallerscheinungen manifestiert sich die psychische Erkrankung des literarischen Woyzecks sowohl aus Sicht der Psychiker als auch Somatiker. Unterstrichen wird dies durch den weiteren Kunstgriff Büchners, einen somatischen Bezug durch die Erbsendiät und ihre Auswirkungen herzustellen. Die Krankheit, die im historischen Fall Woyzeck heftig umstritten war, wird im Drama durch das Ernährungsexperiment des Doktors eindeutig abgeleitet.[313] Woyzeck als Versuchsobjekt wird der Harn untersucht, ein Sinnbild für die Suche nach einer körperlichen Veränderung durch die einseitige Ernährung und zugleich zweifacher Bezug auf geschichtliche Anleihen. Zum einen fanden während der Nah-

312 *Clarus*-Gutachten, a.a.O., S. 43.

313 So bereits *Dedner*, Erläuterungen und Dokumente, S. 120.

rungsmittelexperimente der damaligen Zeit ebenfalls medizinische Untersuchungen der Probanden statt.[314] Zum anderen hielt man Somatikern vor, sie würden wegen ihrer primären Orientierung am Organischen die Seelenstörungen auf „alterirte Urin- und Darmsecretion" reduzieren.[315] Indem der Doktor hier eine „Revolution in der Wissenschaft" andeutet,[316] versucht er diesen absonderlichen Nachweis offensichtlich zu führen. Gleichzeitig distanziert sich Büchner durch die Darstellung des Doktors als verschrobene Persönlichkeit von dieser somatischen Sichtweise. Ein weiterer Kunstgriff Büchners ist es zudem, den Doktor im Drama dem Lager der Somatiker zuzuordnen, während der Gutachter des historischen Woyzecks Clarus Psychiker war.

Durch die Skurrilität und Absonderlichkeit des Doktors wird aber zugleich die Kritik an dem Streit zwischen Psychikern und Somatikern insgesamt deutlich. Das Bizarre des Ernährungsexperiments, die Diagnose einer fixen Idee ohne Zugrundelegung der gängigen Fachtermini der damaligen Zeit lassen den Streit insgesamt absurd werden. Dadurch, dass Büchner die Debatte gar nicht in einer Richtung entscheiden muss, da das psychisch und physisch verortete Krankheitsbild Woyzecks sowohl für den Psychiker als auch für den Somatiker eine psychische Erkrankung nahelegt, wird die Debatte auf eine andere Ebene gehoben. Auch wenn Büchner die Debatte selbst nicht entscheiden musste, so positionierte er sich doch durch die Häufung physischer und psychischer Symptome klar in die Richtung, wenn schon nicht

---

314 Auch Fontenelle analysierte die Ausscheidungen seiner Probanden, vgl. *Roth*, a.a.O., S. 511.

315 Dies warf Groos Jacobi vor, s. *Groos*, Der Geist der psychischen Arzneiwissenschaft in nosologischer und gerichtlicher Beziehung, in: Magazin für philosophische, medicinische und gerichtliche Seelenkunde 1831, H. 6, S. 1, 10.

316 Reclam-Studienausgabe, S. 93 f.

die Unzurechnungsfähigkeit Woyzecks, so doch jedenfalls eine psychische Erkrankung bei ihm als gegeben anzunehmen.[317]

Bei der Frage nach der Unzurechnungsfähigkeit spielte im historischen Fall ein weiterer Diskurs eine Rolle, der auch im Drama aufgegriffen wird. Es geht um die Frage, inwieweit psychische Erkrankungen geeignet sind, die Willensfreiheit eines Menschen aufzuheben. Auch hier zeichneten sich in der Gerichtsmedizin der damaligen Zeit zwei Lager ab. Während die Psychiker prinzipiell von dem freien Willen eines Menschen ausgingen und diesen nur bei offenkundigen psychischen Abweichungen als eingeschränkt ansahen, schlossen die Somatiker teilweise schon aus der Absonderlichkeit der Tat an sich auf eine Determiniertheit. Büchner lässt nun den Doktor als Somatiker die Willensfreiheit proklamieren, obwohl die Somatiker der damaligen Zeit ein eher deterministisches Weltbild hatten. In Szene H 2, 6/ H 4, 8 spricht der Doktor: „Woyzeck, der Mensch ist frei, in dem Menschen verklärt sich die Individualität zur Freiheit".[318] Mit dieser Aussage macht sich der Somatiker im Drama eine Position der Psychiker und damit des eigentlichen historischen Gutachters Clarus zu eigen. Die Lager werden vertauscht. Dagegen „kommt" Woyzeck „die Natur", er wird dargestellt als Mensch, der seinen Zwängen ausgeliefert ist. Durch die Darstellung weiterer Zwangshandlungen im Drama, die ihre Steigerung durch den mehrmaligen Befehl, die

---

317 *Glück*, Ein Mensch als Objekt, in: Interpretationen. Georg Büchner, S. 179, 207, sieht gar das Drama „als dichterischen Einspruch gegen das Urteil im historischen Prozess" an. Auch *Knapp*, Georg Büchner, S. 198 tendiert in die Richtung, dass Büchner im Fall Woyzeck ein Fehlurteil und einen Justizmord erkennt. Da allerdings das juristische Verfahren ausgespart bleibt, kann dies nur Spekulation bleiben. Die letzte Szene H 1, 21, zumeist auch die letzte Szene der Bühnen- und Lesefassung, in der der Gerichtsdiener auftritt, lässt aber erahnen, dass Büchner auch in Bezug auf die Justiz einen kritischen Standpunkt einnehmen wollte. Gegen eine Krankheitsdiagnose dagegen *Reuchlein*, a.a.O., S. 60; *Kubik*, S.169.

318 Reclam-Studienausgabe, S. 71, 93.

Woostin zu töten, erfahren, wird der dramatische Woyzeck zum Gehetzten, zum Getriebenen, der unfrei ist. Dies aber in zweierlei Hinsicht. Einmal ist er unfrei wegen seiner psychischen Erkrankung. Zum anderen aber ist er unfrei, weil weitere Determinanten auf ihm lasten, bzw. auslösendes Moment der psychischen Erkrankung sind. Insofern ist es ein Konglomerat mehrerer Determinanten, die den Willen des dramatischen Woyzeck einengen. Das Menschenexperiment und die sozialen Umstände lösen in Woyzeck körperliche und psychische Beschwerden aus. Diese lassen ihn zum Spielball der Medizin und der durch die Armut ausgelösten Lebensumstände werden. Die Eifersucht determiniert Woyzeck ebenfalls, auch wenn dieser Aspekt von Handschrift zu Handschrift eine immer geringere Rolle spielt.

Daher geht es im Drama nicht nur um das Aufzeigen der psychischen Erkrankung an sich, sondern primär um den Weg hin zu dieser psychischen Erkrankung und zur möglichen Unzurechnungsfähigkeit. Dadurch, dass der damals lodernde Streit zwischen Psychikern und Somatikern im Drama irrelevant ist, wird der Blick geschärft auf Fragestellungen, die im zeitgenössischen juristisch-medizinischen Diskurs ignoriert wurden. Schon oben wurde Jarcke zitiert, der deutlich machte, dass gerichtlich nur die Frage von Bedeutung war, ob der Täter zum Tatzeitpunkt unzurechnungsfähig, d.h. unfrei war oder nicht. Aspekte, wie und warum es zur Tat kam, waren dagegen irrelevant.[319] Hier aber setzt Büchners Drama an. Es zeigt, warum Woyzeck ist, wie er ist und wie es zur Tat gekommen ist.[320] Es gibt immer auch eine Vorgeschichte zur Tat. Diese wird heute vor Gericht beleuchtet und kann im Rahmen der Strafzumessung berücksichtigt werden (§ 46 StGB). Bei der Frage der nach der Schuldfähigkeit spielt sie aber auch heute keine Rolle.

---

319 Vgl. oben im Zweiten Kapitel 5b.

320 Ausführlich *Reuchlein*, S. 73 ff.

Damals gab es bei Mord die Todesstrafe und bei Unzurechnungsfähigkeit wurde als Milderung auf lebenslangen Freiheitsentzug erkannt. Damals wie heute gilt allerdings, dass man es sich zu einfach macht, wenn man nur auf den „schönen Mord“ blickt. Niemand ist frei von seinen Lebensumständen und es ist von vielfältigsten Einflüssen abhängig – genetischen und sozialen Bedingtheiten – warum eine Person zu dem wird, was sie ist. Insofern kann auch heute noch, so ein Buchtitel der anerkannten forensischen Psychiaterin Saimeh, jeder zum Mörder werden.[321] Und auch heute noch hat die Feststellung Büchners Geltung, die ich zum zweiten Mal zitieren möchte:

> „Ich verachte Niemanden, am wenigsten wegen seines Verstandes oder seiner Bildung, weil es in Niemands Gewalt liegt, kein Dummkopf oder kein Verbrecher zu werden.“[322]

Diese Zeitlosigkeit ist es dann auch, die dazu führt, dass Büchners Stück auch heute nicht vergessen und auf den Bühnen präsent ist.

5. Veröffentlichungsgeschichte

Büchners Drama Woyzeck geriet nach seinem Tod zunächst in Vergessenheit. Selbst als Georgs Bruder Ludwig 1850 unter dem Titel „Nachgelassene Schriften“ die Texte Büchners veröffentlichte, wurde das Woyzeck-Drama nicht berücksichtigt. Dies begründete Ludwig Büchner in dem Vorwort dieser Ausgabe mit der Unleserlichkeit der Schrift und der Schwierigkeit, die Szenen unter einander in Zusammenhang zu bringen.[323] Neben dieser offiziellen Begründung gab Ludwig Büchner Jahre später gegen-

---

321 *Saimeh*, Jeder kann zum Mörder werden. Wahre Fälle einer forensischen Psychiaterin, 2012.

322 *Büchner*, Brief vom Februar 1834 an die Familie, in: Poschmann (Hrsg.), Dokumente, S. 378.

323 *Dedner*, Marburger Ausgabe, S. 141; *Neumeyer*, in: Borgards / Neumeyer, a.a.O., S. 102.

über Karl Emil Franzos an, auch der Inhalt des Stückes habe ihn seinerzeit veranlasst, dass Fragment nicht in die Sammlung der „Nachgelassenen Schriften“ aufzunehmen.[324] Franzos erhielt Büchners Nachlass 1875 und machte sich an die Entzifferung des Fragments, das er – insoweit auch der unleserlichen Schrift Büchners geschuldet – den Titel „Wozzeck“ gab.[325] Vierzig Jahre nach Büchners Tod wurde „Wozzeck“ dann erstmalig veröffentlicht, zunächst in Ausschnitten am 5. und 23. November 1875 in der Wiener Tageszeitung Neue Freie Presse und später, im Oktober 1878, in der Berliner Wochenschrift „Mehr Licht!“. 1879 wurde das Stück erstmals in Buchform in der Gesamtausgabe „Georg Büchner’s Sämmtliche Werke und handschriftlicher Nachlaß. Erste kritische Gesammt-Ausgabe“ von Franzos herausgegeben.[326] Franzos kombinierte Szenen der unterschiedlichen Entstehungsstufen, wie er es für sinnvoll hielt, ließ andere Passagen aus und fügte stellenweise eigenes ein.[327] 1918 erwarb Anton Kippenberg den Nachlass Büchners für den Insel-Verlag, so dass eine erneute Sichtung der Handschriften Büchners möglich wurde. Somit begann die lange Geschichte kritischer Textrevisionen.[328] Georg Witkowski nahm in einer Edition aus dem Jahre 1920 viele von Franzos an dem Drama vorgenommene Eingriffe wieder zurück, platzierte das Quartblatt textgenetisch zwischen die Folio- und die Quarthandschrift und gab in dieser Neuedition

---

324 *Franzos*, Über Georg Büchner, in: Deutsche Dichtung 29 (1901), Heft 12, S. 289, 293.

325 *Neumeyer*, in: Borgards / Neumeyer (Hrsg.), a.a.O., S. 102.

326 *Poschmann*, Die Woyzeck-Handschriften. Brüchige Träger einer wirkungsmächtigen Werküberlieferung, in: Georg Büchner. Der Katalog, 1987, S. 333.

327 *Poschmann*, Büchner. Dichtungen, 2006, S. 712; *Neumeyer*, in: Borgards / Neumeyer, a.a.O., S. 102. *Von Hoff*, Das Phantasma der Vollendung. Karl Emil Franzos und Georg Büchners Woyzeck, in: Martin / Stauffer (Hrsg.), Georg Büchner und das 19. Jahrhundert, 2012, S. 273, 276 ff.

328 So auch *Poschmann*, a.a.O., S. 713.

dem Drama auch den Titel „Woyzeck".[329] Bergmann gelang dann 1922 erstmals die richtige Anordnung der Doppelblätter und die Trennung der Entwurfsstufen.[330] Auch nach dieser Ausgabe gab es viele abweichende Editionen.[331] Allerdings gibt es noch heute Divergenzen bei Lese- und Bühnenfassungen.[332]

Als Theaterstück wurde Woyzeck das erste Mal am 8. November 1913, also rund 100 Jahre nach Büchners Geburt, in München als „Wozzeck, ein Trauerspiel" uraufgeführt.[333] Am 1. Dezember 1913 gab es die Berliner Erstaufführung im Lessingtheater.[334] Bis weit in die 1920er Jahre hinein bedurfte es einführender Vorträge, um dem Publikum „beim Verständnis des Stückes auf die Sprünge und dem Woyzeck aus dem Eliteghetto (zu) helfen".[335]

Ein Besucher des Stückes bei der Wiener Premiere am 5. Mai 1914 war Alban Berg, der so begeistert war, dass er aus dem Drama in der Fassung von Franzos eine etwa anderthalbstündige Oper in drei Akten machte. Diese wurde am 14. Dezember 1925 in der Berliner Staatsoper Unter den Linden uraufgeführt.[336] Der Erfolg der Oper „Wozzeck" war sensationell, bis zum Jahr 1936 wurde

---

329 Ausführlich *Dedner*, Marburger Ausgabe, S. 149.

330 *Neumeyer*, in: Borgards / Neumeyer (Hrsg.), S. 102; *Dedner*, Marburger Ausgabe, S. 149.

331 Mit einzelnen Nachweisen *Poschmann*, Büchner. Dichtungen, S. 713 f.

332 *Neumeyer*, in: Borgards / Neumeyer (Hrsg.), S. 102 f.; *Dedner*, Marburger Ausgabe, S. 150.

333 *Meier*, Georg Büchner. „Woyzeck", 3. Aufl. (1993), S. 104 f.; *Mayer*, Georg Büchner. Woyzeck. Dichtung und Wirklichkeit, 1963, S. 149 f.

334 *Mayer*, a.a.O., S. 152 ff.

335 *Viehweg*, Woyzeck auf der Bühne. Zu einer Inszenierungsgeschichte des Woyzeck. Begründung, Ergebnisse und Planung, in: Georg Büchner Jahrbuch 10 (2000/2004), 2005, S. 241, 253.

336 *Beise*, Einführung in das Werk Georg Büchners, 2010, S. 119; ausführlicher zur inhaltlichen Übernahme Alban Bergs *Heister*, Affektive Mimesis und konstruktive Katharsis. Zu Alban Bergs Wozzeck-Oper, in: Georg Büchner. Der Katalog, 1987, S. 338 ff.

die Oper über Europas Grenzen hinaus in 29 Städten 166 Mal aufgeführt und somit zum Welterfolg.[337]

Nach Ende des Zweiten Weltkriegs wurde Büchners Woyzeck dann 1947 erstmals als Wozzek verfilmt. Gedreht wurde der Film in den gerade gegründeten DEFA Studios in Potsdam unter der Regie von Georg C. Klaren. In einer Rahmenhandlung erzählt der Medizinstudent Büchner vom Fall Wozzek. Gespielt wird Wozzek von Kurt Meisel. Die zweite Verfilmung „Woyzeck" von Werner Herzog stammte aus dem Jahre 1979 und thematisiert über den historischen Fall hinaus auch aktuelle gesellschaftliche Fragen.[338] Sie ist die wohl bekannteste Woyzeck-Verfilmung mit dem Hauptdarsteller Klaus Kinski. 1984 präsentierte Oliver Herbrich mit seinem Film „Wodzeck" einen modernen Woyzeck, der als Akkordarbeiter an einer Stanzmaschine in einer Autofabrik arbeitete.[339] Schließlich drehte János Szász in Ungarn 1993 den letzten großen Woyzeck-Film, der aber erst 1997 vom Bayerischen Rundfunk erstausgestrahlt wurde. Woyzeck arbeitet im Film als ungarischer Weichensteller auf einer Gleisstrecke.[340]

Darüber hinaus wurde im Jahr 2000 Woyzeck als Musical am Betty-Nansen-Theater in Kopenhagen inszeniert. Die Lieder hatten Kathleen Brennan und Tom Waits geschrieben und unter dem Titel „Blood Money" auf CD herausgegeben.[341] Das Musical kam am 19. September 2008 zur Erstaufführung ans Theater in

---

337 *Diekhans*, EinFach Deutsch, Georg Büchner, Woyzeck, 2011, S. 113.

338 *Beise*, a.a.O., S. 119; *Albrecht*, Büchner und der Film, in: Georg Büchner. Der Katalog 1987, S. 408, 410.

339 Näher zum Filminhalt *Albrecht*, a.a.O., S. 411.

340 *Beise*, a.a.O., S. 119; näher zum Inhalt *de Angelis*, Woyzeck im Film, in: Georg Büchner Jahrbuch 13 (2013–2015), 2016, S. 327, 329. Zu weiteren Filmen und Theateraufzeichnungen Ders. auf S. 333 ff.

341 *Beise*, a.a.O., S. 119 f.

Oberhausen.[342] Es folgten deutschlandweit weitere Aufführungen bis in die heutige Zeit.[343]

342 http://www.ruhr-guide.de/kultur/buehne-und-musik/tom-waits-woyzeck-opera-in-oberhausen/15099,0,0.html; zuletzt abgerufen am 3.4.2017.

343 Beispiele bei *Beise*, a.a.O., S. 120.

Viertes Kapitel
Woyzeck heute

1. Die Diagnose heute

Seit Bieber 1914 auf die Parallelen zwischen Büchners Drama und dem historischen Fall Woyzeck hinwies,[1] versuchte man sich immer wieder an einer medizinischen Diagnose.[2] Dabei muss meines Erachtens zwischen historischem und literarischem Woyzeck differenziert werden. Im historischen Fall ist nicht eindeutig belegt, ob Woyzeck tatsächlich unter Visionen und Wahnvorstellungen gelitten hat, oder diese lediglich eine Verteidigungsstrategie waren.[3] Wie oben bereits festgestellt wurde, waren es nur Zeugen, die vom „Hörensagen" aus Bekundungen von Woyzeck dessen Halluzinationen zu Protokoll gaben. So sehr auch das Clarus-Gutachten kritisiert wurde, muss man ihm zumindest darin Recht geben, dass dieser Umstand zweifelhaft blieb. Was das Gutachten so angreifbar machte, war die moralisierende Bewertung der Tat, d.h. die Inbezugsetzung von Zurechnungsfähigkeit und Moral. Dies aber nur retrospektiv aus der heutigen Zeit heraus.[4] Damals war es durchaus üblich, den moralischen Zeigefinger zu erheben und in die Begutachtung mit einfließen zu lassen. Insofern verwischten sich die Grenzen reiner Zurechnungsbeurteilung mit moralischer Bewertung der Tat. Allerdings muss man bedenken, dass der historische Woyzeck

---

1 *Bieber*, Wozzeck und Woyzeck, in: Das literarische Echo, 16. Jg. (1914), Heft 17, Spalte 1188 ff.

2 Mit Hinw. *Reuchlein*, a.a.O., S. 60.

3 *Steinberg / Schmideler*, War Woyzeck tatsächlich schizophren oder redete ihm die Verteidigung eine Schizophrenie nur ein?, in: Jahresheft für forensische Psychiatrie, Bd. 3, 2006, S. 71, 106 f.

4 Auch wenn wir später sehen werden, dass auch heute die Gerichte nicht frei von moralisierenden Bewertungen sind. Vgl. Viertes Kapitel 2.

https://doi.org/10.1515/9783110570946-005

tatsächlich von Eifersucht und Leidenschaft getrieben wurde – eine Eifersuchtstat würde auch heute ohne weitere Hinweise auf eine psychische Erkrankung nicht dazu führen, einen Täter für schuldunfähig zu erklären.

Bei der literarischen Figur des Woyzeck wird dagegen das Eifersuchtsmotiv von Handschrift zu Handschrift von Büchner immer stärker zurückgenommen. Demgegenüber sind die Visionen und Halluzinationen dadurch, dass sie Woyzeck im Beisein anderer Protagonisten quälen, im Gegensatz zum historischen Fall Woyzeck im Drama belegbar. Ob diese Wahnvorstellungen dann zur Zurechnungsunfähigkeit des literarischen Woyzeck führen, bleibt letztlich offen, da keine gerichtsärztliche Szene im Drama vorkommt. Der Doktor des Dramas, der kein Gerichtsmediziner ist, diagnostiziert dagegen eine psychische Erkrankung. Die Schlussfolgerung in juristischer Hinsicht, dass diese psychische Erkrankung auch zur Unzurechnungsfähigkeit führt, wird aber nicht gezogen.

Welche psychische Erkrankung heute hinter den Symptomen des literarischen Woyzecks zu erkennen ist, wird unterschiedlich interpretiert. Glück bezeichnet die Krankheit als Psychose und Paranoia,[5] Reuchlein weist auf Zustandsbeschreibungen wie Geisteskrankheit, Besessenheit, aber nicht Wahnsinn, weder Wahnsinn noch wirkliche Gesundheit sowie die Annahme psychischer Gesundheit hin.[6] Daher spricht sich Wübben dafür aus, dass keine eindeutige Diagnose möglich ist, sondern vielmehr multiple Perspektiven auf den Wahnsinn deuten.[7]

---

5 *Glück*, „Herrschende Ideen“: Die Rolle der Ideologie, Indoktrination und Desorientierung in Georg Büchners „Woyzeck“, in: Georg Büchner Jahrbuch 5 (1985), 1986, S. 52, 112.

6 *Reuchlein*, a.a.O., S. 60 m.w.N.

7 *Wübben*, Georg Büchner: „Woyzeck“ (1836/1837), in: Borgards / Neumeyer / Pethes / Wübben (Hrsg.), Literatur und Wissen. Ein interdis-

Schmitt kommt dagegen zu einer eindeutigen Diagnose bei Woyzeck und vertritt die Auffassung, dass dessen Krankheitsbild vom heutigen Schizophrenie-Begriff abgedeckt würde. Bei eher phasischem Verlauf käme eine schizoaffektive Psychose mit vorwiegend depressiver Ausgestaltung in Betracht.[8] Allerdings bezieht sich Schmitt auf das Clarus-Gutachten und damit auf den historischen Woyzeck. Hier muss aber, wie gesagt, einschränkend darauf hingewiesen werden, dass man bei der Diagnose die Schilderungen Woyzecks als wahr unterstellen muss. Schmitt stellt auf die glaubwürdige Schilderung des historischen Woyzecks ab.[9] Warum die Einlassungen des historischen Woyzeck glaubwürdig sind, führt Schmitt aber nicht weiter aus. Allerdings kann man die Diagnose auf den literarischen Woyzeck übertragen. Die Halluzinationen und wahnhaften Phänomene sind beim literarischen Woyzeck dadurch belegt, dass sie ihn unter Zeugen wiederfahren. Die psychische Erkrankung, das Verrückte, tritt deutlich zu Tage und wird auch von den Protagonisten, die auf Woyzeck treffen, mehrfach betont.

Unterstellt man die Schilderungen des historischen Woyzecks als wahr, so kann sowohl im historische als auch literarischen Fall bei Woyzeck laut Schmitt „ein jahrelanges, chronisches oder auch episodisch rezidivierendes, wahnhaft-halluzinatorisches Syndrom mit Verfolgungswahn, akustischen Halluzinationen […], optischen Halluzinationen […], Leibhalluzinationen […], formalen

---

ziplinäres Handbuch, 2013, S. 349, 351; in diese Richtung auch bereits *Reuchlein*, a.a.O., S. 60.

8 *Schmitt*, Psychiatrische Anmerkungen zum „Fall Woyzeck“, in: Lammel / Felber / Sutarski / Lau (Hrsg.), Die forensische Relevanz „abnormer Gewohnheiten“, 2008, S. 131, 141. Auch *Steinberg / Schmideler*, War Woyzeck tatsächlich schizophren oder redete ihm die Verteidigung eine Schizophrenie nur ein?, in: Jahresheft für forensische Psychiatrie, Bd. 3, 2006, S. 71, 112 gehen davon aus, dass eine Schizoaffektive Psychose zumindest naheliegt.

9 *Schmitt*, a.a.O., S. 140.

Denkstörungen [...] bei vorwiegend instabiler, depressiver oder auch maniformer Stimmungslage, z.T. mit Zwangsantrieben, bestanden" haben. Daneben war ein „wahrscheinlich sekundärer Alkoholismus" vorhanden, der aber für das Krankheitsbild nicht bestimmend gewesen sei.[10] Aufgrund dieses Befundes spricht sich Schmitt für die Schuldunfähigkeit Woyzecks zum Zeitpunkt der Tat aus.[11]

Steinberg / Schmideler weisen in ihrem Aufsatz darauf hin, dass die „allgemein verbreitete" Auffassung, Woyzeck habe an einer Schizophrenie gelitten, wenig substantiiert sei. Sie vertreten die Ansicht, der historische Woyzeck habe an einer „Alkoholhalluzinose bei epileptoider stimmungslabiler bzw. explosibler psychopathischer Grunddisposition" gelitten.[12] Auf den literarischen Woyzeck ist dies aber nicht übertragbar. Zwar lässt Büchner noch in H 1, 11 Andres die Feststellung treffen, dass Louis (Woyzeck) besoffen sei.[13] Dieses Szenendetail wird aber später nicht wiederholt, vielmehr rät Andres Woyzeck, Schnaps zu trinken, dies aber als Medizin.[14] Der literarische Woyzeck ist kein Trinker, allerdings sind diverse andere Protagonisten, wie z.B. der Tambourmajor, dem Alkohol nicht abgeneigt. Es kann nur gemutmaßt werden, warum Büchner den literarischen Woyzeck von der Alkoholsucht des historischen Woyzeck befreit. Vermutlich ist dies ein weiteres Element, um den literarischen Woyzeck moralisch weniger angreifbar zu machen und die Determiniertheit mehr in den Lebensumständen, als in charakterlichen Schwächen zu verorten. Allerdings muss man konstatieren, dass auch in der damaligen Zeit eine Alkoholsucht in Verbindung mit Wahnsinn

---

10 So *Schmitt*, a.a.O., S. 141.

11 *Schmitt*, a.a.O., S. 142.

12 *Steinberg / Schmideler*, a.a.O., S. 109.

13 Reclam-Studienausgabe, S. 54.

14 Reclam-Studienausgabe, S. 34.

durchaus Unzurechnungsfähigkeit zur Folge haben konnte.[15] Nichtdestotrotz brachte Clarus den Alkoholkonsum nur in Verbindung mit Woyzecks liederlichem, wüsten, unmoralischen Leben, ohne darin nach Anhaltspunkten für eine psychische Erkrankung zu suchen. Dabei ist das Gutachten von Clarus eine wahre Fundgrube, um den Alkoholmissbrauch – im Gegensatz zu den Halluzinationen ist dieser bestätigt durch Zeugenaussagen – Woyzecks zu belegen. So sei Woyzeck „oft betrunken" gewesen,[16] er habe „den Trunk in hohem Grade geliebt",[17] „zu viel getrunken"[18] bzw. „während seiner Dienstzeit oft zu viel Branntwein getrunken".[19] Allerdings hat Woyzeck nach den Feststellungen Clarus „vor der That […] weniger Branntwein getrunken".[20] Nach eigenen Angaben trank Woyzeck kurz vor der Tat 3 g[21] Branntwein, also eine nicht gerade große Menge. In den Akten wurde sogar vermerkt, dass er während der Festnahme keinen betrunkenen Eindruck machte.[22] Daher ist fraglich, ob der übermäßige Alkoholkonsum beim historischen Woyzeck tatsächlich eine Alkoholhalluzinose auslöste. Auch hier müsste wieder belegbar nachgewiesen werden, ob Woyzeck die von ihm behaupteten Wahnvorstellungen wirklich hemmten. Wie schon erwähnt ist der Inhalt der Akten diesbezüglich nicht eindeutig.

Von daher ist auch die Alkoholhalluzinose des historischen Woyzeck nicht eindeutig aus den Akten belegbar. Steinberg / Schmideler nehmen dennoch eine verminderte Schuldfähigkeit an

---

15 Vgl. oben im Zweiten Kapitel 5b.

16 *Clarus*-Gutachten, a.a.O., S. 2.

17 *Clarus*-Gutachten, a.a.O., S. 9.

18 *Clarus*-Gutachten, a.a.O., S. 10.

19 *Clarus*-Gutachten, a.a.O., S. 23.

20 So *Clarus*-Gutachten, a.a.O., S. 55.

21 Ein kleiner Schnaps hat ca. 6 g Alkohol.

22 Justiz-Ministerium Nr. 739/13, Bl. 242 f.

und begründen diese durch die Trinkexzesse Woyzecks. Neben unauffälligen Perioden komme es zu epileptoiden Anfällen, die bei geringstem Anlass in der Art einer Wutreaktion zu unbesonnenen und unbewussten Aktionen führen. Während dieser epileptoiden Affekthandlung, der Triebentladung setze die Kontrolle durch Verstand oder Wille aus.[23]

Jedoch kommen auch Steinberg / Schmideler lediglich zu einer verminderten Schuldfähigkeit, einer Rechtsfigur, die in der juristischen und gerichtspsychiatrischen Diskussion der damaligen Zeit, wie oben dargestellt, umstritten und keinesfalls anerkannt war. Heute jedoch ist die verminderte Schuldfähigkeit in § 21 StGB klar verankert.

Die Diagnose beim historischen Woyzeck steht und fällt auch in der heutigen Zeit mit der Frage, ob die Wahnvorstellungen tatsächlich vorhanden waren, oder lediglich Schutzbehauptungen darstellten. Nimmt man die Halluzinationen ernst, so können diese beim historischen Woyzeck für eine schizoaffektive Psychose oder auch eine Alkoholhalluzinose sprechen. Der literarische Woyzeck hatte mangels ausreichenden Alkoholkonsums mit Sicherheit keine Alkoholhalluziniose. Allerdings hat er im Gegensatz zum historischen Woyzeck belegbar Wahnvorstellungen und Visionen. Diese machen ihn psychisch krank. Ob er deswegen unzurechnungsfähig bzw. schuldunfähig ist, wird im Drama als Fragestellung ausgespart. Die unterschiedlichen Positionen der damaligen gerichtspsychiatrischen Debatte vermischen sich in Büchners Drama, werden austauschbar und fragwürdig. Die psychische Erkrankung steht als Erkenntnis jenseits der juristischen Aufarbeitung.

Dadurch, dass der literarische Woyzeck in der Tatszene zumindest keine offenen Anzeichen geistiger Verwirrtheit zeigt, ist

---

23 *Steinberg / Schmideler*, a.a.O., S. 111.

auch bei ihm „bei der That" ein die Unzurechnungsfähigkeit begründender Umstand nicht belegt.[24] Die Schwierigkeiten, von einer psychischen Erkrankung auf eine die Schuld ausschließende Determiniertheit durch die Krankheit zu schließen, sind damals wie heute die gleichen und machen Büchners Drama so zeitlos. Ebenso zeitlos ist das Problem, überhaupt zu einer richtigen Diagnose zu kommen.

2. Schuldfähigkeit heute

Auch wenn der Streit zwischen Psychikern und Somatikern der Vergangenheit angehört, so kann man doch heute ebenfalls noch nicht davon sprechen, dass es einheitliche Messinstrumente zur Diagnosefindung gäbe. Vielmehr gibt es unterschiedliche Beurteilungsmodelle,[25] so dass die Diagnose zwischen den verschiedenen Diagnostikern höchst uneinheitlich ausfallen kann. Konrad kommt sogar – allerdings im Jahre 1995 – zu einer Konvergenz von fast zwei Drittel der Gutachten, in denen zwei oder mehr Gutachten mit identischer Fragestellung bei gleichem Anlassdelikt des Probanden veranlasst worden sind.[26] Die unterschiedlichen Kriterien, die je nach Auswahl der Untersuchungsmethode divergieren, legen die Richtung fest, in die diagnostiziert wird. Solange die Auswahl zwischen den unterschiedlichen Untersuchungsmethoden in pflichtgemäßem Ermessen getroffen wurde, ist dies nicht zu beanstanden.[27] Dennoch können bedingt durch die Auswahl des Messinstruments die Diagnosen abweichen. Sind aber mehrere Modelle zulässig, die zu unterschiedlichen Diagnosen führen können, so haftet dem Ergebnis eine gewisse

---

24 *Clarus*-Gutachten, a.a.O., S. 42.

25 *Konrad*, Der sogenannte Schulenstreit. Beurteilungsmodelle in der forensischen Psychiatrie, 1995, S. 202 f.

26 *Konrad*, a.a.O., S. 207.

27 *Boetticher / Nedopil / Bosinski / Saß*, Mindestanforderungen für Schuldfähigkeitsgutachten, NStZ 2005, S. 57.

Willkürlichkeit an. Auch heute könnte es also, ähnlich dem damaligen Diskurs um die Unzurechnungsfähigkeit Woyzecks unterschiedliche Auffassungen nicht nur darüber geben, welche Diagnose zu stellen ist, sondern zusätzlich darüber, ob die psychische Erkrankung auch die Schuldunfähigkeit des Täters zur Folge hat.

Hinzu kommt nämlich noch ein weiteres Problem, mit dem sich auch Clarus in seinem Gutachten auseinanderzusetzen hatte. Es geht um die Frage, inwieweit vom aktuellen Beurteilungszeitpunkt auf den häufig lange zurückliegenden, rechtlich entscheidenden, Zeitpunkt geschlossen werden kann. Solange belastbare Indizien oder Zeugenaussagen fehlen, ist die Exploration der einzige Weg, um sich an eine Bewertung der Vergangenheit heranzutasten. Clarus hatte Woyzeck in Gefangenschaft mehrfach besucht und aus seinen Beobachtungen eine aktuelle psychische Erkrankung abgelehnt, dann aber in seinem Gutachten weiter differenziert und eine solche Erkrankung auch vor, bei und nach der Tat verneint.[28] Die Beantwortung der Frage nach den Auswirkungen der psychischen Störung auf die konkrete Tat ist unter dem Stichwort „tatbezogene Differenzialdiagnostik" auch heute noch erheblichen Unsicherheiten ausgesetzt. Erforderlich ist die Extrapolation der zum Untersuchungszeitpunkt gefundenen Diagnose auf die Diagnose zum Zeitpunkt der jeweiligen Tat. Dadurch ergeben sich Unsicherheiten, da Aussagen hierüber immer nur mit einer gewissen Wahrscheinlichkeit getroffen werden können.[29] Der von der Rechtsprechung geforderte Beleg für eine Einwirkung der Erkrankung auf die Handlungsmöglich-

28 *Clarus*-Gutachten, a.a.O., S. 42 ff.

29 *Foerster / Dreßing*, Die Erstattung des Gutachtens, in: Venzlaff / Foerster (Hrsg.), Psychiatrische Begutachtung. Ein praktisches Hdb. für Ärzte und Juristen, 5. Aufl. (2009), S. 43, 48.

keiten in der konkreten Tatsituation[30] ist daher nie mit Gewissheit zu führen.

Insofern würde vermutlich auch heute, fast zweihundert Jahre nach der Tat Woyzecks, eine Beurteilung seiner Schuldfähigkeit Schwierigkeiten bereiten. Der Ausgang eines Begutachtungsverfahrens wäre nach wie vor ungewiss. Auch wenn eine Diagnose einwandfrei getroffen werden könnte, müsste diese noch unter eines der vier Eingangsmerkmale des § 20 StGB subsumiert werden. Damals wie heute sind es nämlich die Gerichte, die nach entsprechender Diagnose des Sachverständigen feststellen müssen, ob die Diagnose zur Schuldunfähigkeit bzw. verminderten Schuldfähigkeit des Delinquenten führt. Zu Woyzecks Zeiten besann man sich nach einer kurzen Findungsphase zunehmender „Psychologisierung" des Strafrechts, doch wieder darauf, die Letztentscheidung über die Frage der Zurechnungsfähigkeit dem Richter zu überlassen. Welche gesetzlichen Kategorien die Unzurechnungsfähigkeit begründen sollten, war damals umstritten. Während Henke für eine Beibehaltung der drei Hauptarten Wahnsinn, Blödsinn und Raserei plädierte, sprachen sich andere für eine weitere Differenzierung und manche sogar für eine Berücksichtigung sozialer Komponenten wie den äußeren Verhältnissen aus.[31]

Unser heutiges Strafgesetzbuch formuliert in § 20 StGB vier Eingangsmerkmale. Diese stellen keine medizinischen, sondern juristische Begriffe dar. Daher hat der Richter zu bewerten, ob eine sachverständigenseits ausgesprochene Diagnose unter eines dieser juristischen Merkmale zu subsumieren ist. Das Gesetz benennt die krankhafte seelische Störung, die tiefgreifende Bewusstseinsstörung, den Schwachsinn oder eine schwere andere seelische Abartigkeit. Ist eines dieser Merkmale erfüllt, so muss

---

30 Vgl. bspw. BGH, NStZ-RR 2008, 39; NStZ-RR 2007, 73.

31 Vgl. oben im Zweiten Kapitel 5b.

der Täter aufgrund dieses Merkmals unfähig sein, das Unrecht der Tat einzusehen oder nach dieser Einsicht zu handeln.

Dadurch, dass die juristischen Begriffe nicht mit den medizinischen Diagnosen kompatibel sind, können auch heute noch Werteentscheidungen des Richters über die Frage der Schuldunfähigkeit bestimmen.[32] Dies betrifft vor allem das Merkmal der schweren anderen seelischen Abartigkeit.[33] Durch die Konturenlosigkeit des Merkmals bleibt ein großer individueller Ermessensspielraum sowohl für den psychiatrischen Gutachter als auch für das Gericht.[34] Entscheidungen hierüber sind nach Blau nicht „wahrheitsfähig",[35] sie verlieren sich in gesellschaftlichen, psychiatrischen, normativen und kriminalpolitischen Zuschreibungen.[36] Gerichtliche Urteile, die sich mit der Frage auseinanderzusetzen haben, ob eine psychische Erkrankung unter eine schwere andere seelische Abartigkeit zu subsumieren sind, laufen daher besonders Gefahr, auch heute noch moralische Bewertungen in die Entscheidung mit einfließen zu lassen. So hatte das Landgericht Bielefeld mit dem Hinweis auf die „moralische Sehbehinderung" des Angeklagten bei dissozialer Persönlichkeitsstörung eine schwere andere seelische Abartigkeit angenommen, während der BGH die Entscheidung aufhob und die schwere Persönlichkeitsstörung noch „[…] als – möglicherweise extreme – Spielart menschlichen

---

32 *Schiemann*, a.a.O., S. 355.

33 Ausf. *Schiemann*, a.a.O., S. 275 ff.

34 *Platz*, Psychiatrische Klassifikationsprobleme von Persönlichkeitsstörungen, Leitlinien und Kriterien ICD-10/DSM-IV, in: de Boor / Rode / Kammeier, Neue Diskussionen um die „schwere andere seelische Abartigkeit", § 20 StGB. Der Krankheitsbegriff und seine strafrechtlichen Folgen, 2003, S. 49, 58.

35 *Blau*, Paraphrasen zur Abartigkeit, in: Festschrift für Rasch, Die Sprache des Verbrechens – Wege zu einer klinischen Kriminologie, 1993, S. 113, 123.

36 *Schiemann*, a.a.O., S. 283.

Wesens“ eingeordnet, die „sich noch innerhalb der Bandbreite des Verhaltens voll schuldfähiger Menschen bewegt“.[37]

Auch ein weiterer Auszug aus Entscheidungsgründen des BGH zeigt, dass sich Ausführungen zu psychischer Erkrankung und Bewertungen von Charakter und Tat vermischen und zu Zuschreibungen führen können, die jenseits dessen liegen, was nachvollziehbar und objektivierbar ist:

> „Die Schilderung des psychischen Zustandes des Angeklagten lässt nicht klar erkennen, ob die Abweichungen von der Norm so deutlich ausgeprägt sind, dass sie Krankheitswert besitzen. Insbesondere ist der rein deskriptiven Aufzählung der Besonderheiten nicht zu entnehmen, inwieweit sie auf die (leichte) Enzephalophathie[38] zurückzuführen sind und in welchem Umfang es sich um bloße anlagebedingte Charaktermängel handelt. […] Leichte Hirndefekte und Minimalabweichungen des Verstandes oder der Wesensart sind in der Gruppe der Rechtsbrecher sehr verbreitet, ohne forensische Bedeutung zu erlangen.“[39]

Der Woyzeck der heutigen Zeit wäre demnach ebenfalls nicht davor gefeit, sich charakterliche Schwäche vorwerfen lassen zu müssen. Die von Steinberg / Schmideler vermutete Alkoholhalluzinose würde nämlich wie die Enzephalophatie am ehesten unter die krankhafte seelische Störung subsumiert werden. Organische Schädigungen des Gehirns infolge chronischen Alkoholmissbrauchs fallen als exogene Psychosen unter den Begriff der krankhaften seelischen Störung.[40] Aber auch hier fragt die Rechtsprechung wie oben bei der Enzephalophatie teilweise noch[41]

37 BGH, NStZ-RR 2008, 70 f.

38 Krankhafte Veränderung des Gehirns.

39 BGH, NJW 1983, 350.

40 BGHR § 20 Einsichtsfähigkeit 3 – Alkoholhalluzinose; *Nedopil / Müller*, Forensische Psychiatrie. Klinik, Begutachtung und Behandlung zwischen Psychiatrie und Recht, 4. Aufl. (2012), S. 40.

41 „Eigentlich“ wird der Krankheitsbegriff aber mittlerweile als überholt angesehen, vgl. *Fischer*, StGB, 64. Aufl. (2017), § 20 Rn. 6.

nach dem „Krankheitswert" und prüft jenseits der Diagnose, inwieweit eine Abweichung von der Norm forensische Bedeutung erlangt. Selbst bei entsprechender Diagnose wäre also auch heute ungewiss, ob die Rechtsprechung die Diagnose ausreichen lassen würde, um auf verminderte Schuldfähigkeit zu erkennen.

Die von Schmitt aufgestellte Diagnose der Schizophrenie bzw. schizoaffektiver Psychose würde ebenfalls am ehesten unter die krankhafte seelische Störung fallen, da diesem Rechtsbegriff endogene Psychosen wie Erkrankungen aus dem Formenkreis der Schizophrenie zugeordnet werden.[42] Auch wenn die Diagnose einer Schizophrenie sehr schwierig ist und verschiedene Lehrmeinungen unterschiedliche Diagnoseschwerpunkte setzen,[43] wird diese Diagnose trotz aller diagnostischer Unsicherheiten häufig als Paradigma für Schuldunfähigkeit angesehen.[44] Die Gerichte schließen daher regelmäßig von der Diagnose Schizophrenie auf eine krankhafte seelische Störung, ohne die sonst übliche Schweregradbestimmung wertend mit einfließen zu lassen.[45] Lediglich vereinzelt findet sich in Entscheidungen der Hinweis, dass die Diagnose Schizophrenie „zwar in der Regel, jedoch nicht zwangsläufig" zu Beeinträchtigungen führt.[46]

Die hilfsweise von Schmitt festgestellte schizoaffektive Störung wird zwar immer häufiger diagnostiziert, weil eine Einordnung von Erkrankungen sowohl mit Wahnsymptomatik und Wahrnehmungsstörungen als auch mit affektiven Auslenkungen entweder bei den affektiven oder bei den schizophrenen Erkrankungen

---

42 *Fischer*, a.a.O., § 20 Rn. 9.

43 Hierzu *Zaudig / Wittchen / Saß*, DSM-IV und ICD-10 Fallbuch. Fallübungen zur Differentialdiagnose nach DSM-IV und ICD-10, 2000, S. 123; *Nedopil / Müller*, a.a.O., S. 178, weisen darauf hin, dass es kein allgemein akzeptiertes Erklärungsmodell gibt.

44 So kritisch *Nedopil / Müller*, a.a.O., S. 188.

45 Mit Rechtsprechungsnachweisen *Schiemann*, a.a.O., S. 222.

46 BGH, NStZ 1991, 527.

schwierig ist.[47] Allerdings ist das Konzept nach wie vor stark umstritten.[48] Der BGH ist in einer Entscheidung davon ausgegangen, dass bereits eine mittelschwere schizoaffektive Störung als krankhafte seelische Störung eine Schuldunfähigkeit begründen kann.[49] Gesetzt den Fall, Woyzeck hätte tatsächlich unter Wahnvorstellungen gelitten, so würde bei ihm heute vermutlich eine Schizophrenie oder schizoaffektive Störung diagnostiziert und diese unter eine krankhafte seelische Störung i.S. des § 20 StGB subsumiert.

Nach der Diagnose muss aber gutachterlich noch festgestellt werden, ob die Wahnvorstellungen zum Zeitpunkt der Tat handlungsleitend waren, d.h. wie sich das Störungsbild auf die Handlungsmöglichkeiten in der konkreten Tatsituation ausgewirkt hat.[50] Eine solche Einschätzung ist aber teilweise schwierig, vor allem dann, wenn zur Tatzeit eindeutig keine produktive, akute Systematik vorlag.[51] Dieser Gesichtspunkt lässt dann auch die heutige juristische Bewertung des Falls Woyzeck wiederum fraglich erscheinen. Denn eine handlungsleitende Wahnvorstellung zum Zeitpunkt der Tat ist weder im historischen noch im literarischen Fall Woyzeck belegt, die Frage, ob die Schuldfähigkeit aufgehoben oder vermindert war, daher heute ebenso wie damals nicht eindeutig beantwortbar. Wie im Drama würde insofern die Diagnose – mehr oder weniger – einheitlich ausfallen, jedenfalls aber zur Feststellung einer irgendwie gearteten psychischen Erkrankung Woyzecks führen. Ob diese zur Unzurech-

---

47 *Leucht / Fritze / Lanczik / Vauth / Olbrich*, Schizophrenien und andere psychotische Störungen, in: Berger (Hrsg.), Psychische Erkrankungen. Klinik und Therapie, 3. Aufl. (2009), S. 411, 479.

48 *Leucht / Fritze / Lanczik / Vauth / Olbrich*, a.a.O., S. 480 m.w.N.

49 BGH, NStZ-RR 2006, 167, 168.

50 BGH, NStZ-RR 2008, 39; NStZ-RR 2007, 73.

51 *Müller-Isberner / Venzlaff*, Schizophrenie, schizoaffektive und wahnhafte Störungen, in: Venzlaff / Foerster, 5. Aufl. (2009), S. 167, 177.

nungsfähigkeit bzw. Schuldunfähigkeit führen würde, wäre dagegen auch heute nach wie vor offen und würde vermutlich je nach Sachverständigen und Gericht uneinheitlich ausfallen. Hier schließt sich der Kreis zu der oben angesprochenen Zeitlosigkeit des Dramas.

3. Determinanten

Es wurde zudem festgestellt, dass die Determinanten der psychischen Erkrankung keinesfalls die einzigen waren, die Woyzeck in seinem Tun – wenn auch nicht belegbar zum Tatzeitpunkt – bestimmten. Die Determinanten des historischen Woyzeck, seine Armut und die Lebensumstände, hatte er sich laut Clarus selbst zuzuschreiben. Büchner macht es sich im literarischen Fall nicht so einfach und wird nicht müde, die Armut und soziale Determiniertheit anzuprangern. Schneider schreibt aber in seiner Kriminologie für das 21. Jahrhundert, die These, dass Armut und die Kluft zwischen Arm und Reich Kriminalität und Delinquenz verursacht, habe sich als falsch erwiesen.[52] Aber es ist auch nicht nur die Armut, die den literarischen und historischen Woyzeck – negativ – beeinflusst.

So spielt die Sozialisationstheorie auch heute noch eine entscheidende Rolle bei der Frage nach den Ursachen von Kriminalität.[53] Kriminalität ist danach die Folge von Sozialisationsdefiziten. Diese können sich durch falsche Erziehungsmethoden, fehlende dauerhafte Bezugspersonen aber auch durch Umwelteinflüsse jeder Art ergeben. So ist eine Sozialisation durch äußeren sozialen Druck, beengte Wohnverhältnisse, Dauerarbeitslosigkeit der

---

52 *Schneider*, Kriminologie für das 21. Jahrhundert. Schwerpunkte und Fortschritte der internationalen Kriminologie. Überblick und Diskussion, 2001, S. 288. Zur Anomietheorie, dass Mittellosigkeit zumindest Grund für Eigentumsdelikte ist kurz *Kunz*, Kriminologie, 5. Aufl. (2008), S. 87 f.

53 Ausf. *Schwind*, Kriminologie, Eine praxisorientierte Einführung mit Beispielen, 21. Aufl. (2011), S. 189 ff.

Eltern und Armut gefährdet.[54] Insoweit spielt im Rahmen der Sozialisationstheorie doch wieder u.a. auch das Einkommen neben anderen Bedingungen eine Rolle. So ist es in schwierigen sozialen Verhältnissen nur schwer möglich, notwendige Verhaltensbeschränkungen so zu vermitteln, dass sie auch verstanden werden.[55] Der historische Woyzeck verlor früh seine Mutter, auch sein Vater starb, als er fünfzehn Jahre alt war. Familiären Halt hatte er ab da nicht mehr, wurde vielmehr von seinem Lehrherren ausgebeutet und musste häufig die Arbeitsstelle wechseln. Dauerhafte Bezugspersonen fehlten. Über die Kindheit des literarischen Woyzecks wird dagegen im Drama nicht gesprochen. Hier sind es tatsächlich nur die sozialen Verhältnisse, die Woyzeck zum „Gehetzten" machen und ihn in seiner Lebensgestaltung einschränken.

Sozialpsychologen richten den Focus zudem verstärkt auf situative Ursachen von Verhaltensweisen. Der Sozialpsychologe Zimbardo fragt z.B. weniger danach, wer schuldig ist, als danach, welche Umstände bei der Entstehung bestimmter Verhaltensweisen eine Rolle spielen.[56] Zimbardo hat im Experiment nachgewiesen, dass Anonymität der Nährboden für antisoziales Verhalten sein kann. Er hatte herrenlose Autos in New York gegenüber dem Uni Campus und in einer Kleinstadt abgestellt und mit Videokameras überwacht. Die Kamera in New York war noch gar nicht richtig aufgebaut, als sich ganz normale Bürger daran machten, das Auto auseinanderzunehmen und auszuschlachten. In der Kleinstadt hingegen hatte es innerhalb von einer Woche keinen einzigen Akt

---

54 S. *Ostendorf*, Ursachen von Kriminalität, Bundeszentrale für politische Bildung, abrufbar unter: http://www.bpb.de/izpb/7735/ursachen-von-kriminalitaet?p=all. Zuletzt abgerufen am 28.4.2017.

55 *Ostendorf*, a.a.O.

56 *Zimbardo*, Der Luzifer-Effekt. Die Macht der Umstände und die Psychologie des Bösen, 2008, S. 6.

von Übergriffen gegeben.[57] Macht die Situation, macht das Umfeld den Verbrecher? Büchner würde dies sicher bejahen.

Umfeld und Lebensumstände schränken sowohl den historischen als auch den literarischen Woyzeck in seinen Handlungsoptionen ein und determinieren ihn. Die Tatumstände dagegen bieten im literarischen Woyzeck zunächst keinerlei Anhaltspunkte für einen übermächtigen Handlungsdrang, fast harmonisch sitzen Woyzeck und Marie zusammen und unterhalten sich, bis es zur Tat kommt. Anders im historischen Fall Woyzeck, in dem der von der Woostin zurückgewiesene Woyzeck vor der Haustür sein Opfer ersticht. Wäre es anders gekommen, wenn die Woostin Woyzeck auf ihre Stube mitgenommen hätte? Oder hätte sich die Tat nur um ein paar Tage verzögert, bis es zur nächsten Auseinandersetzung, der nächsten Zurückweisung gekommen wäre?

Kriminalitätstheorien sind zahlreich. Während sie teilweise Alleingeltung beanspruchen, wird sich zunehmend für ein kumulatives Modell der Kriminalitätsentstehung ausgesprochen.[58] Auch bei Woyzeck würde man es sich zu einfach machen, eine alleinige Ursache für seine Tat festzuschreiben. Vielmehr stehen sowohl beim historischen als auch beim literarischen Woyzeck mehrere Ursachen im Raum, die die Person als solche, aber eventuell auch die Tat determinieren. Ursachen für Kriminalitätsentstehung bieten Erklärungsansätze, entschuldigen können sie aber auch heute noch nicht. So würde Woyzeck auch heute trotz zahlreicher Einflussfaktoren schuldig gesprochen, sofern nicht eine psychische Störung i.S. des § 20 StGB handlungsleitend war. Diese Frage bleibt aber auch nach knapp 200 Jahren sowohl für den historischen als auch den literarischen Woyzeck ungeklärt.

---

57 *Zimbardo*, a.a.O., S. 22 f.

58 *Kunz*, a.a.O., S. 158, 160.

Literaturverzeichnis

Adelung, Johann Christoph, Grammatisch-kritisches Wörterbuch der Hochdeutschen Mundart, Bd. IV, 1811.

Albrecht, Gerd, Büchner und der Film, in: Georg Büchner. Der Katalog, 1987, S. 408 ff.

Angelis, de, Enrico, Woyzeck im Film, in: Georg Büchner Jahrbuch 13 (2013–2015), 2016, S. 327 ff.

Auerbach, Erich, Mimesis. Dargestellte Wirklichkeit in der abendländischen Literatur, 9. Aufl. (1994).

Beise, Arnd, Einführung in das Werk Georg Büchners, 2010.

Bergemann, Fritz, Georg Büchner-Schrifttum seit 1937, in: Deutsche Vierteljahresschrift 1951, S. 112 ff.

Bergk, Johann Adam, Des Marchese Beccarisa's Abhandlung über Verbrechen und Strafen: Von neuem aus dem Italiänischen übersetzt. Mit Anmerkungen von Diderot, mit Noten und Abhandlungen vom Uebersetzer, mit den Meinungen der berühmtesten Schriftsteller über die Todesstrafe nebst einer Kritik derselben, und mit einem Anhange über die Nothwendigkeit des Geschwornengerichts und über die Beschaffenheit und die Vortheile desselben in England, Nordamerika und Frankreich, 1798.

Berndt, Friedrich August Gottlob, Die Zurechnungsfähigkeit des Mörders Joh. Christian Woyzeck, in: Kritisches Repertorium für die gesammte Heilkunde, Bd. 3, 1825, S. 171 ff.

Bieber, Hugo, Wozzeck und Woyzeck, in: Das literarische Echo, 16. Jg. (1914), Heft 17, Sp. 1188 ff.

Binder, Dieter, Die Freimaurer. Geschichte, Mythos und Symbole, 2015.

https://doi.org/10.1515/9783110570946-006

BLAU, Günter, Paraphrasen zur Abartigkeit, in: Festschrift für Rasch, Die Sprache des Verbrechens – Wege zu einer klinischen Kriminologie, 1993, S. 113 ff.

BOCKELMANN, Eske, Von Büchners Handschrift oder Aufschluß, wie Woyzeck zu editieren sei, in: Georg Büchner Jahrbuch 7 (1988/89), 1991, S. 219 ff.

BOEHNCKE, Heiner / BRUNNER, Peter / SARKOWICZ, Hans, Die Büchners oder der Wunsch, die Welt zu verändern, 2008.

BOETTICHER, Axel / NEDOPIL, Norbert / BOSINSKI, Hartmut / SAß, Henning, Mindestanforderungen für Schuldfähigkeitsgutachten, NStZ 2005, S. 57 ff.

BOPP, Philipp, Bibliothek ausgewählter Strafrechtsfälle, 1. Bd., 1. Heft, 1834.

BOPP, Philipp, Zurechenbarkeit oder nicht? Actenstücke und Verhandlungen, in: Adolph Henkes Zeitschrift für die Staatsarzneikunde, 1836, S. 378 ff.

BORGARDS, Roland / NEUMEYER, Harald, Büchner. Handbuch. Leben – Werk – Wirkung, 2009.

BORGARDS, Roland, Der Kontext als Text. Ein Lektürevorschlag für das zweite Clarus-Gutachten und die Debatte um Woyzecks Zurechnungsfähigkeit, in: Klotz / Portman-Tselikas / Weidachter (Hrsg.), Kontexte und Texte: Soziokulturelle Konstellationen literalen Handelns, 2010, S. 245 ff.

BÜCHNER, Georg, Woyzeck. Faksimileausgabe der Handschriften, bearbeitet von Schmid, 1981.

BÜCHNER, Georg, Woyzeck, Studienausgabe, hrsg. von Dedner, 2010.

BÜCHNER, Georg, Woyzeck, Reclam XL, Text und Kontext, hrgs. von Wirthwein, 2013.

BÜCHNER, Ernst, Versuchter Selbstmord durch Verschlucken von Stecknadeln, in: Adolph Henkes Zeitschrift für die Staatsarzneikunde, 1823, S. 305 ff.

BÜCHNER, Ernst, Versuchter Selbstmord mit Stecknadeln, 2013.

BÜCHNER, Georg / WEIDIG, Ludwig, Der hessische Landbote. Texte, Briefe, Prozessakten, kommentiert von Enzensberger, 1974.

CAMPE, Rüdiger, Johann Franz Woyzeck. Der Fall im Drama, in: Niehaus / Schmidt-Hannisa (Hrsg.), Unzurechnungsfähigkeiten. Diskursivierungen unfreier Bewusstseinszustände seit dem 18. Jahrhundert, 1998, S. 209 ff.

CASPER, Johann Ludwig, Practisches Handbuch der gerichtlichen Medicin, 1858.

CLARUS, Johann Christian August, Frühes Gutachten des Herrn Hofrath Dr. Clarus über den Gemüthszustand des Mörders Joh. Christ. Woyzeck, erstattet am 26. Sept. 1821, in: Adolph Henkes Zeitschrift für die Staatsarzneikunde, Fünftes Ergänzungsheft, 1826, S. 129 ff.

CLARUS, Johann Christian August, Die Zurechnungsfähigkeit des Mörders Johann Woyzeck nach Grundsätzen der Staatsarzneikunde aktenmäßig erwiesen, 1824 = Abdruck in Adolph Henkes Zeitschrift für die Staatsarzneikunde, Viertes Ergänzungsheft, 1825, S. 1 ff.

DEDNER, Burghard, Georg Büchner, „Woyzeck“, Marburger Ausgabe, Text, Editionsbericht, Quellen, Erläuterungsteile, Bd. 7.2, 2005.

DEDNER, Burghard, Erläuterungen und Dokumente. Georg Büchner. Woyzeck, 2011.

DEDNER, Burghard / VERING, Eva Maria, – Es geschah in Darmstadt, in: FAZ, Feuilleton, v. 23.12.2005, Nr. 299, S. 35.

Detlefsen, Grischa, Grenzen der Freiheit – Bedingungen des Handelns – Perspektive des Schuldprinzips, 2006.

Diekhans, Johannes, EinFach Deutsch, Georg Büchner. Woyzeck, 2011.

Doerr, Wilhelm, Georg Büchner als Naturforscher, in: Georg Büchner, Der Katalog, 1987, S. 286 ff.

Dorsch, Nikolaus / Hauschild, Jan-Christoph, Clarus und Woyzeck. Bilder des Hofrats und des Delinquenten, in: Georg Büchner Jahrbuch 4/1984, 1986, S. 317 ff.

Eckhardt, Karl August, Germanenrechte: Texte und Übersetzungen, Neue Folge, 1955.

Elm, Theo, „Das frische grüne Leben" – Georg Büchner als Naturwissenschaftler, in: Wimmer (Hrsg.), Georg Büchner und die Aufklärung, 2015, S. 119 ff.

Feder, Johann Georg Heinrich, Ueber die Todesstrafe. Anmerkungen zur Erläuterung des Streits und zur näheren Bestimmung des Ziels der Untersuchung, 1777.

Fischer, Thomas, StGB, Kommentar, 64. Aufl. (2017).

Fleck, Robert, Eine Schülerrede, in: Georg Büchner, Der Katalog, 1987, S. 74 ff.

Fleischer, Gerhard, Die Zurechnungsfähigkeit des Mörders Johann Christian Woyzeck, in: Jenaische Allgemeine Literatur-Zeitung, September 1824, Nr. 180, Sp. 473 ff. sowie Nr. 181, Sp. 482 ff.

Foerster, Klaus / Dreßing, Harald, Die Erstattung des Gutachtens, in: Venzlaff / Foerster (Hrsg.), Psychiatrische Begutachtung. Ein praktisches Handbuch für Ärzte und Juristen, 5. Aufl. (2009), S. 43 ff.

FONTENELLE, DE, Jean-Sébastien-Eugène Julia, Mémoire sur la gélatine, in: Gazette médicale de Paris, Bd. 2, No. 37 (13.9.1834), S. 587 ff.

FOUCAULT, Michel (Hrsg.), Der Fall Rivière, 1975.

FRANZ, Eckhart, Das „Brunnenvergifterhandwerk“ oder die „revolutionäre Bearbeitung des Volkes“, in: Georg Büchner, Der Katalog, 1987, S. 187 ff.

FRANZOS, Karl Emil, Über Georg Büchner, in: Deutsche Dichtung 29 (1901), Heft 12, S. 289 ff.

FRANZ, Eckhart / LOCH, Rudolf, Arzt aus Tradition und Neigung. Ernst Karl Büchner, in: Georg Büchner, Der Katalog, 1987, S. 66 ff.

FRIEDREICH, Johann Baptist, Systematisches Handbuch der gerichtlichen Psychologie für Medicinalbeamte, Richter und Vertheidiger, 1835.

GANNAL, Jean-Nicolas, Gélatine, in: L'Institut, journal général des sociétés et travaux scientifiques de la France et de L'étranger, Sec. I, ann. 2, No. 37 (23.1.1834), S. 29 ff.

GANS, Salomon Philipp, Rezension der Streitschriften von Clarus, Marc und Heinroth über die Zurechnungsfähigkeit des Mörders Woyzeck, in: Zeitschrift für die Civil= und Criminal=Rechtspflege im Königreich Hannover, 1. Bd., 1827, S. 126 ff.

GEUS, Armin, Die Rezeption der vergleichend-anatomischen Arbeiten Georg Büchners über den Bau des Nervensystems der Flußbarbe, in: Georg Büchner, der Katalog, 1987, S. 292 ff.

GLÜCK, Alfons, „Herrschende Ideen“: Die Rolle der Ideologie, Indoktrination und Desorientierung in Georg Büchners „Woyzeck“, in: Georg Büchner Jahrbuch 5/1985, 1986, S. 52 ff.

GLÜCK, Alfons, Der Menschenversuch. Die Rolle der Wissenschaft in Georg Büchners Woyzeck, in: Büchner Jahrbuch 5/1985, 1986, S. 139 ff.

GLÜCK, Alfons, Der historische Woyzeck, in: Georg Büchner. Der Katalog, 1987, S. 314 ff.

GLÜCK, Alfons, Ein Mensch als Objekt, in: Interpretationen. Georg Büchner. Dantons Tod, Lenz, Leonce und Lena, Woyzeck, 2005, S. 179 ff.

GRACZYK, Annette, Sprengkraft Sexualität. Zum Konflikt der Geschlechter in Georg Büchners Woyzeck, in: Georg Büchner Jahrbuch 11 (2005–08), 2008, S. 101 ff.

GREINER, Bernhard, Juridischer und ästhetischer Diskurs am Fall Woyzeck, in: Greiner / Thums / Graf Vitzthum (Hrsg.), Recht und Literatur. Interdisziplinäre Bezüge, 2010, S. 295 ff.

GREVE, Ylva, Die Unzurechnungsfähigkeit in der „Criminalpsychologie" des 19. Jahrhunderts, in: Niehaus / Schmidt-Hannisa (Hrsg.), Unzurechnungsfähigkeiten. Diskursivierungen unfreier Bewusstseinszustände seit dem 18. Jahrhundert, 1998, S. 106 ff.

GROHMANN, Johann Christian August, Ueber die zweifelhaften Zustände des Gemüths; besonders in Beziehung auf ein von dem Herrn Hofrath Dr. Clarus gefälltes gerichtsärztliches Gutachten, in: Zeitschrift für die Anthropologie, Bd. 3, 1825, S. 299 ff.

GROHMANN, Johann Christian August, Mittheilungen zur Aufklärung der Criminal-Psychologie und des Strafrechts. Auch Lesefrüchte für Heinroth's Criminal-Psychologie, 1833.

GROOS, Friedrich, Der Geist der psychischen Arzneiwissenschaft in nosologischer und gerichtlicher Beziehung, in: Friedreich, Magazin für philosophische, medicinische und gerichtliche Seelenkunde, 1831, S. 1 ff.

Haack, Kathleen / Steinberg, Holger / Herpertz, Sabine / Kumbler, Ekkehardt, „Vom versteckten Wahnsinn“. Ernst Platners Schrift „De amentia occulta“ im Spannungsfeld von Medizin und Jurisprudenz im frühen 19. Jahrhundert, PsychiatPrax 2008, S. 84 ff.

Hasper, Moritz, in: Hufeland / Osann, Bibliothek der practischen Heilkunde, 1825, Bd. 33, October Stück, S. 229.

Hauschild, Jan-Christoph, „Gewisse Aussicht auf ein stürmisches Leben“. Georg Büchner 1813–1837, in: Georg Büchner, Der Katalog, 1987, S. 16 ff.

Hauschild, Jan-Christoph, Büchners „Aretino“. Eine Fiktion?, in: Georg Büchner. Der Katalog, 1987, S. 353 ff.

Hauschild, Jan-Christoph, Georg Büchner, 2. Aufl. (2011).

Hauschild, Jan-Christoph, Georg Büchner. Verschwörung für die Gleichheit, 2013.

Heinroth, Johann Christian August, Lehrbuch der Stoerungen des Seelenlebens. Erster oder theoretischer Theil, 1818.

Heinroth, Johann Christian August, System der psychisch=gerichtlichen Medizin oder theoretisch-praktische Anweisung zur wissenschaftlichen Erkenntniß und gutachterlichen Darstellung der krankhaften persönlichen Zustände, welche vor Gericht in Betracht kommen, 1825.

Heinroth, Johann Christian August, Ueber die gegen das Gutachten des Herrn Hofraht D. Clarus von Herrn C.M. Marc in Bamberg abgefaßte Schrift. War der am 27ten August 1824 zu Leipzig hingerichtete Mörder J.C. Woyzeck zurechnungsfähig?, 1825.

Heinroth, Johann Christian August, Psychisch=gerichtliche Medicin. Ueber das falsche ärztliche Verfahren bei criminalgerichtlichen Untersuchungen zweifelhafter Gemüthszustände, in: Zeitschrift für die Criminal-Rechts-Pflege in den preussischen Staaten mit Ausschluss der Rheinprovinz, 8. Band, 15. Heft, 1828, S. 95 ff.

Heister, Hanns-Werner, Affektive Mimesis und konstruktive Katharsis. Zu Alban Bergs Wozzzeck-Oper, in: Georg Büchner. Der Katalog, 1987, S. 338 ff.

Henke, Adolph Christian Heinrich, Abhandlungen aus dem Gebiete der gerichtlichen Medicin: als Erläuterungen zu dem „Lehrbuche der gerichtlichen Medicin", Band 2, 1816.

Henke, Adolph Christian Heinrich, Vorwort zum Abdruck des früheren Gutachtens des Herrn Hofrath Dr. Clarus, in: Adolph Henkes Zeitschrift für die Staatsarzneikunde 1826, 5. Ergänzungsheft, S. 129 ff.

Henke, Adolph Christian Heinrich, Nachwort zum früheren Gutachten des Herrn Hofrath Dr. Clarus über den Gemüthszustand des Mörders Joh. Christ. Woyzeck, erstattet am 16. Sept. 1821, in: Adolph Henkes Zeitschrift für die Staatsarzneikunde 1826, 5. Ergänzungsheft, S. 149.

Henke, Adolph Christian Heinrich, Ueber die angemessenen Bestimmungen der Strafgesetzbücher, die durch psychische Krankheiten aufgehobene Zurechnung betreffend, in: Zeitschrift für die Criminal-Rechts-Pflege in den preussischen Staaten mit Ausschluss der Rheinprovinzen, Bd. 5, Heft 10, 1827, S. 394 ff.

Henkelmann, Thomas, Der Arzt und Dichter Georg Büchner, 1976.

Hitzig, Julius Eduard, Verteidigungsschrift zweiter Instanz für den Tabackspinnergesellen Daniel Schmolling welcher seine Geliebte ohne eine erkennbare Causa facinoris ermordete, in: Zeitschrift für die Criminal-Rechts-Pflege in den preussischen Staaten mit Ausschluss der Rheinprovinz Berlin 1825, Bd. 1, 2. Heft, S. 261 ff.

HITZIG, Julius Eduard, Rezension des zweiten Clarus-Gutachtens und der Monografie von Marc, in: Zeitschrift für die Criminal-Rechts-Pflege in den preussischen Staaten mit Ausschluss der Rheinprovinzen, 1. Bd., 2. Heft, 1825, S. 487 ff.

HITZIG, Julius Eduard, Vertheidigungsschrift zweiter Instanz für den Tabackspinnergesellen Daniel Schmolling welcher seine Geliebte ohne eine erkennbare Causa facinoris ermordete, in: Zeitschrift für die Criminal-Rechts-Pflege in den preussischen Staaten mit Ausschluss der Rheinprovinzen, 1825, Bd. 1, 2. Heft, S. 261 ff.

HOFF, VON, Dagmar, Das Phantasma der Vollendung. Karl Emil Franzos und Georg Büchners Woyzeck, in: Martin / Stauffer (Hrsg.), Georg Büchner und das 19. Jahrhundert, 2012.

HOFFBAUER, Johann Heinrich, Psychologische Untersuchungen über den Wahnsinn, die übrigen Arten der Verrücktheit und die Behandlung derselben, 1807.

HOFFBAUER, Johann Heinrich, Die Psychologie in ihren Hauptanwendungen auf die Rechtspflege nach den allgemeinen Gesichtspuncten der Gesetzgebung, 1808.

HOFFMANN, Ernst Theodor Amadeus, Juristische Arbeiten, mit Erläuterungen herausgegeben von Friedrich Schnapp, 1973.

HOFFMANN, Michael / KANNING, Julian, Georg Büchner, Epoche – Werk – Wirkung, 2013.

HOLZHAUER, Heinz, Willensfreiheit und Strafe. Das Problem der Willensfreiheit in der Strafrechtslehre des 19. Jahrhunderts und seine Bedeutung für den Schulenstreit, 1970.

HORN, Ernst, Gutachten über den Gemüthszustand des Tobackspinnergesellen Daniel Schmolling, welcher den 25sten September 1817 seine Geliebte tödtete, in: Horn / Nasse / Henke, Archiv für medicinische Erfahrung, 1820, Doppelheft März / April, S. 292 ff.

Japp, Uwe, Die Schule der Ernüchterung, in: Stendhal, Rot und Schwarz, 1. Aufl. (1989), S. 621 ff.

Jarcke, Carl Ernst, Ueber die Zurechnung und Aufhebung derselben durch unfreie Gemüthszustände, in: Zeitschrift für die Criminal-Rechts-Pflege in den preussischen Staaten mit Ausschluss der Rheinprovinzen, Bd. 11, 1829, S. 82 ff.

Jarcke, Carl Ernst, Ueber die Zurechnung und die Aufhebung derselben durch unfreie Gemüthszustände, in: Zeitschrift für die Criminal-Rechts-Pflege in den preussischen Staaten mit Ausschluss der Rheinprovinzen, Bd. 12, 1829, S. 35 ff.

Kanzog, Klaus, Faksimilieren, transkribieren, edieren. Grundsätzliches zu Gerhard Schmids Ausgabe des Woyzeck, in: Georg Büchner Jahrbuch 4/1984, 1986, S. 280 ff.

Keller, Michael, Weder Stand noch Klasse – Zur Veränderung der ländlichen Welt im oberhessischen Verbreitungsgebiet des Hessischen Landboten, in: Georg Büchner, Der Katalog, 1987, S. 156 ff.

Kinne, Norbert, Lektürehilfen. Georg Büchner. Woyzeck, 11. Aufl. (2012).

Knapp, Gerhard, Georg Büchner, 3. Aufl. (2000).

Konrad, Norbert, Der sogenannte Schulenstreit. Beurteilungsmodelle in der forensischen Psychiatrie, 1995.

Krause, Egon, Georg Büchner. „Woyzeck". Texte und Dokumente, 1969.

Kreysig, Friedrich Ludwig, Die Krankheiten des Herzens, systematisch bearbeitet und durch eigene Beobachtungen erläutert, Berlin 1814–1817, 4 Bände.

Kubik, Sabine, Krankheit und Medizin im literarischen Werk Georg Büchners, 1991.

Kunz, Karl-Ludwig, Kriminologie, 5. Aufl. (2008).

KURZKE, Hermann, Georg Büchner. Geschichte eines Genies, 2013.

LAUSTER, Martina / HORROCKS, David, Büchner und Gutzkow: Affinitäten auf den zweiten Blick, in: Georg Büchner Jahrbuch 13 (2013–2015), 2016, S. 43 ff.

LEHMANN, Carl Gotthelf, Ueber menschlichen Harn in gesundem und krankhaften Zustande, in: Journal für praktische Chemie, 1842, Bd. XXV, S. 1 ff.

LEHMANN, Carl Gotthelf, Untersuchungen über den menschlichen Harn, in: Journal für praktische Chemie, 1842, Bd. XXVII, S. 257.

LEUCHT, Stefan / FRITZE, Jürgen / LANCZIK, Mario Horst / VAUTH, Roland / OLBRICH, Hans Michael, Schizophrenien und andere psychotische Störungen, in: Berger (Hrsg.), Psychische Erkrankungen. Klinik und Therapie, 3. Aufl. (2009), S. 411 ff.

LÜDERSSEN, Klaus, Literatur – gesteigerte Realität, in: Ders., Produktive Spiegelungen, 1991.

LUTHER, Hieronymus, Ueber die Zurechnungsfähigkeit bei gesetzwidrigen Handlungen überhaupt, und besonders in Beziehung auf die neueren Grundsätze in der gerichtlichen Arzneiwissenschaft, 1824.

MAGENDIE, Fronçois, Précis élémentaire de Physiologie, 2. Bd., 1836.

MANNKOPFF, Adolph Julius, Preußische Criminalordnung in einer Zusammenstellung mit den ergänzenden, abändernden und erläuternden Verordnungen, 1839.

MARC, Carl Moritz, War der am 27ten August 1824 zu Leipzig hingerichtete Mörder Johann Christian Woyzeck zurechnungsfähig? Enthaltend eine Beleuchtung der Schrift des Herrn Hofrath Dr. Clarus: 'Die Zurechnungsfähigkeit des Mörders Joh. Chrit.

Woyzeck nach Grundsätzen der Staatsarzneikunde aktenmäßig erwiesen, 1825.

Marc, Carl Moritz, An Herrn Dr. und Professor J.C.A. Heinroth in Leipzig, als Sachwalter des Herrn Hofrathes Dr. Clarus. Die Zurechnungsfähigkeit des Mörders J.C. Woyzeck betreffend, 1826.

May, Johann Valentin, Die strafrechtliche Zurechnung, 1851.

Mayer, Hans, Georg Büchner, Woyzeck. Dichtung und Wirklichkeit, 1963.

Mayer, Thomas Michael, Ein unbekanntes Dokument zur Hinrichtung Johann Christian Woyzecks, in: Georg Büchner Jahrbuch 5/1985, 1986, S. 347 ff.

Mayer, Thomas Michael, Die ‘Gesellschaft der Menschenrechte’, in: Georg Büchner, Der Katalog, 1987, S. 168 ff.

Mayer, Thomas Michael, Thesen und Fragen zur Konstituierung des Woyzeck-Textes, in: Georg Büchner Jahrbuch 8 (1990–94), 1995, S. 217 ff.

Meckel, August Albrecht, Beiträge zur gerichtlichen Medizin, 1820.

Meier, Albert, Georg Büchner. „Woyzeck“, 3. Aufl. (1993).

Metzger, Johann Daniel, Kurzgefaßtes System der gerichtlichen Arzneiwissenschaft, 1805.

Mittermaier, Carl Joseph Anton, De alienationibus mentis, quatenus ad jus criminale spectant, 1825.

Mühlberger, R. Th., Das Verbrechen des Mordes. Eine Gallerie solcher Verirrungen in neuerer Zeit, 1834.

Müller, Ernst, Über den Mörder Woyzeck und sein Verbrechen, in: Allergnädigst privilegirtes Leipziger Tageblatt, Nr. 56

vom 25. August 1824, S. 226 f. und Nr. 57 vom 26. August 1824, S. 229 ff.

Müller-Dietz, Heinz, Georg Büchner. Naturrecht und Menschenwürde, in: Ders., Grenzüberschreitungen. Beiträge zur Beziehung zwischen Literatur und Recht, 1990, S. 259 ff.

Müller-Isberner, Rüdiger / Venzlaff, Ulrich, Schizophrenie, schizoaffektive und wahnhafte Störungen, in: Venzlaff / Foerster, Psychiatrische Begutachtung. Ein praktisches Handbuch für Ärzte und Juristen, 5. Aufl. (2009), S. 167 ff.

Müller-Sievers, Helmut, Desorientierung. Anatomie und Dichtung bei Georg Büchner, 2003.

Nasse, Friedrich Die Aufgabe der Erforschung und Heilung der somatisch-psychischen Zustaende, in: Zeitschrift für die Beurteilung und Heilung der krankhaften Seel 1817, S. 1 ff.

Nedopil, Norbert, Forensische Psychiatrie. Klinik, Begutachtung und Behandlung zwischen Psychiatrie und Recht, 4. Aufl. (2012).

Nedopil, Norbert, Jeder Mensch hat seinen Abgrund. Spurensuche in der Seele von Verbrechern, 2016.

Neumeyer, Harald, Woyzeck, in: Borgards / Neumeyer (Hrsg.), Büchner. Handbuch, 2009, S. 98 ff.

Noellner, Friedrich, Actenmäßige Darlegung des wegen Hochverraths eingeleiteten gerichtlichen Verfahrens gegen Pfarrer D. Friedrich Ludwig Weidig, mit besonderer Rücksicht auf die rechtlichen Grundsätze über Staatsverbrechen und deutsches Strafverfahren sowie auf die öffentlichen Verhandlungen über die politischen Processe im Großherzogthume Hessen überhaupt und die späteren Untersuchungen gegen die Brüder des D. Weidig, 1844.

Osawa, Seiji, Georg Büchners Philosophiekritik. Eine Untersuchung auf der Grundlage seiner Descartes- und Spinoza-Exzerpte, 1999.

Ostendorf, Heribert, Ursachen von Kriminalität, Bundeszentrale für politische Bildung, abrufbar unter: http://www.bpb.de/izpb/7735/ursachen-von-kriminalitaet?p=all. Zuletzt abgerufen am 28.4.2017.

Pabst, Reinhard, Zwei unbekannte Berichte über die Hinrichtung Johann Christian Woyzecks, in: Georg Büchner Jahrbuch 7 (1988/1989), 1991, S. 338 ff.

Pinel, Philippe, Philosophisch-medizinische Abhandlung über Geistesverwirrungen oder Manie, 1801.

Platner, Ernst, De amentia occulta, 1797.

Platz, Werner, Psychiatrische Klassifikationssysteme von Persönlichkeitsstörungen, Leitlinien und Kriterien ICD-10/DSM-IV, in: de Boor / Rode / Kammeier, Neue Diskussionen um die „schwere andere seelische Abartigkeit", § 20 StGB. Der Krankheitsbegriff und seine strafrechtlichen Folgen, 2003.

Poschmann, Henri, Die Woyzeck-Handschriften. Brüchige Träger einer wirkungsmächtigen Werküberlieferung, in: Georg Büchner. Der Katalog, 1987, S. 333 ff.

Poschmann, Henri, Büchner. Schriften, Briefe, Dokumente, 2006.

Poschmann, Henri, Büchner. Dichtungen, 2006.

Preining, Viktoria, Ver-rückt. Die Rolle des Wahnsinns in Georg Büchners Werken Woyzeck und Lenz, 2011.

Reuchlein, Georg, Das Problem der Zurechnungsfähigkeit bei E.T.A. Hoffmann und Georg Büchner. Zum Verhältnis von Literatur, Psychiatrie und Justiz im frühen 19. Jahrhundert, 1985.

RITSCHER, Hans, Grundlagen und Gedanken. Georg Büchner. Woyzeck, 1997.

RÖCKEN, Per, Philosophische Schriften, in: Borgards / Neumeyer (Hrsg.), Büchner Handbuch. Leben – Werk – Wirkung, 2009, S. 130 ff.

ROTH, Udo, Georg Büchners „Woyzeck“ als medizinhistorisches Dokument, in: Georg Büchner Jahrbuch 9 (1995–99), 2000, S. 503 ff.

ROTH, Udo, Georg Büchners naturwissenschaftliche Schriften. Ein Beitrag zur Geschichte der Wissenschaften vom Lebendigen in der ersten Hälfte des 19. Jahrhunderts, 2004, Reprint von 2013.

ROTH, Udo, Naturwissenschaftliche Experimentalpraxis in Woyzeck, in: Georg Büchner. Woyzeck, Reclam XL, Text und Kontext, 2013, S. 67 ff.

SAIMEH, Nahlah, Jeder kann zum Mörder werden. Wahre Fälle einer forensischen Psychiaterin, 2012.

SCHAFFSTEINER, Friedrich, Die Carolina in ihrer Bedeutung für die strafrechtliche Begriffsbildung, in: Ders., Abhandlungen zur Strafrechtsgeschichte, 1986, S. 65 ff.

SCHENCK, Ferdinand, Kurze Darstellung des von J. Ph. Schneider Soldat im 2ten Garde-Füßilier-Bataillon, an dem Buchdruckergesellen Bernhard Lebrecht aus Troppau in Schlesien verübten grausamen Mords, aus den Untersuchungsakten, 1816.

SCHIEMANN, Anja, Unbestimmte Schuldfähigkeitsfeststellungen. Verstoß der §§ 20, 21 StGB gegen den Bestimmtheitsgrundsatz nach Art. 103 II GG, 2012.

SCHMALZ, Carl Gustav, Die königl. Sächsischen Medizinal= Gesetze älterer und neuerer Zeit nebst den offiziellen Belehrungen für das Publikum über ansteckende Krankheiten unter Menschen und Vieh, über Nahrungsmittel und Gifte, über Scheintod, Gemüthskranke u.s.w., 1819.

SCHMAUS, Marion, Psychosomatik. Literarische, philosophische und medizinische Geschichten zur Entstehung eines Diskurses (1778–1936), 2009.

SCHMID, Gerhard, Kommentar, in: Georg Büchner. Woyzeck. Faksimileausgabe der Handschriften, 1981.

SCHMIDELER, Sebastian / STEINBERG, Holger, Der „Fall Woyzeck". Historische Quellen, zeitgenössische Diskurse, in: Conter (Hrsg.), Literatur und Recht im Vormärz, Jahrbuch 2009, 2010, S. 41 ff.

SCHMIDT, Eberhard, Einführung in die Geschichte der deutschen Strafrechtspflege, 1951.

SCHMITT, Wolfram, Psychiatrische Anmerkungen zum „Fall Woyzeck", in: Lammel / Felber / Sutarski / Lau (Hrsg.), Die forensische Relevanz 'abnormer Gewohnheiten', 2008, S. 131 ff.

SCHNEIDER, Hans-Joachim, Kriminologie für das 21. Jahrhundert. Schwerpunkte und Fortschritte der internationalen Kriminologie. Überblick und Diskussion, 2001.

SCHULZ, Christian, „Links über die Lochschneise in dem Wäldchen, am rothen Kreuz". Der Tatort in Woyzeck, sein Vorbild im „Bessunger Forst" und weitere Darmstädter Anregungen, in: Georg Büchner Jahrbuch 9 (1995/99), 2000, S. 520 ff.

SCHWIND, Hans-Dieter, Kriminologie. Eine praxisorientierte Einführung mit Beispielen, 21. Auf. (2011).

STEINBERG, Holger, Die Errichtung des ersten psychiatrischen Lehrstuhls: Johann Christian Heinroth in Leipzig, Der Nervenarzt 2004, S. 303 ff.

STEINBERG, Holger / SCHMIDELER, Sebastian, Das Gutachten der Medizinischen Fakultät der Universität Leipzig zum Fall

Woyzeck. Nach 180 Jahren wieder entdeckt, in: Der Nervenarzt 2005, S. 626 ff.

STEINBERG, Holger / SCHMIDELER, Sebastian, War Woyzeck tatsächlich schizophren oder redete ihm die Verteidigung seine Schizophrenie nur ein?, Jahresheft für forensische Psychiatrie, Bd. 3, 2006, S. 71 ff.

STEINBERG, HOLGER / SCHMIDELER, Sebastian, Eine wiederentdeckte Quelle zu Büchners Vorlage zum „Woyzeck“: Das Gutachten der Medizinischen Fakultät der Universität Leipzig, in: Zeitschrift für Geschichtswissenschaft 2006, S. 339 ff.

STÜBEL, Christoph Carl, Das Criminalverfahren in den deutschen Gerichten mit besonderer Rücksicht auf das Königreich Sachsen, 1811, Bd. 5.

STÜBINGER, Stephan, Schuld, Strafrecht und Geschichte. Die Entstehung der Schuldzurechnung in der deutschen Strafrechtstheorie, 2000.

SYA, Anja, Literatur und juristisches Erkenntnisinteresse. Joachim Maass' Roman „Der Fall Gouffé“ und sein Verhältnis zu der historischen Vorlage, 2000.

TOEL, Georg Christian, Fernerer Beitrag zur Lehre, in: Adolph Henkes Zeitschrift für die Staatsarzneikunde, 2. Heft, 1826, S. 349 ff.

UEDING, Cornelie, Denken. Sprechen. Handeln. Aufklärung und Aufklärungskritik im Werk Georg Büchners, 1976.

VIEHWEG, Wolfram, Woyzeck auf der Bühne. Zu einer Inszenierungsgeschichte des Woyzeck. Begründung, Ergebnisse und Planung, in: Georg Büchner Jahrbuch 10 (2000/2004), 2005, S. 241 ff.

VIETOR, Karl, Georg Büchner. Politik – Dichtung – Wissenschaft, 1949.

VOGEL, P. Fr., Curiöse Gespräche zwischen Prohaska, Jonas und dem Friseur Woyzeck. Nebst Woyzecks vollständiger Lebensbeschreibung und dessen lehrreichen Abschiedsworten von seinen Freunden und Bekannten, 1824.

VOGEL, Samuel Gottlieb, Ein Facultäts-Erachten über die Zurechnungsfähigkeit eines Mörders, in: Adolph Henkes Zeitschrift für die Staatsarzneikunde, 16. Erg.Heft, 1832, S. 83 ff.

WALTER, Ursula, … der Vollstreckung der Strafe soll gebührend nachgegangen werden. … Eine Quellen-Dokumentation zum Prozess des Johann Christian Woyzeck, in: Sohl (Hrsg.), Leipzig. Aus Vergangenheit und Gegenwart, Beiträge zur Stadtgeschichte, Bd. 6, 1989, S. 35 ff.

WALTER, Ursula, Der Fall Woyzeck. Eine Quellen-Dokumentation, in: Georg Büchner Jahrbuch 7 (1988/1989), 1991, S. 351 ff.

WANZECK, Christiane, Zur Etymologie lexikalisierter Farbwortverbindungen. Untersuchungen anhand der Farben Rot, Gelb, Grün und Blau, 2003.

WILBRAND, Johann Bernhard, Physiologie des Menschen, 1815.

WILBRAND, Johann Bernhard, Handbuch der Naturgeschichte des Thierreichs. Nach der verbesserten Linnéschen Methode, 1829.

WILBRAND, Johann Bernhard, Allgemeine Physiologie insbesondere vergleichender Physiologie der Pflanzen und der Thiere, 1833.

WIMMER, Gernot, Aus der Weltsicht eines 'Viehsionomen'. Georg Büchners Sezierung des Homo sapiens, in: Wimmer (Hrsg.), Georg Büchner und die Aufklärung, 2015, S. 141 ff.

WÜBBEN, Yvonne, Georg Büchner: „Woyzeck" (1836/1837), in: Borgards / Neumeyer / Pethes / Wübben (Hrsg.), Literatur und Wissen. Ein interdisziplinäres Handbuch, 2013, S. 349 ff.

ZAUDIG, Michael / WITTCHEN, Hans-Ulrich / SAß, Henning, DSM-IV und ICD-10 Fallbuch. Fallübungen zur Differentialdiagnose nach DSM-IV und ICD-10, 2000.

ZIMBARDO, Philip, Der Luzifer-Effekt. Die Macht der Umstände und die Psychologie des Bösen, 2008.

Akten[1]:

10079 Landesregierung, Loc. 31130: III. Depart., Kriminalsachen, Johann Woyzeck in pto. homicidii, 1822–1824.

11018 Justiz-Ministerium, Nr. 739/13.

11018 Justiz-Ministerium, Nr. 739/14.

1 Mein Dank gilt dem Sächsischen Staatsarchiv für die freundliche Unterstützung und die Fertigung der Kopien aus den Akten.

Juristische Zeitgeschichte

Herausgeber: Prof. Dr. Dr. Thomas Vormbaum, FernUniversität in Hagen

Abteilung 1: Allgemeine Reihe

1 *Thomas Vormbaum (Hrsg.):* Die Sozialdemokratie und die Entstehung des Bürgerlichen Gesetzbuchs. Quellen aus der sozialdemokratischen Partei und Presse (1997)
2 *Heiko Ahlbrecht:* Geschichte der völkerrechtlichen Strafgerichtsbarkeit im 20. Jahrhundert (1999)
3 *Dominik Westerkamp:* Pressefreiheit und Zensur im Sachsen des Vormärz (1999)
4 *Wolfgang Naucke:* Über die Zerbrechlichkeit des rechtsstaatlichen Strafrechts. Gesammelte Aufsätze zur Strafrechtsgeschichte (2000)
5 *Jörg Ernst August Waldow:* Der strafrechtliche Ehrenschutz in der NS-Zeit (2000)
6 *Bernhard Diestelkamp:* Rechtsgeschichte als Zeitgeschichte. Beiträge zur Rechtsgeschichte des 20. Jahrhunderts (2001)
7 *Michael Damnitz:* Bürgerliches Recht zwischen Staat und Kirche. Mitwirkung der Zentrumspartei am Bürgerlichen Gesetzbuch (2001)
8 *Massimo Nobili:* Die freie richterliche Überzeugungsbildung. Reformdiskussion und Gesetzgebung in Italien, Frankreich und Deutschland seit dem Ausgang des 18. Jahrhunderts (2001)
9 *Diemut Majer:* Nationalsozialismus im Lichte der Juristischen Zeitgeschichte (2002)
10 *Bianca Vieregge:* Die Gerichtsbarkeit einer „Elite“. Nationalsozialistische Rechtsprechung am Beispiel der SS- und Polizeigerichtsbarkeit (2002)
11 *Norbert Berthold Wagner:* Die deutschen Schutzgebiete (2002)
12 *Miloš Vec:* Die Spur des Täters. Methoden der Identifikation in der Kriminalistik (1879–1933), (2002)
13 *Christian Amann:* Ordentliche Jugendgerichtsbarkeit und Justizalltag im OLG-Bezirk Hamm von 1939 bis 1945 (2003)
14 *Günter Gribbohm:* Das Reichskriegsgericht (2004)
15 *Martin M. Arnold:* Pressefreiheit und Zensur im Baden des Vormärz. Im Spannungsfeld zwischen Bundestreue und Liberalismus (2003)
16 *Ettore Dezza:* Beiträge zur Geschichte des modernen italienischen Strafrechts (2004)
17 *Thomas Vormbaum (Hrsg.):* „Euthanasie“ vor Gericht. Die Anklageschrift des Generalstaatsanwalts beim OLG Frankfurt/M. gegen Werner Heyde u. a. vom 22. Mai 1962 (2005)
18 *Kai Cornelius:* Vom spurlosen Verschwindenlassen zur Benachrichtigungspflicht bei Festnahmen (2006)
19 *Kristina Brümmer-Pauly:* Desertion im Recht des Nationalsozialismus (2006)
20 *Hanns-Jürgen Wiegand:* Direktdemokratische Elemente in der deutschen Verfassungsgeschichte (2006)
21 *Hans-Peter Marutschke (Hrsg.):* Beiträge zur modernen japanischen Rechtsgeschichte (2006)

22 *Katrin Stoll:* Die Herstellung der Wahrheit (2011)
23 *Thorsten Kurtz:* Das Oberste Rückerstattungsgericht in Herford (2014)
24 *Sebastian Schermaul:* Die Umsetzung der Karlsbader Beschlüsse an der Universität Leipzig 1819–1848 (2013)

Abteilung 2: Forum Juristische Zeitgeschichte

1 *Franz-Josef Düwell / Thomas Vormbaum (Hrsg.):* Themen juristischer Zeitgeschichte (1) – Schwerpunktthema: Recht und Nationalsozialismus (1998)
2 *Karl-Heinz Keldungs:* Das Sondergericht Duisburg 1943–1945 (1998)
3 *Franz-Josef Düwell / Thomas Vormbaum (Hrsg.):* Themen juristischer Zeitgeschichte (2) – Schwerpunktthema: Recht und Juristen in der Revolution von 1848/49 (1998)
4 *Thomas Vormbaum:* Beiträge zur juristischen Zeitgeschichte (1999)
5 *Franz-Josef Düwell / Thomas Vormbaum:* Themen juristischer Zeitgeschichte (3), (1999)
6 *Thomas Vormbaum (Hrsg.):* Themen juristischer Zeitgeschichte (4), (2000)
7 *Frank Roeser:* Das Sondergericht Essen 1942–1945 (2000)
8 *Heinz Müller-Dietz:* Recht und Nationalsozialismus – Gesammelte Beiträge (2000)
9 *Franz-Josef Düwell (Hrsg.):* Licht und Schatten. Der 9. November in der deutschen Geschichte und Rechtsgeschichte – Symposium der Arnold-Freymuth-Gesellschaft, Hamm (2000)
10 *Bernd-Rüdiger Kern / Klaus-Peter Schroeder (Hrsg.):* Eduard von Simson (1810–1899). „Chorführer der Deutschen" und erster Präsident des Reichsgerichts (2001)
11 *Norbert Haase / Bert Pampel (Hrsg.):* Die Waldheimer „Prozesse" – fünfzig Jahre danach. Dokumentation der Tagung der Stiftung Sächsische Gedenkstätten am 28. und 29. September in Waldheim (2001)
12 *Wolfgang Form (Hrsg.):* Literatur- und Urteilsverzeichnis zum politischen NS-Strafrecht (2001)
13 *Sabine Hain:* Die Individualverfassungsbeschwerde nach Bundesrecht (2002)
14 *Gerhard Pauli / Thomas Vormbaum (Hrsg.):* Justiz und Nationalsozialismus – Kontinuität und Diskontinuität. Fachtagung in der Justizakademie des Landes NRW, Recklinghausen, am 19. und 20. November 2001 (2003)
15 *Mario Da Passano (Hrsg.):* Europäische Strafkolonien im 19. Jahrhundert. Internationaler Kongreß des Dipartimento di Storia der Universität Sassari und des Parco nazionale di Asinara, Porto Torres, 25. Mai 2001 (2006)
16 *Sylvia Kesper-Biermann / Petra Overath (Hrsg.):* Die Internationalisierung von Strafrechtswissenschaft und Kriminalpolitik (1870–1930). Deutschland im Vergleich (2007)
17 *Hermann Weber (Hrsg.):* Literatur, Recht und Musik. Tagung im Nordkolleg Rendsburg vom 16. bis 18. September 2005 (2007)
18 *Hermann Weber (Hrsg.):* Literatur, Recht und (bildende) Kunst. Tagung im Nordkolleg Rendsburg vom 21. bis 23. September 2007 (2008)
19 *Francisco Muñoz Conde / Thomas Vormbaum (Hrsg.):* Transformation von Diktaturen in Demokratien und Aufarbeitung der Vergangenheit (2010)
20 *Kirsten Scheiwe / Johanna Krawietz* (Hrsg.): (K)Eine Arbeit wie jede andere? Die Regulierung von Arbeit im Privathaushalt (2014)

Abteilung 3: Beiträge zur modernen deutschen Strafgesetzgebung. Materialien zu einem historischen Kommentar

1 *Thomas Vormbaum / Jürgen Welp (Hrsg.):* Das Strafgesetzbuch seit 1870. Sammlung der Änderungen und Neubekanntmachungen; Vier Textbände (1999–2002) und drei Supplementbände (2005, 2006)
2 *Christian Müller:* Das Gewohnheitsverbrechergesetz vom 24. November 1933. Kriminalpolitik als Rassenpolitik (1998)
3 *Maria Meyer-Höger:* Der Jugendarrest. Entstehung und Weiterentwicklung einer Sanktion (1998)
4 *Kirsten Gieseler:* Unterlassene Hilfeleistung – § 323c StGB. Reformdiskussion und Gesetzgebung seit 1870. (1999)
5 *Robert Weber:* Die Entwicklung des Nebenstrafrechts 1871–1914 (1999)
6 *Frank Nobis:* Die Strafprozeßgesetzgebung der späten Weimarer Republik (2000)
7 *Karsten Felske:* Kriminelle und terroristische Vereinigungen – §§ 129, 129a StGB (2002)
8 *Ralf Baumgarten:* Zweikampf – §§ 201–210 a.F. StGB (2003)
9 *Felix Prinz:* Diebstahl – §§ 242 ff. StGB (2003)
10 *Werner Schubert / Thomas Vormbaum (Hrsg.):* Entstehung des Strafgesetzbuchs. Kommissionsprotokolle und Entwürfe. Band 1: 1869 (2002); Band 2: 1870 (2004)
11 *Lars Bernhard:* Falsche Verdächtigung (§§ 164, 165 StGB) und Vortäuschen einer Straftat (§ 145d StGB), (2003)
12 *Frank Korn:* Körperverletzungsdelikte – §§ 223 ff., 340 StGB. Reformdiskussion und Gesetzgebung von 1870 bis 1933 (2003)
13 *Christian Gröning:* Körperverletzungsdelikte – §§ 223 ff., 340 StGB. Reformdiskussion und Gesetzgebung seit 1933 (2004)
14 *Sabine Putzke:* Die Strafbarkeit der Abtreibung in der Kaiserzeit und in der Weimarer Zeit. Eine Analyse der Reformdiskussion und der Straftatbestände in den Reformentwürfen (1908–1931), (2003)
15 *Eckard Voßiek:* Strafbare Veröffentlichung amtlicher Schriftstücke (§ 353d Nr. 3 StGB). Gesetzgebung und Rechtsanwendung seit 1851 (2004)
16 *Stefan Lindenberg:* Brandstiftungsdelikte – §§ 306 ff. StGB. Reformdiskussion und Gesetzgebung seit 1870 (2004)
17 *Ninette Barreneche†:* Materialien zu einer Strafrechtsgeschichte der Münchener Räterepublik 1918/1919 (2004)
18 *Carsten Thiel:* Rechtsbeugung – § 339 StGB. Reformdiskussion und Gesetzgebung seit 1870 (2005)
19 *Vera Große-Vehne:* Tötung auf Verlangen (§ 216 StGB), „Euthanasie“ und Sterbehilfe. Reformdiskussion und Gesetzgebung seit 1870 (2005)
20 *Thomas Vormbaum / Kathrin Rentrop (Hrsg.):* Reform des Strafgesetzbuchs. Sammlung der Reformentwürfe. Band 1: 1909 bis 1919. Band 2: 1922 bis 1939. Band 3: 1959 bis 1996 (2008)
21 *Dietmar Prechtel:* Urkundendelikte (§§ 267 ff. StGB). Reformdiskussion und Gesetzgebung seit 1870 (2005)
22 *Ilya Hartmann:* Prostitution, Kuppelei, Zuhälterei. Reformdiskussion und Gesetzgebung seit 1870 (2006)

23 *Ralf Seemann:* Strafbare Vereitelung von Gläubigerrechten (§§ 283 ff., 288 StGB). Reformdiskussion und Gesetzgebung seit 1870 (2006)

24 *Andrea Hartmann:* Majestätsbeleidigung (§§ 94 ff. StGB a.F.) und Verunglimpfung des Staatsoberhauptes (§ 90 StGB). Reformdiskussion und Gesetzgebung seit dem 19. Jahrhundert (2006)

25 *Christina Rampf:* Hausfriedensbruch (§ 123 StGB). Reformdiskussion und Gesetzgebung seit 1870 (2006)

26 *Christian Schäfer:* „Widernatürliche Unzucht" (§§ 175, 175a, 175b, 182, a.F. StGB). Reformdiskussion und Gesetzgebung seit 1945 (2006)

27 *Kathrin Rentrop:* Untreue und Unterschlagung (§§ 266 und 246 StGB). Reformdiskussion und Gesetzgebung seit dem 19. Jahrhundert (2007)

28 *Martin Asholt:* Straßenverkehrsstrafrecht. Reformdiskussion und Gesetzgebung seit dem Ausgang des 19. Jahrhunderts (2007)

29 *Katharina Linka:* Mord und Totschlag (§§ 211–213 StGB). Reformdiskussion und Gesetzgebung seit 1870 (2008)

30 *Juliane Sophia Dettmar:* Legalität und Opportunität im Strafprozess. Reformdiskussion und Gesetzgebung von 1877 bis 1933 (2008)

31 *Jürgen Durynek:* Korruptionsdelikte (§§ 331 ff. StGB). Reformdiskussion und Gesetzgebung seit dem 19. Jahrhundert (2008)

32 *Judith Weber:* Das sächsische Strafrecht im 19. Jahrhundert bis zum Reichsstrafgesetzbuch (2009)

33 *Denis Matthies:* Exemplifikationen und Regelbeispiele. Eine Untersuchung zum 100-jährigen Beitrag von Adolf Wach zur „Legislativen Technik" (2009)

34 *Benedikt Rohrßen:* Von der „Anreizung zum Klassenkampf" zur „Volksverhetzung" (§ 130 StGB). Reformdiskussion und Gesetzgebung seit dem 19. Jahrhundert (2009)

35 *Friederike Goltsche:* Der Entwurf eines Allgemeinen Deutschen Strafgesetzbuches von 1922 (Entwurf Radbruch) (2010)

36 *Tarig Elobied:* Die Entwicklung des Strafbefehlsverfahrens von 1846 bis in die Gegenwart (2010)

37 *Christina Müting:* Sexuelle Nötigung; Vergewaltigung (§ 177 StGB) (2010)

38 *Nadeschda Wilkitzki:* Entstehung des Gesetzes über Internationale Rechtshilfe in Strafsachen (IRG) (2010)

39 *André Brambring:* Kindestötung (§ 217 a.F. StGB). Reformdiskussion und Gesetzgebung seit 1870 (2010)

40 *Wilhelm Rettler:* Der strafrechtliche Schutz des sozialistischen Eigentums in der DDR (2010)

41 *Yvonne Hötzel:* Debatten um die Todesstrafe in der Bundesrepublik Deutschland von 1949 bis 1990 (2010)

42 *Dagmar Kolbe:* Strafbarkeit im Vorfeld und im Umfeld der Teilnahme (§§ 88a, 110, 111, 130a und 140 StGB). Reformdiskussion und Gesetzgebung seit dem 19. Jahrhundert (2011)

43 *Sami Bdeiwi:* Beischlaf zwischen Verwandten (§ 173 StGB). Reform und Gesetzgebung seit 1870 (2014)

44 *Michaela Arnold:* Verfall, Einziehung und Unbrauchbarmachung (§§ 73 bis 76a StGB). Reformdiskussion und Gesetzgebung seit dem 19. Jahrhundert (2015)

45 *Andrea Schurig:* „Republikflucht“ (§§ 213, 214 StGB/DDR). Gesetzgeberische Entwicklung, Einfluss des MfS und Gerichtspraxis am Beispiel von Sachsen (2016)
46 *Sandra Knaudt:* Das Strafrecht im Großherzogtum Hessen im 19. Jahrhundert bis zum Reichsstrafgesetzbuch (2017)

Abteilung 4: Leben und Werk. Biographien und Werkanalysen

1 *Mario A. Cattaneo:* Karl Grolmans strafrechtlicher Humanismus (1998)
2 *Gerit Thulfaut:* Kriminalpolitik und Strafrechtstheorie bei Edmund Mezger (2000)
3 *Adolf Laufs:* Persönlichkeit und Recht. Gesammelte Aufsätze (2001)
4 *Hanno Durth:* Der Kampf gegen das Unrecht. Gustav Radbruchs Theorie eines Kulturverfassungsrechts (2001)
5 *Volker Tausch:* Max Güde (1902–1984). Generalbundesanwalt und Rechtspolitiker (2002)
6 *Bernd Schmalhausen:* Josef Neuberger (1902–1977). Ein Leben für eine menschliche Justiz (2002)
7 *Wolf Christian von Arnswald:* Savigny als Strafrechtspraktiker. Ministerium für die Gesetzesrevision (1842–1848), (2003)
8 *Thilo Ramm:* Ferdinand Lassalle. Der Revolutionär und das Recht (2004)
9 *Martin D. Klein:* Demokratisches Denken bei Gustav Radbruch (2007)
10 *Francisco Muñoz Conde:* Edmund Mezger – Beiträge zu einem Juristenleben (2007)
11 *Whitney R. Harris:* Tyrannen vor Gericht. Das Verfahren gegen die deutschen Hauptkriegsverbrecher nach dem Zweiten Weltkrieg in Nürnberg 1945–1946 (2008)
12 *Eric Hilgendorf (Hrsg.):* Die deutschsprachige Strafrechtswissenschaft in Selbstdarstellungen (2010)
13 *Tamara Cipolla:* Friedrich Karl von Strombeck. Leben und Werk – Unter besonderer Berücksichtigung des Entwurfes eines Strafgesetzbuches für ein Norddeutsches Staatsgebiet (2010)
14 *Karoline Peters:* J. D. H. Temme und das preußische Strafverfahren in der Mitte des 19. Jahrhunderts (2010)
15 *Eric Hilgendorf (Hrsg.):* Die ausländische Strafrechtswissenschaft in Selbstdarstellungen. Die internationale Rezeption des deutschen Strafrechts (2016)
16 *Hannes Ludyga:* Otto Kahn-Freund (1900–1979). Ein Arbeitsrechtler in der Weimarer Zeit (2016)

Abteilung 5: Juristisches Zeitgeschehen.
Rechtspolitik und Justiz aus zeitgenössischer Perspektive

Mitherausgegeben von Gisela Friedrichsen („Der Spiegel“)
und RA Prof. Dr. Franz Salditt

1 *Diether Posser:* Anwalt im Kalten Krieg. Ein Stück deutscher Geschichte in politischen Prozessen 1951–1968. 3. Auflage (1999)

2 *Jörg Arnold (Hrsg.):* Strafrechtliche Auseinandersetzung mit Systemvergangenheit am Beispiel der DDR (2000)

3 *Thomas Vormbaum (Hrsg.):* Vichy vor Gericht: Der Papon-Prozeß (2000)

4 *Heiko Ahlbrecht / Kai Ambos (Hrsg.):* Der Fall Pinochet(s). Auslieferung wegen staatsverstärkter Kriminalität? (1999)

5 *Oliver Franz:* Ausgehverbot für Jugendliche („Juvenile Curfew“) in den USA. Reformdiskussion und Gesetzgebung seit dem 19. Jahrhundert (2000)

6 *Gabriele Zwiehoff (Hrsg.):* „Großer Lauschangriff“. Die Entstehung des Gesetzes zur Änderung des Grundgesetzes vom 26. März 1998 und des Gesetzes zur Änderung der Strafprozeßordnung vom 4. Mai 1998 in der Presseberichterstattung 1997/98 (2000)

7 *Mario A. Cattaneo:* Strafrechtstotalitarismus. Terrorismus und Willkür (2001)

8 *Gisela Friedrichsen / Gerhard Mauz:* Er oder sie? Der Strafprozeß Böttcher/ Weimar. Prozeßberichte 1987 bis 1999 (2001)

9 *Heribert Prantl / Thomas Vormbaum (Hrsg.):* Juristisches Zeitgeschehen 2000 in der Süddeutschen Zeitung (2001)

10 *Helmut Kreicker:* Art. 7 EMRK und die Gewalttaten an der deutsch-deutschen Grenze (2002)

11 *Heribert Prantl / Thomas Vormbaum (Hrsg.):* Juristisches Zeitgeschehen 2001 in der Süddeutschen Zeitung (2002)

12 *Henning Floto:* Der Rechtsstatus des Johanniterordens. Eine rechtsgeschichtliche und rechtsdogmatische Untersuchung zum Rechtsstatus der Balley Brandenburg des ritterlichen Ordens St. Johannis vom Spital zu Jerusalem (2003)

13 *Heribert Prantl / Thomas Vormbaum (Hrsg.):* Juristisches Zeitgeschehen 2002 in der Süddeutschen Zeitung (2003)

14 *Kai Ambos / Jörg Arnold (Hrsg.):* Der Irak-Krieg und das Völkerrecht (2004)

15 *Heribert Prantl / Thomas Vormbaum (Hrsg.)*: Juristisches Zeitgeschehen 2003 in der Süddeutschen Zeitung (2004)

16 *Sascha Rolf Lüder:* Völkerrechtliche Verantwortlichkeit bei Teilnahme an „Peacekeeping“-Missionen der Vereinten Nationen (2004)

17 *Heribert Prantl / Thomas Vormbaum (Hrsg.)*: Juristisches Zeitgeschehen 2004 in der Süddeutschen Zeitung (2005)

18 *Christian Haumann:* Die „gewichtende Arbeitsweise“ der Finanzverwaltung. Eine Untersuchung über die Aufgabenerfüllung der Finanzverwaltung bei der Festsetzung der Veranlagungssteuern (2008)

19 *Asmerom Ogbamichael:* Das neue deutsche Geldwäscherecht (2011)

20 *Lars Chr. Barnewitz:* Die Entschädigung der Freimaurerlogen nach 1945 und nach 1989 (2011)

21 *Ralf Gnüchtel:* Jugendschutztatbestände im 13. Abschnitt des StGB (2013)

22 *Helmut Irmen:* Stasi und DDR-Militärjustiz. Der Einfluss des MfS auf Militärjustiz und Militärstrafvollzug in der DDR (2014)

24 *Zekai Dağaşan:* Das Ansehen des Staates im türkischen und deutschen Strafrecht (2015)

25 *Camilla Bertheau:* Politisch unwürdig? Entschädigung von Kommunisten für nationalsozialistische Gewaltmaßnahmen. Bundesdeutsche Gesetzgebung und Rechtsprechung der 50er Jahre (2016)

Abteilung 6: Recht in der Kunst

Mitherausgegeben von Prof. Dr. Gunter Reiß

1 *Heinz Müller-Dietz:* Recht und Kriminalität im literarischen Widerschein. Gesammelte Aufsätze (1999)
2 *Klaus Lüderssen (Hrsg.):* »Die wahre Liberalität ist Anerkennung«. Goethe und die Juris prudenz (1999)
3 *Bertolt Brecht:* Die Dreigroschenoper (1928) / Dreigroschenroman (1934). Mit Kommentaren von Iring Fetscher und Bodo Plachta (2001)
4 *Annette von Droste-Hülshoff:* Die Judenbuche (1842) / Die Vergeltung (1841). Mit Kommentaren von Heinz Holzhauer und Winfried Woesler (2000)
5 *Theodor Fontane:* Unterm Birnbaum (1885). Mit Kommentaren von Hugo Aust und Klaus Lüderssen (2001)
6 *Heinrich von Kleist:* Michael Kohlhaas (1810). Mit Kommentaren von Wolfgang Naucke und Joachim Linder (2000)
7 *Anja Sya:* Literatur und juristisches Erkenntnisinteresse. Joachim Maass' Roman „Der Fall Gouffé" und sein Verhältnis zu der historischen Vorlage (2001)
8 *Heiner Mückenberger:* Theodor Storm – Dichter und Richter. Eine rechtsgeschichtliche Lebensbeschreibung (2001)
9 *Hermann Weber (Hrsg.):* Annäherung an das Thema „Recht und Literatur". Recht, Literatur und Kunst in der NJW (1), (2002)
10 *Hermann Weber (Hrsg.):* Juristen als Dichter. Recht, Literatur und Kunst in der NJW (2), (2002)
11 *Hermann Weber (Hrsg.):* Prozesse und Rechtsstreitigkeiten um Recht, Literatur und Kunst. Recht, Literatur und Kunst in der NJW (3), (2002)
12 *Klaus Lüderssen:* Produktive Spiegelungen. 2., erweiterte Auflage (2002)
13 *Lion Feuchtwanger:* Erfolg. Drei Jahre Geschichte einer Provinz. Roman (1929). Mit Kommentaren von Theo Rasehorn und Ernst Ribbat (2002)
14 *Jakob Wassermann:* Der Fall Maurizius. Roman (1928). Mit Kommentaren von Thomas Vormbaum und Regina Schäfer (2003)
15 *Hermann Weber (Hrsg.):* Recht, Staat und Politik im Bild der Dichtung. Recht, Literatur und Kunst in der Neuen Juristischen Wochenschrift (4), (2003)
16 *Hermann Weber (Hrsg.):* Reale und fiktive Kriminalfälle als Gegenstand der Literatur. Recht, Literatur und Kunst in der Neuen Juristischen Wochenschrift (5), (2003)
17 *Karl Kraus:* Sittlichkeit und Kriminalität. (1908). Mit Kommentaren von Helmut Arntzen und Heinz Müller-Dietz (2004)
18 *Hermann Weber (Hrsg.):* Dichter als Juristen. Recht, Literatur und Kunst in der Neuen Juristischen Wochenschrift (6), (2004)
19 *Hermann Weber (Hrsg.):* Recht und Juristen im Bild der Literatur. Recht, Literatur und Kunst in der Neuen Juristischen Wochenschrift (7), (2005)
20 *Heinrich von Kleist:* Der zerbrochne Krug. Ein Lustspiel (1811). Mit Kommentaren von Michael Walter und Regina Schäfer (2005)
21 *Francisco Muñoz Conde / Marta Muñoz Aunión:* „Das Urteil von Nürnberg". Juristischer und filmwissenschaftlicher Kommentar zum Film von Stanley Kramer (1961), (2006)

22 *Fjodor Dostojewski:* Aufzeichnungen aus einem Totenhaus (1860). Mit Kommentaren von Heinz Müller-Dietz und Dunja Brötz (2005)
23 *Thomas Vormbaum (Hrsg.):* Anton Matthias Sprickmann. Dichter und Jurist. Mit Kommentaren von Walter Gödden, Jörg Löffler und Thomas Vormbaum (2006)
24 *Friedrich Schiller:* Verbrecher aus Infamie (1786). Mit Kommentaren von Heinz Müller-Dietz und Martin Huber (2006)
25 *Franz Kafka:* Der Proceß. Roman (1925). Mit Kommentaren von Detlef Kremer und Jörg Tenckhoff (2006)
26 *Heinrich Heine:* Deutschland. Ein Wintermährchen. Geschrieben im Januar 1844. Mit Kommentaren von Winfried Woesler und Thomas Vormbaum (2006)
27 *Thomas Vormbaum (Hrsg.):* Recht, Rechtswissenschaft und Juristen im Werk Heinrich Heines (2006)
28 *Heinz Müller-Dietz:* Recht und Kriminalität in literarischen Spiegelungen (2007)
29 *Alexander Puschkin:* Pique Dame (1834). Mit Kommentaren von Barbara Aufschnaiter/Dunja Brötz und Friedrich-Christian Schroeder (2007)
30 *Georg Büchner:* Danton's Tod. Dramatische Bilder aus Frankreichs Schreckensherrschaft. Mit Kommentaren von Sven Kramer und Bodo Pieroth (2007)
31 *Daniel Halft:* Die Szene wird zum Tribunal! Eine Studie zu den Beziehungen von Recht und Literatur am Beispiel des Schauspiels „Cyankali" von Friedrich Wolf (2007)
32 *Erich Wulffen:* Kriminalpsychologie und Psychopathologie in Schillers Räubern (1907). Herausgegeben von Jürgen Seul (2007)
33 *Klaus Lüderssen:* Produktive Spiegelungen: Recht in Literatur, Theater und Film. Band II (2007)
34 *Albert Camus:* Der Fall. Roman (1956). Mit Kommentaren von Brigitte Sändig und Sven Grotendiek (2008)
35 *Thomas Vormbaum (Hrsg.):* Pest, Folter und Schandsäule. Der Mailänder Prozess wegen „Pestschmierereien" in Rechtskritik und Literatur. Mit Kommentaren von Ezequiel Malarino und Helmut C. Jacobs (2008)
36 *E.T.A. Hoffmann:* Das Fräulein von Scuderi – Erzählung aus dem Zeitalter Ludwigs des Vierzehnten (1819). Mit Kommentaren von Heinz Müller-Dietz und Marion Bönnighausen (2010)
37 *Leonardo Sciascia:* Der Tag der Eule. Mit Kommentaren von Gisela Schlüter und Daniele Negri (2010)
38 *Franz Werfel:* Eine blaßblaue Frauenschrift. Novelle (1941). Mit Kommentaren von Matthias Pape und Wilhelm Brauneder (2011)
39 *Thomas Mann:* Das Gesetz. Novelle (1944). Mit Kommentaren von Volker Ladenthin und Thomas Vormbaum (2013)
40 *Theodor Storm:* Ein Doppelgänger. Novelle (1886) (2013)
41 *Dorothea Peters:* Der Kriminalrechtsfall ‚Kaspar Hauser' und seine Rezeption in Jakob Wassermanns Caspar-Hauser-Roman (2014)
42 *Jörg Schönert:* Kriminalität erzählen (2015)
43 *Klaus Lüderssen:* Produktive Spiegelungen. Recht im künstlerischen Kontext. Band 3 (2014)
44 *Franz Kafka:* In der Strafkolonie. Erzählung (1919) (2015)
45 *Heinz Müller-Dietz:* Recht und Kriminalität in literarischen Brechungen (2016)

46 *Hermann Weber (Hrsg.):* Das Recht als Rahmen für Literatur und Kunst. Tagung im Nordkolleg Rendsburg vom 4. bis 6. September 2015 (2017)

47 *Walter Müller-Seidel:* Rechtsdenken im literarischen Text. Deutsche Literatur von der Weimarer Klassik zur Weimarer Republik (2017)

48 *Honoré de Balzac:* Eine dunkle Geschichte (2018)

49 *Anja Schiemann:* Der Kriminalfall Woyzeck. Der historische Fall und Büchners Drama (2018)

Abteilung 7: Beiträge zur Anwaltsgeschichte

Mitherausgegeben von Gerhard Jungfer, Dr. Tilmann Krach
und Prof. Dr. Hinrich Rüping

1 *Babette Tondorf:* Strafverteidigung in der Frühphase des reformierten Strafprozesses. Das Hochverratsverfahren gegen die badischen Aufständischen Gustav Struve und Karl Blind (1848/49), (2006)

2 *Hinrich Rüping:* Rechtsanwälte im Bezirk Celle während des Nationalsozialismus (2007)

Abteilung 8: Judaica

1 *Hannes Ludyga:* Philipp Auerbach (1906–1952). „Staatskommissar für rassisch, religiös und politisch Verfolgte“ (2005)

2 *Thomas Vormbaum:* Der Judeneid im 19. Jahrhundert, vornehmlich in Preußen. Ein Beitrag zur juristischen Zeitgeschichte (2006)

3 *Hannes Ludyga:* Die Rechtsstellung der Juden in Bayern von 1819 bis 1918. Studie im Spiegel der Verhandlungen der Kammer der Abgeordneten des bayerischen Landtags (2007)

4 *Michele Sarfatti:* Die Juden im faschistischen Italien. Geschichte, Identität, Verfolgung (2014)

MIX
Papier | Fördert gute Waldnutzung
FSC® C083411

Kolibri 360 GmbH
Ferdinand-Jühlke-Straße 7
99095 Erfurt, Deutschland
produktsicherheit@kolibri360.de